나를 찾는 깨달음의 노래

증도가

證道歌

나를 찾는 깨달음의 노래

증도가
證道歌

깨닫고, 분별시비 초월한 경계를 노래함

찬술 **영가 현각**
번역·주석·해설 **호암 인환**

문현
MUN HYUN

머리말

'도를 깨달은 노래', 『증도가』는 중국의 영가 현각(永嘉 玄覺, 665~713, 唐) 선사가 자신이 깨달은 내용을 게송 즉, 선시의 형태로 옮긴 것으로, 선의 본분종지를 가장 적절하고도 명쾌하게 밝히고 있다. 당나라에서는 선의 종지를 표현하는데 있어서 게송 즉, 가시(歌詩)나 운문(韻文)의 형태가 유행하였는데, 이런 형식으로 선의 종지를 밝힌 것 가운데 3조 승찬 대사가 지은 『신심명(信心銘)』이 가장 앞서고, 영가 현각 선사의 『증도가』가 뒤를 잇는다.

『증도가』의 글자 수는 1,814자, 총 266구이다. 대체로 7자 4구를 한 단락으로 하고 있으나, 6자로 된 구도 곳곳에 섞여 있다. 중국 한시 특유의 운(韻)을 달아 짓는 데는 평운과 측운을 함께 쓰면서 더러 예외가 있지만, 4구의 한 단락마다 운을 바꾸고 있는데, 그 용어를 사용하는 품이 그야말로 종횡무진하고, 읽는 소리의 가락 또한 매우 신기롭고 기품 있어 문화적 가치가 높다.

『증도가』라는 서제(書題)는 '도를 깨달은 노래'라는 뜻인데, 도란 위없는 바른 불도(佛道) 즉, '아뇩다라삼먁삼보리'를 뜻한다. 다시 말해서 '진실한 자기를 확실하게 깨달았다'는 것이다. 이제까지의 사리에 어두웠던 미망과 두터운 의심덩어리가 봄바람 만나 얼음 녹듯이 풀려서 알지 못하였던 도리가 확연히 밝아지고, 의심과 답답함에 쌓였던 마음에 진실한 지혜의 광명이 비쳐 구름 걷힌

3

맑은 하늘같은 상태가 해오(解悟)의 깨달음이라면, 깨달음 뒤의 수행이 갖가지 실제의 체험을 통해서 그 경지가 훌륭하게 성숙해져서 진실함과 하나가 된 것이 증오(證悟)의 깨달음이다.

해오의 깨달음은 아직도 알음알이[知]에서 완전히 벗어나지 못함으로 해서 흔히 작은 깨달음[小悟], 큰 깨달음[大悟] 등이 있을 수 있는데, 경우에 따라서는 잘못된 깨달음, 빗나간 깨달음, 얼토당토 않은 깨달음 등도 있을 수 있다. 따라서 그런 잘못에 떨어지지 않기 위해 철저하게 바로 깨달음을 얻은 수행자일지라도, 반드시 정법에 눈이 밝은 명안종사에게 엄격한 점검을 거침으로써 분명한 증명, 즉 전법의 인가를 받아야 하는 것이 선문의 전통적인 법도이다. 수행자들이 가장 경계해야 할 것이 바로 자기 혼자만의 깨달음에 빠지거나, 인가해 줄만한 수준이 아닌 데도 그것을 인가해 주어 '거짓 견성 득오자'를 만들어 내는 것이기 때문이다.

이러한 과정을 바르게 거쳐서 철저하고 크게 깨달은 경지가 더욱 순숙해져서 자신의 몸과 마음과 행동과 생활의 전체에 진정하게 구현되었을 때 이런 사람을 진실하게 깨달은[證悟] 사람이라고 한다. 영가 스님은 이런 사람을 가리켜 "불교를 배우고 진실한 자기 마음을 깨달아서 모든 분별시비를 초월한 경지에 이른 도인"이라고 표현하였던 것이다.

도는 큰 길과 같이 모든 사람이 밟아 나가야 하는 길이며, 따라서 사람으로서의 존재방식을 규정짓는 근본원리이기도 하다. 그러나 그것은 일반적으로 생각하듯이 대상적으로나 객관적으로 따

로 존재하는 것은 아니다. 그야말로 자기 자신의 마음의 법이라고
할 만한 것이기 때문이다.

　그렇다면 도는 사람마다 본래부터 모자람 없이 갖추어 가지고
있는 것이기에 그것을 아무리 대상적으로 객관적으로 자기 마음
밖에서 구한다 하더라도 마침내 얻을 수가 없는 것이다. 그러나 그
것이 내재해 있는 것이고 주관적인 것인가 한다면 그렇지도 않다.
바로 종으로 즉, 시간적으로는 과거 현재 미래를 관통하고 있으며,
횡으로 즉, 공간적으로는 시방세계를 관통하여 우주법계에 가득하
여 없는 데가 없는 그러한 것이다.

　그런 만큼 이것을 깨닫는 데는 가장 철저해야 하며, 또한 명안종
사의 분명한 증명이 필요한 것이다. 그래서 영가 스님은 부처와 조
사들이 인정하는 그 깨달음의 내용을 장편의 게송으로 표현함으로
써 눈먼 지도자의 잘못된 인가를 쓸어버리는 기치로 삼고자 하는
뜻도 포함되어 있는 것이다.

　　　　　　　　　　　　　　　　　　　　　인환 합장

『증도가』 역주를 시작하며

『증도가(證道歌)』는 『영가현각선사증도가(永嘉玄覺禪師證道歌)』라고도 한다.

영가 현각선사는 육조 혜능대사 법맥을 계승하였다. 선사는 처음 조계의 육조 스님을 친견하면서 선수행자의 끼를 유감없이 발휘하고 거침없는 선문답을 함으로써 인가를 받았다. 곧 떠나려 할 때, 육조 스님의 만류로 겨우 하룻밤 지냄으로써 일숙각(一宿覺)이라는 이름을 얻게 되었다.

그는 일찍부터 외전에 능통하였고, 불교의 경전에도 달통하였지만, 평소에 먹고 입는 일에 관심을 두지 않았다. 그의 어려운 일상 생활은 가히 상상을 넘는 형편이었던 것 같다.

온주(溫州) 땅의 개원사(開元寺)에 의지해 있으면서, 늙은 어머니와 누이를 모시고 지극히 돌보며 살았다. 그러다 보니, 출가 사문이 대중이 있는 절에서 세속 인연과 함께 살고 있음을 맹렬히 비난하는 소리가 많았다고 한다. 그는 개의치 않았던 것 같다.

영가 현각선사의 생애를 간략하게 살펴보자.

영가 현각(永嘉 玄覺, 665~713, 唐) 스님은 중국 선종 제6조 혜능 스님의 수법제자이다. 혜능 스님의 많은 제자 가운데서도 가장 유명한 스님은 남악 회양 선사와 청원 행사 선사인데, 남악 스님의 법맥에서 임제종 계통의 간화선풍이 일어나고, 청원 스님 법맥에서 조동종 계통의 묵조선풍이 나왔다. 영가 스님은 이 스님들과 법형제가 되지만, 다른 스님들처럼 혜능 스님 밑에서 오랫동안 수행하다가 법을 이어받은 경우와 달리 매우 특이한 방법으로 혜능 스님의 법제자가 되었다.

영가 스님은 중국 당 고종 인덕 2년(665년)에 절강성 온주부 영가현에서 태어났다. 속성은 대(戴) 씨이다. 어려서 출가하여 경·율·론 삼장을 배우고, 중국 천태종의 제4조 천궁 혜위 선사에게 천태학을 배워, '천태지관법'에 정통하였다. 또한 북종선의 대통 신수 선사에게도 사사하여 선수행의 공력을 쌓았다.

그후 고향에 있는 용흥사 인근에 암자를 지어 쉼 없이 무문관 정진을 계속하며, 지극히 고독한 경계에서 정진에만 힘썼다. 한편으로 경전과 교리 공부에도 관심을 보였는데, 어느 날 『유마경』을 보다가 문득 활연히 심성의 안목이 열려 커다란 깨달음을 얻게 되었고, 스스로 그 경지를 개척해 냈다.

이어 스님은 바른 스승의 증명을 얻고자 하던 차에 막역한 도반인 현책 선사의 권유로 혜능 스님을 찾아뵙게 되었다. 당시 혜능 스님은 58세로 선법을 크게 선양하여 많은 제자들을 지도함으로써 천하에 명성이 드높았다. 그런데 혜능 스님을 찾아간 영가 스님은 혜능 스님에게 인사도 없이 석장을 짚고 혜능 스님이 앉아 계시는 선상을 세 번 돌고는 다시 앞에 가서 석장을 흔들어 세우고는 턱 버티고 섰다.

혜능 스님은 "대체 수행사문이라면, 삼천의 위의와 팔만의 세행을 갖추어야 하거늘, 그대는 어디서 왔기에 예절을 갖추지도 않고 이토록 거만하고 무례하게 구느냐."고 물었다. 영가 스님은 "생사 일대사 해결하는 일이 그 무엇보다도 중대하고 시급한 일인데, 무상한 세월은 너무나도 빠르게 지나갑니다[生死事大 無常迅速]."라고 대답했다. 목숨은 단 한 호흡 간에 있으니 예의를 생략한 것은 도를 구하기 급한 까닭이니, 마치 그런 한가한 일에 상관할 바가 나에게는 없다는 투였다. 그러자 혜능 스님이 대뜸 "어째서 생사가 없는 도리를 체달함으로써 죽음의 이름이 빠르다거나 늦다거나 함을 뛰어넘는 경지를 깨달으려고 하지 않는가."라고 물었다. 영가 스님은 "진리의 본체는 본래 생멸이 없는 것이니 그것을 요달하면 본래 생사에 빠르고 늦음이 없는 것이지요."라고 대답했다. 그러자 혜능 스님은 "그러하네. 그렇고 말고. 그대가 생사 없는 도리를 바로 깨달아 알고 있네." 하고 인가했다. 영가 스님은 육조 스님과 대중들의 전송을 받으며 열 걸음을 걷더니, 석장을 세 번 흔들고 말하기를, "한 번 조계를 뵌 뒤로는 생사가 나에게 상관없음을 알았노라[了知]" 하였다.

다음날 영가 스님은 조계산에서 내려와 고향의 절로 돌아갔고, 그후 천하의 배움을 청하는 학자와 참선 수행자들을 제접하며 선풍을 진작하다 당 선천(先天) 2년(713) 10월 17일 앉은 채로 원적에 들었다. 진각대사(眞覺大師)라 호하였고, 뒤에 나라에서 보내는 시호를 무상대사(無相大師)라 받았다.

뒤에 그의 법문과 게송들은 누이의 손으로 모아졌고, 『증도가』

도 역시 누이 손을 빌려서 세상에 알려졌다고 한다. 그리고 그 법
문을 편집한『선종영가집(禪宗永嘉集)』이 있으며, 그의 선사상의
높은 경지를 보여주는『증도가』가 있어서 현재까지도 선수행자들
이나 일반인들에게도 널리 읽혀지고 있으니, 그 걸림없는 선의 경
지를『증도가』속에서 너무나 통쾌하고 분명하게 시적으로 그려
내고 있기 때문이라 할 것이다.

　근래에 국제적으로나 국내에서나 선에 대한 관심이 높아지고 있
으며, 한국불교의 전통선 종지가 새삼 선양되어지고 있는 분위기
속에서 그동안 선학원(禪學院)에서 발행하는 기관지『선원(禪苑)』
지에 2005년 4월호(통권 118호)부터 2008년 5월호(통권 154호)까
지의 3년간 36회에 걸쳐서 독선(讀禪)의 란에『증도가』의 번역,
주석, 해설을 연재하면서 현재의 한자, 한문이나 게송에 인연이 없
어서 어렵게만 느끼고 있는 청소년 젊은 세대에게도 알기 쉽도록
읽기 좋도록 게송의 번역을 우리말 시형식으로 하였다.

　그리고 TV의「골든 벨을 울려라」등에서 보듯이 서양의 문물이
나 역사는 어느 정도 아는데, 오히려 우리 문화가 속해있는 동양의
문물과 역사나 고사(故事)에 대해서는 안타깝도록 잘 모르고 있는
학생들에게 동양의 고사에도 눈을 뜨는 계기가 되기를 바라면서
풍부하게 인용되어 있는 고사나 불경의 인용 등을 가능한 한 그 출
처를 밝혀서 관심과 재미를 갖도록 평이하게 해설을 쓴 것이다. 마
침 연재가 끝난 것을 계기로 선학원 이사장 법진 스님의 권고와 선
학원 소속「한국불교선리연구원」의 연구원들 도움을 얻어『깨달

음의 노래(證道歌)』로 정리하여 단행본으로 출판하게 된 것은 시의 적절하다고 생각한다. 이렇게 해서 선서(禪書)의 최고 고전이며 오랜 세월동안 선수행하는 이들이나 선에 관심을 가지는 이들이 즐겨 읽고 외우며 선수행의 거울로 삼았던『증도가』가 쉽게 세상에 나오게 됨으로 해서 그 사상을 제대로 음미할 수 있는 길잡이가 되기를 기대하는 마음이다.

불기 2553 기축년(2009)
'부처님오신날'을 기념하는 연등축제의 준비를 바라보면서

서울 삼각산 경국사 환희당 한주
三角山 慶國寺 歡喜堂 閑主

호암 인환 삼가 씀.
顥菴 印幻 謹識

차 례

1

그대는 이 도리를 아는가.	君不見
모든 일 끝마치고 한가한 도인 경계,	絶學無爲閑道人
망상도 멀리 않고 진리도 원치 않네.	不除妄想不求眞
무명이 그대로가 여여한 불성이고,	無明實性卽佛性
허망한 사대색신 그대로 법신일세.	幻化空身卽法身 ·········26

법신을 깨달으니 한 물건 아예 없고,	法身覺了無一物
자기의 본 성품이 본래의 부처이다.	本源自性天眞佛
오온의 뜬구름이 공연히 오락가락,	五陰浮雲空去來
삼독의 물거품이 헛되이 나고 드네.	三毒水泡虛出沒 ·········30

2

실상을 깨달으니 너와 나 따로 없고,	證實相無人法
순간에 아비지옥 죄업이 없어진다.	刹那滅却阿鼻業
만약에 이 도리를 조금도 모르고서,	若將妄語誑衆生
함부로 말한다면 혀빼는 고 받으리.	自招拔舌塵沙劫 ·········34

단박에 마음 돌려 여래선 깨달으면,   頓覺了如來禪

바라밀 일만행이 그 속에 원만하네.   六度萬行體中圓

꿈속에 윤회함이 분명히 있었건만,   夢裏明明有六趣

깨달은 지금에는 세계가 공하였네.   覺後空空無大千 ········36

죄와 복 따로 없고 손익이 전혀 없어,   無罪福無損益

적멸한 자성 속에 무엇을 찾아보니,   寂滅性中莫問覓

때 묻은 저 거울을 닦지를 못했다가,   比來塵鏡未曾磨

비로소 오늘에야 말끔히 닦아내네.   今日分明須剖析 ········39

3

어느 뉘 무심하며 그 누가 무생이랴,   誰無念誰無生

만약에 무생하면 무멸도 없는 것을.   若實無生無不生

나무로 만든 사람 불러서 물어보라,   喚取機關木人問

부처를 공부하면 그 공을 못 이루리.   求佛施功早晚成 ········43

4

사대를 놓아버려 애착을 두지 말고,   放四大莫把捉

적멸한 자성 속에 마음껏 맛을 보세.   寂滅性中隨飲啄

모든 것 무상하여 영원함 없는 것이,   諸行無常一切空

이것이 그대로가 여래의 대각이네.   卽是如來大圓覺 ········51

불변의 그 말씀이 진승을 나투었네.   決定說表眞乘

누구나 의심나면 마음껏 물어보라.   有人不肯任情徵

뿌리를 잡아야만 깊은 법 알게 되니,　　　直截根源佛所印
잎 따고 가지 찾음 애당초 하지마세.　　　摘葉尋枝 我不能 ⋯⋯⋯57

5

여의주 영롱함을 아무도 모르는데,　　　摩尼珠人不識
여래장 그 안에서 저절로 얻어지네.　　　如來藏裏親收得
육신통 그 자리는 공인 듯 공 아니고,　　六般神用空不空
한 개의 둥근 광명 색인 듯 색 아닐세.　　一顆圓光色非色 ⋯⋯⋯60

오안을 맑게 하여 오력을 얻은 지라,　　　淨五眼得五力
깨쳐야 알게 되니 부사의 경계일세.　　　唯證乃知難可測
거울 속 비친 모습 어느 뉘 못 보랴만,　　鏡裏看形見不難
물속에 비친 달은 잡을 길 전혀 없네.　　水中捉月爭拈得 ⋯⋯⋯65

6

외로운 수행길을 홀로서 오가는데,　　　常獨行常獨步
통달한 사람끼리 열반길 함께가네.　　　達者同遊涅槃路
정신은 청백하고 가풍은 절로높아,　　　調古神淸風自高
앙상히 마른골격 사람들 보지않네.　　　貌悴骨剛人不顧 ⋯⋯⋯69

사문이 빈도라고 입으로 말하는데,　　　窮釋子口稱貧
살림은 궁하지만 수행은 풍부하네.　　　實是身貧道不貧
누더기 걸친몸을 가없다 말하지만,　　　貧則身常披縷褐
마음에 한량없는 보배를 지니었네.　　　道則心藏無價珍 ⋯⋯⋯75

7

마음의 이 보배를 끝없이 베풀어서,　　無價珍用無盡

중생을 위하는 일 조금도 아낌없네.　　利物應時終不悋

법보화 삼신사지 심중에 원만하고,　　三身四智體中圓

팔해탈 육신통은 마음의 작용일세.　　八解六通心地印 ⋯⋯78

8

상근은 한번 깨쳐 모든 것 해결하나,　　上士一決一切了

중하의 근기들은 들어도 믿지 않네.　　中下多聞多不信

자신의 헌옷 속에 구슬을 찾았을 뿐,　　但自懷中解垢衣

그 누가 밖을 향해 정진함 자랑하랴.　　誰能向外誇精進 ⋯⋯94

남들이 비방해도 허물함 맡겨두면,　　從他謗任他非

하늘을 불태우듯 스스로 피로할 뿐.　　把火燒天徒自疲

아무리 들려와도 감로수 마시는 듯,　　我聞恰似飮甘露

녹아져 없어지니 참으로 부사의라.　　鎖融頓入不思議 ⋯⋯99

9

나쁜 말 들을 적에 반갑게 여긴다면,　　觀惡言是功德

그렇게 하는 이는 참다운 도인일세.　　此則成吾善知識

비방에 동요 없이 원친에 평등하면,　　不因訕謗起怨親

자비력 무생법인 어디에 필요하리.　　何表無生慈忍力 ⋯⋯102

종지도 통달하고 설법도 능숙하며,　　宗亦通說亦通

정혜가 구족하여 단멸에 안 빠진다.　　定慧圓明不滯空

내 이제 참 이치를 홀로서 통달하니, 　非但我今獨達了

항하사 부처님과 조금도 다름없네. 　河沙諸佛體皆同 ⋯⋯⋯107

10

사자의 포효처럼 우렁찬 설법이여, 　獅子吼無畏說

뭇짐승 소리 듣고 모두가 혼비백산. 　百獸聞之皆腦裂

크나큰 코끼리도 달아나 위엄 잃고, 　香象奔波失却威

천과 용 설법 듣고 모두가 기뻐하네. 　天龍寂聽生欣悅 ⋯⋯⋯111

강 건너 바다 넘고 산천을 두루 거쳐 　遊江海涉山川

스승을 찾아나서 길 물어 참선하여, 　尋師訪道爲參禪

스스로 조계의 뜻 깨달아 얻은 뒤로 　自從認得曹溪路

생사가 본래 없음 확실히 알게 됐네. 　了知生死不相干 ⋯⋯⋯114

11

걸어도 참선이요 앉아도 참선이니, 　行亦禪坐亦禪

일체의 어묵동정 적연히 부동이네. 　語默動靜體安然

창칼을 들이대도 언제나 태연하고, 　縱遇鋒刀常坦坦

독약을 먹인데도 그대로 한가롭네. 　假饒毒藥也閑閑 ⋯⋯⋯119

본사인 부처님은 연등불 친견하고, 　我師得見燃燈佛

다겁을 선인되어 인욕을 닦으셨네. 　多劫曾爲忍辱仙

몇 번을 태어나고 몇 번을 죽었던가, 　幾廻生 幾廻死

끝없는 생사윤회 어느때 끝나려나. 　生死悠悠無定止 ⋯⋯⋯124

12

깨달음 얻고 보니 생사가 없는 것을,　自從頓悟了無生

좋다고 웃지 말고 싫다고 울지마세.　於諸榮辱何憂喜

깊은 산 토굴에서 고요히 수행하니,　入深山住蘭若

높은 산 깊은 골과 소나무 벗을 삼네.　岑崟幽邃長松下 ……128

산승이 암자에서 유유히 좌선하니,　優遊靜坐野僧家

한적한 살림살이 참으로 깨끗하다.　闃寂安居實蕭灑

깨치면 그만이요 더 다른 공부 없고,　覺卽了不施功

허망한 유위법의 차별과 같지 않네.　一切有爲法不同 ……131

13

아상에 집착하면 베풀어 천상가도,　住相布施生天福

오히려 하늘에다 화살을 쏨과 같다.　猶如仰箭射虛空

그 힘이 다할 때에 되돌아 떨어지니,　勢力盡箭還墜

업대로 받는 것은 뜻대로 할 수 없네.　招得來生不如意 ……136

무위법 실상문을 닦으며 나아감이,　爭似無爲實相門

한 번에 여래경지 뛰어서 들어가리.　一超直入如來地

근본을 얻고 나면 지말은 걱정 없어,　但得本莫愁末

유리에 스며있는 달빛과 다름없네.　如淨瑠璃含寶月 ……141

14

내 이제 이와 같은 여의주 찾았으니,　旣能解此如意珠

자리와 이타함이 마침내 끝없으리.　自利利他終不竭

강물에 달 비치고 솔바람 불어오니,　　江月照松風吹
깊은 밤 맑은 하늘 무엇을 더할 건가.　　永夜靑霄何所爲 ⋯⋯⋯144

불성의 깨끗함이 마음의 바탕이요,　　佛性戒珠心地印
안개와 이슬구름 몸 덮은 옷이로다.　　霧露雲霞體上衣
독룡을 항복받고 호랑이 싸움 풀되,　　降龍鉢解虎錫
발우에 주워 담고 육환장 울리도다.　　兩鈷金環鳴歷歷 ⋯⋯⋯147

15
모양을 내기위해 짚는 건 공연한 일,　　不是標形虛事持
여래의 거룩한 법 따르기 위함 일세.　　如來寶杖親蹤跡
진리도 원치 않고 망상도 끊지 않아,　　不求眞不斷妄
두 법이 모두 함께 공함을 깨쳤도다.　　了知二法空無相 ⋯⋯⋯152

모양도 본래 없고 공함도 또한 없어　　無相無空無不空
이것이 곧 여래의 진실한 모양이라.　　卽是如來眞實相
그 마음 거울같이 밝아서 걸림 없어　　心鏡明鑑無碍
훤칠한 마음 광명 우주에 두루하네.　　廓然瑩徹周沙界 ⋯⋯⋯156

16
광명 속 삼라만상 마음의 그림자며,　　萬象森羅影現中
한 개의 둥근 광명 안팎이 본래 없네.　　一顆圓明非內外
말로만 공하다고 인과를 부인하면,　　豁達空撥因果
바른 길 잃어버려 무간옥 자초하리.　　茫茫蕩蕩招殃禍 ⋯⋯⋯160

유에서 벗어나서 공한데 떨어지면,　　棄有着空病亦然
물결을 겨우 피해 불속에 빠짐일세.　　還如避溺而投火
망심을 버리고서 진리를 취하려면,　　捨妄心取眞理
취사의 그 마음이 거짓을 이루리라.　　取捨之心成巧僞 ·······166

학인이 이러한것 모르고 수행하면,　　學人不了用修行
도둑을 잘못알고 아들로 인정하리.　　眞成認賊將爲子
법재를 내버리고 공덕을 잃어버림,　　損法財滅功德
모두가 다 잘못된 심의식 탓이니라.　　莫不由斯心意識 ·······168

17

그러니 선문에서 이러한 마음 알고,　　是以禪門了却心
단번에 무생법인 참 지견 일으키라.　　頓入無生知見力
대장부 뜻을 세워 지혜검 잡고서니,　　大丈夫秉慧劒
반야의 날카로움 금강의 불길 같다.　　般若鋒兮金剛焰 ·······171

외도의 악한 마음 물리칠 뿐 아니라,　　非但能摧外道心
일찍이 천마군의 간담을 떨게 하다.　　早曾落却天魔膽
법문을 설하려고 법고를 크게 치니,　　震法雷擊法鼓
자비의 구름에서 감로를 뿌려주네.　　布慈雲兮灑甘露 ·······175

18

철저한 용상 대덕 활동이 자재하여,　　龍象蹴踏潤無邊
가없는 여러 중생 모두 다 제도하네.　　三乘五性皆惺悟
설산의 비니풀은 잡된 것 전혀 없어,　　雪山肥膩更無雜
제호를 나게 하여 우리를 먹게 하네.　　純出醍醐我常納 ·······179

19

한 성품 원융하여 일체성 통하였고,　　一性圓通一切性

한 법이 두루 하여 일체법 포함하네.　　一法徧含一切法

한 달이 모든 물에 낱낱이 비치지만,　　一月普現一切水

그 많은 모든 달이 한 달의 그림자네.　　一切水月一月攝 ⋯⋯⋯187

부처님 청정법신 마음 속 가득하고,　　諸佛法身入我性

청정한 내 마음이 여래와 다름없네.　　我性還共如來合

한 경계 그 속에서 모든 것 구족하니,　　一地具足一切地

색심도 아니면서 행업도 아니로다.　　非色非心非行業 ⋯⋯⋯192

20

손가락 튕긴 순간 팔만문 이뤄지고,　　彈指圓成八萬門

눈 깜짝 하는 사이 삼지겁 초월했네.　　刹那滅却三祗劫

일체의 차별글귀 무차별 글귀로도,　　一切數句非數句

본래의 청정영각 어떻게 교섭하리.　　與吾靈覺何交涉 ⋯⋯⋯195

21

비방도 할 수 없고 칭찬도 할 수 없어,　　不可毁 不可讚

그 당체 허공 같아 그 끝을 볼 수 없다.　　體若虛空勿涯岸

그 당처 그 곳에서 언제나 고요하니,　　不離當處常湛然

만약에 찾더라도 그대는 못 볼 걸세.　　覓卽知君不可見 ⋯⋯⋯203

가져도 될 수 없고 버려도 안 되겠고,　　取不得 捨不得

어쩔 수 없는데서 저절로 얻어지네.　　不可得中只麽得

말없이 말을 하니 가장 큰 설법이며,　　黙時說 說時黙

큰 문을 활짝 여니 베풂이 걸림 없다.　　　大施門開無壅塞

22

나에게 어떤 이가 종지를 물어오면,　　　有人問我解何宗
그에게 대답하리 지혜의 힘이라고.　　　報道摩訶般若力
도인의 그 경지를 범부가 어찌 알까,　　　或是或非人不識
잘하고 잘못함은 하늘도 모르는 일.　　　逆行順行天莫測

23

내 일찍 여러 생에 수없이 닦았으니,　　　吾早曾經多劫修
함부로 말을 하여 중생을 속임 없네.　　　不是等閑相誑惑
깃발을 높이 들고 종지를 드날리니,　　　建法幢立宗旨
위대한 부처님 법 조계가 이었도다.　　　明明佛勅曹溪是

뛰어난 가섭존자 맨 먼저 전해 받아,　　　第一迦葉首傳燈
달마에 이르도록 인도에 이십팔 대.　　　二十八代西天記
정법이 동에 흘러 이 땅에 전해오니,　　　法東流入此土
동토의 법맥으로 달마가 초조 되다.　　　菩提達磨爲初祖

24

육대를 전하여서 천하에 번창하니,　　　六代傳衣天下聞
그 뒤에 나온 도인 숫자로 셀 수 없네.　　　後人得道何窮數
진리가 따로 없고 망상도 본래 없어,　　　眞不立妄本空
유무를 다 버리면 공 아닌 공인 것을.　　　有無俱遣不空空

세상사 모두 공해 원래가 없는 것이　　二十空門元不著
하나의 참된 성품 여래와 다름 없네.　　一性如來體自同 ········233

25

마음은 육근이요 세상은 육진이니,　　心是根 法是塵
둘이 다 허망하여 거울 위 티끌일세.　　兩種猶如鏡上痕
모든 때 닦아내면 저절로 비추듯이,　　痕垢盡除光始現
심과 법 다 없으면 그게 곧 진여일세.　　心法雙亡性卽眞 ········236

슬프다 말법시대 오늘의 악한세상,　　嗟末法 惡時世
중생이 박복하니 제도키 어려워라.　　衆生薄福難調制
성인은 멀어지고 사견만 치성하며,　　去聖遠兮邪見深
마군은 강해지고 정법은 쇠약하네.　　魔强法弱多怨害 ········240

26

여래의 최상 법문 들어도 아득하여,　　聞說如來頓敎門
못 믿고 비방하여 방해함을 한탄하네.　　恨不滅除令瓦碎
마음이 업을 짓고 고통은 몸이 받네.　　作在心 殃在身
남들을 원망 말고 자기를 반성하라.　　不須怨訴更尤人
지옥에 들어갈 일 부르지 않으려면,　　欲得不招無間業
여래의 바른 법을 절대로 비방 말라.　　莫謗如來正法輪 ········244

27

전단향 숲 속에는 잡목은 전혀 없고,　　栴檀林 無雜樹
울창한 깊은 곳은 사자만 살고 있네.　　鬱密深沈師子住

조용한 숲 사이로 나 홀로 걸어가니,　　境靜林閒獨自遊
나는 새 기는 짐승 모두가 멀리 가네.　　走獸飛禽皆遠去 ········252

사자의 새끼들이 어미의 본을 따라,　　師子兒　衆隨後
세 살만 되더라도 힘차게 울부짖네.　　三歲卽能大哮吼
여우의 무리들이 법왕을 흉내 내면,　　若是野干逐法王
해묵은 요괴들도 함부로 입을 열리.　　百年妖怪虛開口 ········254

최상승 선법문은 인정을 두지 않네,　　圓頓敎　勿人情
의심을 못 깨치면 한층 더 정진하라.　　有疑不決直須爭
자신이 잘 났다고 스스로 자랑마세,　　不是山僧逞人我
수행 길 어긋나면 단상에 떨어치네.　　修行恐落斷常坑 ········258

28

그르다 비방 말고 옳다고 칭찬 말라,　　非不非　是不是
한 치만 어긋나도 몇 천리 어긋나네.　　差之毫釐失千里
용녀가 성불함은 바른길 밟은 때문,　　是卽龍女頓成佛
선성의 생함지옥 그른 길 원인일세.　　非卽善星生陷墜 ········261

29

내 자신 일찍부터 학문을 갈고 닦아,　　吾早年來積學問
경론을 연구하고 해석을 배우면서.　　亦曾討疏尋經論
이름과 겉모양과 문자만 따졌으니,　　分別名相不知休
바다 속 모래알은 셀수록 피곤하네.　　入海算沙徒自困 ········269

여래의 꾸지람을 들어도 마땅하니,　　　却被如來苦呵責

남의 돈 세어본들 자기 것 한 푼 없네.　　數他珍寶有何益

이제껏 헤맨 것이 헛된 줄 알게 되니,　　從來蹭蹬覺虛行

육도를 잘못 도는 나그네 되었었네.　　多年枉作風塵客 ⋯⋯⋯272

30

근성이 사특하여 바른 것 잘못 알아,　　種性邪錯知解

여래의 원돈법을 제대로 몰랐도다.　　不達如來圓頓制

이승은 정진하나 도심이 전혀 없고,　　二乘精進勿道心

외도는 총명하나 지혜가 아주 없네.　　外道聰明無智慧 ⋯⋯⋯277

사리에 어둡기가 무지한 애들 같아,　　亦愚癡亦小騃

치켜든 빈주먹을 진짜로 착각하고,　　空拳指上生實解

가리킨 손가락을 달인 줄 잘못아나,　　執指爲月枉施功

육근도 허무하고 육진도 공한 것을.　　根境塵中虛捏怪 ⋯⋯⋯282

31

한 법도 없음 알면 그대로 여래이며,　　不見一法卽如來

이렇게 보는 이의 이름이 관음이라.　　方得名爲觀自在

한 생각 깨달으면 업장이 본래 없고,　　了卽業障本來空

미하여 못 깨치면 묵은 빚 갚게 되네.　　未了還須償宿債 ⋯⋯⋯286

주린데 수라상을 주어도 못 먹으니,　　飢逢王膳不能飧

병든 것 의왕인들 어떻게 고칠손가.　　病遇醫王爭得差

세속에 있으면서 얻어진 선정의 힘,　　在欲行禪知見力

불속에 연꽃 피듯 영원히 파괴 안 돼.　　火中生蓮終不壞 ⋯⋯⋯291

32

중한 죄 범하고도 건성한 용시비구,　　勇施犯重悟無生
일찍이 성불하고 지금에 이르렀네.　　早時成佛于今在
사자후 외침같은 무외의 그 설법을,　　獅子吼無外說
가석다 알지 못해 업만을 더욱 쌓네.　　深嗟懵懂頑皮靼 ……295

중죄를 범한다면 수행에 장애되어　　只知犯重障菩提
여래의 깊은 법을 열어서 보지 못해.　　不見如來開秘訣
두 비구 수행하다 바라이 범했을 때　　有二比丘犯婬殺
우바리 판결하되 중죄라 하였으나,　　波離螢光增罪結
유마의 한마디로 의심을 없앤 것이　　維摩大士頓除疑
마침내 붉은해가 눈녹인 것과 같네.　　還同赫日銷霜雪 ……299

33

부사의 해탈의 힘 이것이 곧 그대로　　不思議　解脫力
묘한 작용 항하사라 끝이 없네.　　妙用恒沙也無極
네 가지 공양하는 수고로움 마다하랴,　　四事供養敢辭勞
만량의 황금어치 시은도 녹이리라.　　萬兩黃金亦銷得 ……303

온 뼈를 가루내고 이 몸을 부수어도,　　粉骨碎身未足酬
아직도 받은 은혜 제대로 갚지 못해.　　一句了然超百億
한마디 깨달음에 백억을 뛰어넘어,　　法中王最高勝
수없이 많은 여래 똑같이 증득했네.　　恒沙如來同共證 ……305

나 이제 여의주를 알아서 얻었으니,　　我今解此如意珠
이것을 믿는 사람 누구나 상응하리.　　信受之者皆相應
분명히 밝게 보면 하나도 본래 없네,　　了了見無一物

사람도 본래 없고 부처도 역시 없다.　　亦無人兮亦無佛 ⋯⋯⋯310

34

대천의 세계라도 바다의 거품 하나,　　大千世界海中漚

일체의 성현들도 번갯불 지나가듯.　　一切聖賢如電拂

만약에 쇠바퀴가 머리 위 돌아가도,　　假使鐵輪頂上旋

정혜의 원명함은 끝까지 잃지 않네.　　定慧圓明終不失 ⋯⋯⋯312

햇빛이 차가우며 달빛이 더워진들,　　日可冷月可熱

이같이 진실한 말 악마가 파괴하랴.　　衆魔不能壞眞說

코끼리 끄는 수레 천천히 지나가도,　　象駕崢嶸漫進途

사마귀가 맞서서 그 길을 막을 손가.　　誰見螳螂能拒轍 ⋯⋯⋯315

커다란 코끼리는 토끼 길 가지 않고,　　大象不遊於兎徑

위대한 깨달음은 작은 일 집착 않네.　　大悟不拘於小節

저 하늘 대쪽 통해 좁다고 비방 말게,　　莫將管見謗蒼蒼

아직도 모르거든 그대를 도와줌세.　　未了吾今爲君決 ⋯⋯⋯318

君不見	군불견
絶學無爲閑道人	절학무위한도인
不除妄想不求眞	부제망상불구진
無明實性卽佛性	무명실성즉불성
幻化空身卽法身	환화공신즉법신

그대는 이 도리를 아는가.

모든 일 끝마치고 한가한 도인 경계,

망상도 멀리 않고 진리도 원치 않네.

무명이 그대로가 여여한 불성이고,

허망한 사대색신 그대로 법신일세.

　배우며 닦기를 다해 마치고 시비와 분별에서 초월한 경지에 이른 도인은 허망한 생각을 없애려고도 하지 않고 또 진리를 따로 구하려고도 하지 않는다. 왜냐하면, 온갖 허망한 생각을 일으키는 중생의 어두운 이 마음 말고, 따로 참마음이 없으며, 이 몸이 나고 늙고 병들고 죽고 하는 모양이 바로 진리의 모습 그것임을 깨달아 잘 아는 까닭이다.

절학(絕學) 불도를 다 배워 수행이 이루어져 자성(自性)을 분명히 깨달음으로써 모든 시비와 분별을 초월한 뒤에는 이전의 깨치지 못했던 때에 같이 중생들과 함께 어울리면서 평범하게 무사 무공용(無事 無功用)의 생활에 다시 녹아 들어감을 말함. 이 경지를 심우도에서는 자성이라는 소를 찾는 마지막 단계인 입전수수(入纏垂手)라 하였다. 즉 중생의 세계에 들어 섞이는 제이의문(第二義門)에 내려가서 자기 손을 드리워 친절히 직접 남을 위해서 세상을 위해서 사는 것이니, 여기서 진정한 중생의 교화제도가 이루어지는 것이다.

무위(無爲) 상대적으로 비교하여 분별하며, 따지고 계산하면서 행하는 일 없는 본래대로의 자연스러운 묘용(妙用)을 말하는 것으로, 『금강경』의 "모든 것을 무주상(無住相)으로 하면 바로 묘행이 된다."는 진의를 담고 있다.

한도인(閑道人) 상대적인 견해로 분별하거나 항상 구하는 일 따위가 조금도 없어서 철저하게 그 무엇에도 걸림 없는 경지를 한(閑)이라 한다. 그와 같이 큰 도를 성취하여 모든 상대적 경계에서 초연한 수행자를 한도인(閑道人)이라 한다. 閑(한)을 閒(한)으로 쓰기도 한다.

무명(無明) 마음의 본래 맑고 깨끗하고 신령스러운 성품을 잃고, 마음의 눈이 멀고 어두워서 사물의 도리를 모르는 것을 말함이니, 중생의 모든 번뇌 망상의 근본이 바로 이 무명이다. 그러나 무명은 마음이 어두워져서 그 빛을 발하지 못하고 있는 이른바 착각하고 있는 것과 같은 상태일 뿐이므로 어떠한 실체가 따로 있는 것은 아니기 때문에 이제까지 미(迷)하여 있었음을 스스로 깨달아 바로 알게 된다면, 그 무명이 바로 불성 그것이다.

환화공신(幻化空身) 인연 따라 생겼다 없어지고, 없어졌다가 다시 생겨나는 등 변화가 막심하여 실체가 없는 것이 환화(幻化)인데, 우리의 육체도 여러 인연과 요소가 임시로 결합해서 생겨나 이루어졌다가 인연이 다해 죽으면 다시 흩어져서 그림자도 자취도 남기지 않고 없어져 버리고 마는 것이 마치 꿈과 같고(夢幻), 허공의 헛꽃[空華]과 같이 공으로 돌아간다 하여 공신(空身)이라 하였다.

법신(法身) 범어 Dharmakāya의 번역이다. 3신 즉, 부처님의 법신(法身), 보신(報身), 화신(化身) 가운데 하나이다. 법은 법성(法性), 신(身)은 적취(積聚) 즉, 진여법성(眞如法性)을 몸으로 삼는다는 뜻. 형상이 없으면서도 널리 우주법계 시방세계에 가득하여 없는 데가 없으며, 따라서 생하고 멸함이 없으니, 이것은 부처님이나 중생이 본래부터 평등하게 갖추어 가지고 있는 진여의 이체[眞如理體]를 가리키는 것이다.

[해 제]

수행자의 깨달은 경지가 더욱 순숙해져서 자신의 몸과 마음과 생활의 전체에 구현되었을 때, 이런 사람을 진정하게 깨달은[證得] 사람이라고 하는 바, 현각 스님은 이를 "불도를 배워 마치고 진실한 마음을 깨달아서 모든 분별시비를 초월한 경지에 이른 도인[絶學無爲閑道人]"이라 표현하였다.

'절학'이란 배우는 일 즉, 수행을 그만 두었다는 것이 아니며, '무위'란 아무것도 하는 것이 없다는 것이지만, 그렇다고 놀며 게으르게 산다는 것이 아니라, 오히려 부지런히 열심히 수행하고 또 수행하여 깨닫고 또 깨달은 뒤에는 그 깨달았다는 것까지도 완전히 놓아 버리고 수행하는 인생을 360도 돌고 돌아 원점에 다시 돌아와서는 이제 자신을 위한 것은 아무것도 할 것이 없어졌으니, 바로 쉼 없이 아낌없이 하화중생(下化衆生)하는 것임을 말하는 것이다.

法身覺了無一物　　법신각료무일물
本源自性天眞佛　　본원자성천진불
五陰浮雲空去來　　오음부운공거래
三毒水泡虛出沒　　삼독수포허출몰

법신을　　깨달으니　　한 물건　　아예 없고,
자기의　　본 성품이　　본래의　　부처이다.
오온의　　뜬구름이　　공연히　　오락가락,
삼독의　　물거품이　　헛되이　　나고 드네.

　우주법계에 가득하여 아니 계시는 데 없으신 법신을 깨닫고
보니, 본래로 한 물건이라고 할 것도 없으며, 그래서 자기 자신
에게 본디부터 갖추어 가지고 있는 근원적인 자성(自性)이 바로
나고 죽음이 없으며[不生不滅], 가고 옴이 없고 또한 일정함이
없는[無去無來亦無住] 그것이 그대로 부처이며, 참된 나건만은
한 생각 착각하여 어두워진 마음[無明心]으로 허망하게 망상으
로, 색신이라는 다섯 가지로 이루어진[五陰色身] 모양을 만들어
서는 하늘에 뜬 구름이 공연히 오락가락하듯 하게 하며, 또한
탐진치라는 세 가지로 해악을 끼치는 망념을 일으켜서는 바다
에 물거품이 헛되이 나고 들게 하듯 하는 것뿐이로구나.

무일물(無一物) 아무것도 없다는 것이 아니라, 이 세상의 눈앞에

벌어져 있는 산하대지(山河大地)와 시비선악(是非善惡) 등이 모두 다 그대로 법신의 당체임을 깨달으면, 그런 까닭에 법신은 일정한 모양이 없으므로 무상(無相)이며, 따라서 이 세상의 진실한 모습[諸法實相]은 무상이므로 무일물의 도리[覺了無一物]를 아는 것이다.

본원자성(本源自性) 사람마다 본래부터 뚜렷이 갖추어 이루어져 있는 근원적인 자성을 말함이니, 그것이 불성이며, 곧 천진불(天眞佛)이다. 천진불은 본래로 자연히 있는 그대로의 부처이니 즉, 불생불멸의 참마음을 이름이다.

오음(五陰) 범어 pañca skandhas의 번역. 즉, 색수상행식(色受想行識)의 다섯이 우리의 맑고 깨끗한 자성심(自性心)을 어둡게 덮어 가린다는 뜻. 다시 말해, 오음이란 우리의 존재를 구성하고 있는 다섯 가지의 요소를 말하는데, 우리를 이루고 있는 물질적인 형상인 모양 있는 이 몸[色身], 그리고 이 몸을 의지하여 작용하는 네 가지 정신작용을 감각하는 작용[受]. 상(想)은 받아들인 것을 생각하는 표상작용(表象作用), 행(行)은 생각하는 것을 안으로부터 만들어내는 형성작용(形成作用)인 의지, 그것을 모두 분별하며 지각하는 식별작용(識別作用)인 지식 등을 가리킨다. 후세의 새로운 번역에서는 이것을 색수상행식의 다섯 가지가 인연 따라 쌓이고 모인 것이라 하여 오온(五蘊)이라고 하였다.

삼독(三毒) 본래 맑고 깨끗하고 착한 마음을 흔들고 덮어 가리어 해롭게 하는 세 가지 망념된 생각을 말한다. 탐(貪)은 욕심내어 한정 없이 구하며 가질려는 생각. 진(瞋)은 하고자 함이 뜻대로 되지 않을 때 성내는 생각. 치(痴)는 사실을 바로 모르는 어두운 생각으로 인과를 믿지 않는 어리석은 생각. 그러나 이 삼독심이 본래 실체가 없는 허망한 마음이며, 뿌리가 없는 까닭에 이 생각을 바르게 돌이키기만 하면 바로 탐심이 계심(戒心)이 되며, 진심이 정심(定心)이 되고, 치심이 혜심(慧心)이 된다.

[해 제]

중생이 평소에 항상 '나, 나만, 내 것'하면서 사는데, 그 나라고 하는 것이 본래가 없는 것인데도 무엇인가 나라고 하는 실체가 있는 줄로 착각하여 거기에 집착하고 있으나, 이것은 어디까지나 어리석은 눈먼 집착에 지나지 않는 것이다. 본래로 아무 차별도 없어서 평등한 것이 참된 사실이며, 그것은 우리가 사는 이 세상이 그러한 사실의 세계인 것이다.

불교에서는 이러한 사실의 세계를 여러 가지 말로 표현하고 있으니, 대도(大道), 무상도(無上道), 진여(眞如), 묘법(妙法),

열반묘심(涅槃妙心), 법성(法性), 불성(佛性) 등이라 말하기도 하며, 또한 아뇩다라삼먁삼보리(阿縟多羅三藐三菩提)라고도 한다.

그러나 이런 것이 단지 철학적으로나 이론적으로 사유되는 관념적인 세계로 생각되거나, 혹은 딴 세계가 따로 있는 것처럼 생각되어지기도 하지만, 그 세계는 현실세계이며 우리가 분명하게 살고 있는 세계이다. 그러므로 그것은 망상의 집착이 끊어져 없어졌을 때 구름이 홀연히 저절로 흩어져 없어지면 푸른 하늘에 달이 밝게 나타나는 것같이 수행 정진하여 번뇌 망상이 없어지면 자성이 밝아지는 것은 매우 당연한 일인 것이다.

그 망상을 어떻게 하면 없앨 수 있을까 한다면 그 생각이 그대로 망상이 되어서 끝이 없는 것이다. 따지고 생각하고 바라는 바 없이 그저 열심히 '이 뭣고'하는 화두를 열심히 들고 있는 그때가 바로 망상을 배제하는 일을 실제로 행하고 있는 것이니, 그러면서 생각을 하면 화두에 대한 집중이 깨어져 순일하지 못하니 그저 화두참구에 집중할 뿐으로 자기를 잊었을 때 홀연히 세상을 보는 바른 눈이 밝아지게 된다.

이것이 깨달음이니, 그래서 망상을 일부러 없애려고 애쓰지도 않고 진실을 구하려고 힘들이지도 않게 된다는 것이다.

2

證實相無人法	증실상무인법
刹那滅却阿鼻業	찰나멸각아비업
若將妄語誑衆生	약장망어광중생
自招拔舌塵沙劫	자초발설진사겁

실상을	깨달으니	너와 나	따로 없고,
순간에	아비지옥	죄업이	없어진다.
만약에	이 도리를	조금도	모르고서,
함부로	말한다면	혀 빼는	고 받으리.

세상의 참 모습 깨달아 보면 나와 네가 본래 따로 없어서 한 생각 바로 돌릴 때 즉시 온갖 죄업이 다 스러져 없어지는 도리가 있는데, 만약 이것도 모르고 하는 말이라면 중생을 속이고 잘못 이끄는 거짓말이 될 뿐이니, 그 허물로 한량없는 세월동안 지옥에서 혓바닥을 뽑히는 죄업을 짓는 것이다.

인법(人法) 인(人)은 주관 즉, 나. 법(法)은 객관 즉, 만물(萬物, 諸法).

찰나(刹那) 범어 kṣaṇa를 한자로 음역한 것. 뜻으로는 일념(一念)이라 의역한다. 지극히 짧은 시간을 말함이나, 막연하게 짧다는 것이 아니라, 다음 같은 계산에 의하여 표시된다. 즉, 120찰나가 1달찰나이며, 60달찰나가 1랍박(臘縛)이며, 30랍박이 1모호율다(牟呼栗多)이며, 30모호율다가 1주야(晝夜)이므로, 1주야인 24시간을 120×60×30×30으로 나누면 곧 75분의 1초(秒)가 1찰나가 된다.

아비(阿鼻) 범어 Avici를 음역한 것. 무간(無間)이라는 뜻을 지닌다. 한번 떨어지면 벗어나기 어렵고, 또 쉴 새 없이 고통을 받으므로 무간지옥이라 부른다.

진사겁(塵沙劫) 이 세계를 부숴서 모래가루와 티끌로 만든 것과 같은 수량만큼 지극히 오랜 세월을 말한다. 겁(劫)은 범어의 Kalpa의 음역이며, 가장 긴 시간의 단위이다.

[해 제]

제법실상(諸法實相)이라는 것은 우주의 진실을 말하는 동시에 우리들 자신의 참된 자기를 말하는 것이니, 표현이 다소 다르다고 하더라도 진실한 세계란 오직 하나 밖에 없는 것이다. 이 진실한 세계를 바로 깨달아 안다면 거기에는 상대적인 입장에 서서 말하는 자타(自他) 즉, 주관이랄 것도 객관이랄 것도 없어서 절대적인 공의 세계임을 철저하게 체험적으로 아는 것이다. 이와 같이 철저하고 확실하게 바로 보고 알고 한다면 세상의 모든 고민과 그 어떤 극심한 무간지옥의 고통이라도 회심(回心)하여 증득(證得)하는 순간에 남김없이 모두 소멸되고 마는 것이다. 그래서 참선수행에 의하여 견성오도(見性悟道)하는 도리가 여기에 있는 것이다. 그러므로 "실상을 깨달으니 너와 내가 없고 순간에 아비지옥의 죄업이 없어진다."고 하는 것은 결코 잘못된 말이 아니며, 만일 내가 거짓을 말하는 것이라면 반드시 지옥에 떨어져 혓바닥을 만발이나 뽑히는 고통을 받을 것이라고 영가 스님 자신의 말이 틀림없음을 보증하고 있는 것이다.

頓覺了如來禪   돈각료여래선
六度萬行體中圓   육도만행체중원
夢裏明明有六趣   몽리명명유육취
覺後空空無大千   각후공공무대천

단박에   마음 돌려   여래선   깨달으면,
바라밀   일만행이   그 속에   원만하네.
꿈속에   윤회함이   분명히   있었건만,
깨달은   지금에는   세계가   공하였네.

여래선(如來禪) 자성이 본래 청정해서 번뇌 망상이란 실제에는 없으며, 여래의 지혜를 본래 갖추고 있음을 깨닫는 선의 경지.

육도(六度) 범어 여섯 가지 pāramitā(波羅蜜多)의 뜻을 한자로 옮겼다. 보시·지계·인욕·정진·선정·지혜의 여섯 가지 보살의 행을 실천하여 중생들이 윤회하는 이 언덕에서 성현들이 생사에서 해탈하여 열반의 저 언덕으로 이르러가는 보살의 길.

만행(萬行) 온갖 바르고 선한 행위.

육취(六趣) 육도(六途, 六道)와 같은 말이니, 중생이 윤회하는 천상·아수라·인간·축생·아귀·지옥 등의 여섯 세계 중생이 지은 업의 인연 따라 가고 오는 곳이라 하여 육취라 한다.

대천(大千) 삼천대천세계(三千大千世界)를 줄인 말. 해와 달 그리고 수미산을 중심으로 하여 한 세계(一世界)가 이루어지고, 그러한 세계 일천 개를 합한 것이 소천세계(小千世界)이며, 소천세계 일천 개를 합한 것이 중천세계(中千世界)이며, 중천세계 일천 개를 합한 것이 대천세계(大千世界)이니, 이러한 세계를 합한 것을 총칭하여 삼천대천세계(三千大千世界)라고 한다.

　선의 깨달음이라고 하는 것은 이론적으로 이치를 따져서 차츰 알아지게 되는 것 같은 그런 것이 아니다. 선의 깨달음은 내면적으로 그 어느 한 가지 것에 온 마음이 집중하여 자기 자신을 잊었을 때 한 순간에 느닷없이 나타나는 것이다. 그야말로 뜻밖에 와! 하고 그 순간 하늘이 무너지고 땅이 꺼지는 것 같은 참으로 놀라운 경험을 하게 되는 것이며, 진정한 선의 깨달음을 체험하는 데는 반드시 이런 일을 겪게 마련이다. 만일 이러한 경험을 하지 못하였다면 아직도 정식(情識)의 근원이 완전히 뽑히지 않았다는 증거이기에 선수행이 철저하지 못하다고 해도 틀림이 없을 것이다. 그런데 어느 하나에 마음을 집중시킨다고 해서 바깥세계의 눈에 보이는 어느 것에다 아무리 의식을 집중시킨다 하더라도 거기에서는 절대로 깨달음이 나오지를 않는다. 자기 내면 그 속에서 모양도 그림자도 없는 그 무엇에 '이뭣꼬'하고 온 정신을 집중해 가다가 마침내 그 화두를 드는 나도 없고 들을 화두도 없어서, 바로 화두가 나요, 내가 화두가 되어서 나를 잊을 때 저절로 '이 뭣꼬'의 해답이 불쑥 나오는 것이다. 만약 바깥세계에 있는 그 어떤 것이라도 마음을 집중시키기만 하면 '그것으로 깨달음을 얻게 된다면 구태여 좌선만 할 필요가 없다고 할 것이겠지만, 예컨대 무술의 검도·궁도 등 또한 예술의 음악·회화·서예 등 모두가 한 결 같이 매우 높은 정신집중을 필요로 하는 것이며, 이러한 정신집중으로부터는 어느 정도의 정력(定力)이 길러지지만 그러나 직접 견성득도를 이루지는 못하는 것이다. 그런데 깨달음이라 하더라도 초견성(初見性)이라 불리는 경지를 훨씬 넘어서 한번 철두철미하게 자기의 본질을 깨닫는다면[廓徹大悟] 육바라밀 등 만 가지 수행이 모두 자기 가운데 원만히 구족하고 있음을 알게 되는 것이니, 인간의 올바른 향상과 인격의 완성을 위해서는 자타가 대립되는 근본적인 망념(妄念)을 완전히 불식시키기 위한 철저한 깨달음의 체험이 요구되는 것이다.

無罪福無損益	무죄복무손익
寂滅性中莫問覓	적멸성중막문멱
比來塵鏡未曾磨	비래진경미증마
今日分明須剖析	금일분명수부석

죄와 복	따로 없고	손익이	전혀 없어,
적멸한	자성 속에	무엇을	찾아보니,
때 묻은	저 거울을	닦지를	못했다가,
비로소	오늘에야	말끔히	닦아내네.

죄와 복이 따로 없고, 손해와 이익도 달리 없도다. 이런 것이 본디부터 없는 적멸한 자성 가운데에서 그런 것 묻거나 찾지 말

라. 지금까지 먼지 낀 거울을 아직 닦지 못하였으나, 이제는 분명히 갈고 닦았도다.

적멸(寂滅) 범어 Nirvāṇa의 뜻 번역. 번뇌 망상을 여의고 생멸을 초월한 불생불멸의 법신(法身)으로 이른 곳에 나타나는 무위적정(無爲寂靜)의 경지. 범부중생은 항상 쉴 새 없이 마음 가운데 욕심에 불타는 불, 성냄으로 터져 나오는 불, 어리석어 인과를 알지 못하여 일으키는 불 등 갖가지 불길을 활활 태우고 살면서 또 끊임없이 크고 작은 갖가지 죄업을 지으며 사는 것이 마치 활활 타오르는 불에 계속해서 땔감을 더하고 있는 격이다. 그러므로 그 불을 끄려할 때는 그때부터 땔감을 더하지 말아야 사그라지다가 불씨로 남아 그것마저 없어져서 다시는 불이 일어나지 않게 되듯, 중생의 마음에 일어나는 수없이 많은 망념의 불길을 잠재우려면 물질로 이루어진 모양 있는 이 세계가 생겼다 없어지고 없어졌다 생기고 하면서 시시각각으로 변하고 있는 것이어서, 진실하지 못하고 영원하지 못하여 참으로 무상(無常)하고 공(空)한 것임을 확실히 알고 발심하여 참선정진을 통해 망상잡념을 쉬어가다가 마침내 망념의 근원인 근본무명까지도 없어져서 일체의 업장이 소멸하여 다시는 생사에 들지 않는 대해탈의 경지를 열반적멸의 경지라 한다.

비래(比來) 지금까지

진경(塵鏡) 본래 청정한 마음이 번뇌 망상으로 가려져서 본래 구족하고 있는 반야지혜의 빛이 가려지고 있는 상태를 거울에 먼지가 덮여 맑고 깨끗하게 무엇이든 그대로 비치던 작용이 흐려진 데에다 비유하는 것.

부석(剖析) 사리(事理)를 명확하게 판단하는 것. 이제야말로 신령한 자성을 확실하게 깨달았다는 말.

[해 제]

물질로 이루어진 모양 있는 현상세계에는 인과·선악·고락·죄복·손득·길흉·미오·시비·득실·자타·성현범부 등이 분명히 있는 것이다. 그러나 확고한 깨달음으로 이루어진 본분세계(本分世界)에는 이러한 분별대립이 일체 없는 경지요, 그런 세계이다. 그러므로 현상세계의 모든 것이 있는 편에서 본다면 갖가지가 다 분명히 있는 것이지만, 이러한 차별이 없어진 본래의 세계에서는 일체가 모두 혼연일체이며 그와 같은 상대적인 구별·차별·분별 따위 본래 없는 것이니, 이것이 우주법계 진실한 모습[諸法實相]인 것이다. 그러므로 진실한 자기란 바로 적멸한 것[寂滅性]이며, 적멸성이 그대로 진실한 자기여서 공중무

41

색(空中無色)하여 불생불멸 불구부정 부증불감 한 것이 진실한 자기라면 그 공한 세계 속에 있으면서 무엇을 따로 구하려고[問覓] 하는 것인가. 그러니 아무것도 없는 세계에서 진실한 자기라는 것을 찾으려고 헛되이 애쓰지 말라. 물에서 물을 구하고 불에서 불을 구하려고 할 것이겠는가.

3

誰無念誰無生	수무념수무생
若實無生無不生	약실무생무불생
喚取機關木人問	환취기관목인문
求佛施功早晚成	구불시공조만성

어느 뉘	무심하며	그 누가	무생이랴,
만약에	무생하면	무멸도	없는 것을.
나무로	만든 사람	불러서	물어보라,
부처를	공부하면	그 공을	못 이루리.

무엇이 생각 없는 것이며, 무엇이 생멸 없는 것인가. 만약 참으로 생멸이 없는 것이라면, 불생불멸도 없는 것이니, 나무로 만들어 움직이게 하는 인조인간에게 물어 보아라. 만일 성불하기를 구하는 생각 가지고 공부한다면 마침내 그 공부를 이루기 어려우리라.

무념(無念) 끊임없이 생각을 일으키면서도 상대하는 대상에 집착하지 않는 것이 무념이다.

무생(無生) 생멸하며 변화하는 모양에 집착하지 않는다면 생멸하는 당체가 바로 무생이다.

기관목인(機關木人) 움직이는 로봇 인형. 그 자신은 정식(情識)이 없고 사람의 원격조정에 의하여 운전하고 동작하게 된다.

시공(施功) 학문과 수행의 공을 쌓는 것.

조만성(早晚成) 움직이는 인형에게 사람의 일을 물어 보더라도 알 수 없듯이, 사대(四大)가 임시로 화합하여 이루어져 있는 이 몸에 집착하는 생각을 그대로 가지고는 아무리 학문을 닦고 수행을 쌓더라도 그것으로는 끝내 불도를 이룰 수가 없다는 뜻.

[해 제]

중생들의 마음의 움직임 하나하나를 염(念)이라고 한다. 우리나라 고려 말의 대선지식 나옹 스님(1320~1376)은 "생사란 생각이 일어났다 없어짐이 바로 생사[念起念滅謂之生死]이다."라고 갈파했다. 그래서 흔히 중생의 망념(妄念)이 생사에 윤회케 하는 근본이므로 생사해탈하기 위한 선수행에 있어서 무념무상(無念無想)의 경지에 드는 것이 목적이며, 이렇게 무념무상이 되는 것을 선이라고 생각하는 사람들이 많이 있다.

그러나 이것은 무념무상이 되기 위하여 행하는 무심정(無心定)의 좌선이니 이른바 소승적인 좌선에 지나지 않는다. 이 선정의 수련을 쌓아서 무심정에 들어있을 때는 그 동안에 일체의 괴로움에서 완전하게 피해 있지만, 그 정에서 나오면[出定] 다시 괴로움을 맞이하게 되므로 비유하면 마치 수면제를 먹어서 푹 잠이 들어서 일시적으로 고통이나 고뇌에서 벗어날 수 있을 뿐인 것과 같아 소승선이라는 말을 듣게 된다.

석가모니 부처님이 출가하여 수행생활을 하게 되었을 때에 최초로 수행한 것도 인도에서 전통적으로 해 내려오던 이와 같은 선정의 수행이었다. 그러나 그 당시에 행해지던 가장 높은 경지의 선정을 이루었지만 그것을 깨달음의 길이 아니라 하여 버리게 된 것은 당시에 사선정(四禪定)이나 사무색정(四無色定) 등의 무심정을 닦는 것은 다음 생에 색계천(色界天)이나 무색계천(無色界天)의 세계에 나고자 하는 생천(生天)에 목적을 두고 있었으며, 그러한 천계(天界)도 역시 생사의 고가 없어지지 않는 삼계를 벗어나지 못함을 알았기 때문이었다.

6년에 걸친 수행 끝에 보리수 밑에서 '만일 생사해탈하여 열반을 이루지 못한다면 죽는 한이 있더라도 이 자리에서 일어나지 않겠노라.' 하는 일대용맹심을 발하여 새로운 각오로써 선정에 들었던 것이다. 그것은 위없는 커다란 바른 깨달음을 얻게 되는 가장 뜻깊은 선정이었다. 이곳에서의 49일 동안의 선정에서 마침내 인생고의 본질은 인간의 욕망이 채워지지 못하는 데서 오는 괴로움임을 알고, 그러한 괴로움이 발생하게 되는 것은 인생의 현실을 바로 알지 못하는 무명에 그 원인이 있음을 알고, 그러한 괴로움의 근본 원인이 되는 무명을 없애는 것은 인생의 현실을 바로 아는 지혜 즉, 반야지혜(般若智慧)임을 알고 지혜를 이루게 하는 것은 어디까지나 선정에 의해서 정화된 현실의 생활임을 알게 되었다.

따라서 석가모니 부처님 자신도 그 선정에 의하여 반야지혜를 이루고, 현실생활의 개선 즉, 보리(菩提)를 이루기에 성공하였던 것이다. 이때에 석가모니 부처님에 의하여 수립된 수행방법이 바로 불교의 좌선수행인 것이다.

불교의 선수행법이 중국에 전해져서 일대전환을 가져오면서 크게 발전한 것이 대승적 선[大乘禪]이다. 즉, 중생이 본래 부처라는 넓고 커다란 사상을 바탕으로 하여, 일체중생 속에 본래 갖추어 가지고 있는 완전하여 원만하고 무한하며 절대적인 본질이 내재해 있음을 깨닫게 하여 이에 의해서 일체중생을 하나도 남김없이 제도하려는 것이 대승선의 진정한 정신이다.

따라서 어렵고 괴로운 것을 피하는 것이 아니라 이 세상의 현실적인 슬픔과 괴로움 등을 그대로 보고 듣고 받아 겪으면서 그것을 그대로 확실하게 바로 봄으로써 거기에 염기념멸(念起念滅)하는 것이 실제로는 실체가 없는 것임을 깨닫게 하는 것이 대승선이다. 소승선은 그러한 염기(念起)가 일어나지 않게 하는 것이지만, 대승선이 발전한 조사선(祖師禪)에서는 무념무상(無念無想)이 되는 것은 도대체 무엇이며, 누구인가, 그 주체를 문제 삼는 것이다. 즉, 살고 죽고하는 모양 있는 현상세계에 있으면서도 그 속에서 나고 죽음이 없다는 것을 확실하게 파악하는 것이 선의 깨달음인 것이다.

나고 죽는 생사가 없다고 하지만 현실의 세계에는 뚜렷하게 생사가 있으니, 그 주체는 무엇이란 말인가. 아무것도 없다고 '무(無)'라고 하지만 그렇다고 이른바 허무(虛無)이거나 완공(頑空)이라는 말이 아니다. 그 속에는 무한이며 무진장(無盡藏)한 본질과 성능(性能)을 갖추고 있는 공이니, 그 본질을 바로 파악하라는 것이다. 우리에게는 뚜렷하게 생명이 있음은 틀림없는 사실이다. 그러나 그 생명에는 모양도 없고 그림자도 없다. 그런데 그 모양도 없고 그림자도 없는 생명이 온 몸 전체에 가득 차 있다.

그와 같이 우주 법계의 전체에 생명이 가득 차 있어서 우주 공간에 존재하는 일체의 것, 즉 살아 있는 유정[생물]이거나 무정[무생물]이거나 간에 모든 것이 그 하나의 생명을 살고 있는 것이니, 이것이 바로 생명의 실상이요, 이 생명을 분명하고 확실하게 잡아야 하며, 이것을 잡는 가장 확실한 방법이 바로 참선이다. 꾸준히 참선 정진을 계속해 가노라면, 당장에 견성을 못

할지라도 중생생활의 근본인 자아의식 또는 대립의식(對立意識)이 점차로 엷어져 없어져 가기 마련이다.

만일 참선 정진을 하는 데도 도무지 자아의식이 엷어지지 않고 경우에 따라서 대립의식이 더 강해졌다고 하는 사람이 있다면, 그것은 어딘가 참선을 잘못하고 있음이 틀림없다 하겠다. 올바른 참선, 정진을 꾸준히 계속하고 있노라면 자신이 확실하게 인식하지 못하고 있더라도 분명히 자아의식이 차츰 엷어져 없어져 가고 있으며, 그러다가 어느 때인가 가리고 있던 그것이 싹 없어지면서 뜻밖에 진정한 참나를 깨닫게 되는 시절인연이 반드시 오게 되는 것이다.

여기서 기관목인(機關木人)이라고 하는 것은 그야말로 분별망상 따위가 붙지 않는 진정한 자기 자신에게 직접 물어보라는 것이다. 사람은 본래 반야지혜를 갖추고 있는 존재임에도 불구하고 분별망상이라는 티끌이 가리고 있어 참사람을 들어내지 못하고 상대적인 대립의 세계에 떨어져서 여기서 일체의 관념, 사상, 분별망상이 구름 일듯 끝없이 발생하게 되는 것이며, 이같은 한없는 분별망상의 근원을 끊는 데는 참선 수행이야말로 가장 빠르고 최상의 길인 것이며, 이것을 틀림없이 믿어야 하는 것이다. 그렇다면 참선을 통해서 진정한 참나를 찾으니 어떠하더냐 한다면 본디의 나 그대로였다고 할 수밖에 없으니 철저하게 크게 깨달은 사람은 '바로 이것이로구나. 이것'하게 된다.

앉을 때는 앉을 뿐 먹을 때는 먹을 뿐이니 만일 깨달음을 얻게 되면 얼마나 대단한 일이 일어날 것인가 하고 생각하였더니, 별달리 신통스러운 일 아무 것도 없고 그야말로 '도루 아미타불' 그것이니, 다만 '이것' 할 수밖에 없다. 그러나 사실은 이것이 얼마나 굉장하고 대단하고 신통한 일이더냐 하는 것은 실지로 깨달음을 체험한 일이 없으면 조금도 알 수 없으며, 짐작도 할 수가 없는 경계요 세계인 것이다.

그런데도 이대로가 바로 그것인 줄은 꿈에도 모르고, 깨달음이란 마치 나에게 없는 그 무엇들을 찾고 모아서 이루는 것처럼 잘못 알고는 범부 중생이 성불하기를 목표로 삼아 참선 수행하며, 그러한 수행의 공덕을 쌓아 가며 한발 한발 부처에게 가까이 가려한다면, 그래서는 언제까지라도 마침내 그런 때는 오지 않는다는 경계의 말이 '부처를 공부하면 그 공을 못 이루리(求佛施功早晩成)' 하는 말인 것이다.

그러므로 이 말은 어디까지나 깨달음을 이룬 본분의 세계[本分世界]에서 보고 말하는 경지인 것이며, 현상의 세계[現象世界]에 사는 우리들에게 있어서는 바로 '부처를 구하여 수행의 공부를 쌓고 있는 입장'인 것이다.

그런데 한번 본분의 세계를 확연히 보아 깨달은 입장에서 본다면 역시 한발 한발 부처에게 가까이 가는 노력을 하고 있으면서도 사실은 언제 어디서라도 항상 부처 그 자체이다 라는 입장이 확고하다. 다시 말해서 본래 모자람 없이 갖추어 가지고 있는 자신의 본질을 지금 살고 있는 현상세계에 나투고 펼쳐나가는 것이 수행인 것이다. 가령 참선 수행의 공덕을 쌓아서 깨달음을 얻었더라도 참선을 전혀 모르는 박지범부와 속 내용이 조금도 다름이 없는 것이다.

요컨대 '부처를 구하여 공부를 쌓는다 하더라도 언제 그 공을 이루리오(求佛施功早晚成)'하는 영가 선사의 이 말이야 말로 그처럼 철저하게 피땀을 흘려 수행에 수행을 거듭하여 마침내 확연히 크게 깨달음 얻고 그 얻은 깨달음의 경지에도 머물러 있지 않고 본래의 자기 자신으로 돌아온 그런 사람이라야만 비로소 이런 말을 할 수 있는 것이요, 그야말로 피와 땀이 얼룩진 말이니, 만약 우리가 이런 말을 관념적으로 가벼히 쉽게 알아차린 체 하는 일이 있다면 참으로 부끄럽기 짝이 없는 일이라 아니할 수 없으며, 당면의 참나에게 돌아가기 위한 참선 수행에 수행을 거듭하기 위하여 수많은 피땀을 흘리고 또 흘려야만 할 것이다.

4

放四大莫把捉　　방사대막파착
寂滅性中隨飮啄　　적멸성중수음탁
諸行無常一切空　　제행무상일체공
卽是如來大圓覺　　즉시여래대원각

사대를　놓아버려　애착을　두지 말고,
적멸한　자성 속에　마음껏　맛을 보세.
모든 것　무상하여　영원함　없는 것이,
이것이　그대로가　여래의　대각이네.

　사대 즉, 네 가지 원소가 임시로 화합하여 이루어져 있는 이
몸에 집착함이 없이 본래 생하고 멸함이 없는 자성 가운데서 인
연 따라 생긴 이 인생의 삶을 자연에 맡겨 무심하게 살아서[任
運無心], 이 세상 모든 것이 생멸하고 변천하여 하나도 영원함
이 없으므로 거기에 조금도 집착할 것이 없게 된 경지가 바로
여래의 대원각의 경지이다.

사대(四大) 대는 원소(元素)의 뜻. 사대종(四大種)이라고도 한

다. 모든 물질을 구성하고 있는 네 가지의 원소[四大元素]를 말
함. 즉, 지대(地大), 수대(水大), 화대(火大), 풍대(風大)의 네 가
지.

수음탁(隨飮啄) 음탁은 『장자(莊子)』의 양생주(養生主) 제 3에
서 나온 말이니, 새가 무심히 물을 마시고 모이를 쪼듯, 살아가
되 아무데도 집착하는 바 없이 인연에 맡겨서 무심하게 자연스
럽게 산다는 뜻.

제행무상(諸行無常) 불교 삼법인(三法印)의 하나이며, 또한 유명
한 설산 사구게(雪山 四句偈) 가운데 머리에 나오는 일구이기도
하다. 제행은 모든 물질과 그 나타나 있는 모양 즉, 형상세계를
말한다. 무상은 그 무엇이든 언제나 변함없이 그대로 있는 것
[常住不變]은 없다는 뜻이다. 즉, 세상의 모든 물질적인 것, 모양
있는 것은 다 언제나 끊임없이 인연이 모여 생겨났다가도 시시
각각으로 변화하면서 인연이 흩어지고 없어져서[生滅轉變化],
어느 것 하나도 영원히 항상 머물러 있어서 변하지 않는 것[永
遠常住不變]은 없다는 뜻이다.

일체공(一切空) 공(쫀)은 범어 Śūnya의 번역. 모든 존재가 없다
는 뜻이니, 다시 말해서 공하다는 것은 모든 존재가 인연 따라

생겼다 멸했다 하는 것이기에 그 자성의 자체[自性實體]가 없다
는 진공(眞空)의 뜻이라 결코 아무 것도 없다는 허무의 '완공'을
말하는 것이 아니다. 즉 자성에 집착함이 없이 유전하여 변화하
는 진공이야 말로 또한 어떤 것이라도 될 수가 있는 무한한 가
능성인 묘유(妙有)를 지니고 있는 창조적인 무가 공인 까닭이
다. 그러나 무자성(無自性)이라고 하는 상태를 본질로 삼는 그
러한 공의 존재도 또한 없는 것이기 때문에 일체공이라고 하는
것이다.

여래(如來) 범어 Tathāgata의 번역. 부처님 명호 열 가지[佛十號]
가운데 하나. 진여에서 내생[眞如來生]하였다는 뜻. 즉, 이 세상
에 와서 진리를 가리켜 보이신 분이라는 뜻이다.

대원각(大圓覺) 광대하고 원만한 여래의 깨달음이라는 뜻.

[해 제]

　'사대를 놓아버려 애착을 두지 말라'는 것은 사대(四大)는, 요
컨대 물질의 세계 즉, 모양으로 이루어진 객관세계를 말하는 것
이다. 참나[본분의 세계]를 보려면, 물질로 이루어진 모양 있는
바깥 세계의 모든 것은 생멸 변천하는 무상한 것이니, 이러한
세계가 진실하고 영원한 것인 줄로 착각하여 집착하지 말라.

즉, 그것을 싹 버리고 놓아버려야 하는 것이다. 왜냐하면 거기에는 생명이 없기 때문이다. 생명은 그러한 바깥쪽에 있는 것이 아니라 안쪽에 있는 것이다. 그런데 막상 그 생명을 잡고 보니, 그것이 바깥의 모양 있는 객관세계와 한 통속인 것이다.

그러나 생명은 안쪽에서가 아니면 잡을 수가 없고 볼 수가 없는 것이다. 그러므로 바깥에서 구하려고 아무리 쫓아다닌다 하더라도 절대로 구할 수 없는 것이 바로 생명인 것이다. 그러니까 물질로 이루어진 모양 있는 세계, 바깥의 객관세계에 대한 잘못된 집착을 미련 없이 버리는 것이 '사대를 놓아버려 애착을 두지 말라'는 것이다.

적멸성(寂滅性)이라는 것은 참나, 진실한 자기, 즉 본분의 세계를 말함이다. 우리는 언제나 어디서나 항상 본분사의 그 속에서 살고 있다는 것이 바로 진정한 사실인 것이다. 다시 말해서 그 본분사 가운데서 항상 배고프면 먹고, 목마르면 마시고, 일이 있으면 움직이고, 일이 끝나면 앉고, 추우면 입고, 더우면 벗고 하는 생활을 아침부터 밤까지 계속하고 있는 것이 현실이며, 이것 이외에 달리 사는 방식이란 없는 것이니, 이것이 적멸한 자성 속에서[寂滅性中] 살고 있는 것인데도, 다만 그 적멸성을 보는 안목[見性]이 없으면 그렇게 모자람 없이 살고 있으면서도 조금도 그런 줄은 알지 못하고 있는 것이다. 그래서 그것을 분명하게 알아 얻어서 살아야 한다는 것이 '마음껏 맛을 보라[隨

飮啄]'는 뜻이다.

'모든 것이 무상하여 영원한 것은 없다[諸行無常一切空]' 이 것이 부처님 가르침의 근본이며, 이러한 사실을 그대로 바로 깨 달은 것이 모든 부처님의 깨달음[卽是如來大圓覺]이다. 현상세 계의 사물은 쉼 없이 변하여 달라지고 있어서 그대로 있는 것은 아무 것도 없다. 마치 강물이 끊임없이 흘러가고 있듯이 우리의 이 몸도 쉴 새 없이 신진대사를 계속하고 있다. 말하자면 정신 없이 푹 잠을 자고 있는 동안에도 먹은 것은 제대로 소화가 되 고 있으니 그것을 그렇게 하려고 하지 않은데도 무의식 속에서 완전하게 이루어지고 있으니, 참으로 불가사의 하고 신통스러 운 일이라 할 수밖에 없지만 이것 역시 제행무상의 한 모습인 것이다.

이렇게 겉모양으로는 물이 쉼 없이 끝없이 흘러가면 달라지 듯이 육체나 더 나아가서 세계와 우주에 이르기까지 역시 끊임 없이 변천하는 현상적인 면에서는 무상하여 공한 것이요, 아무 것도 없다고 하지만, 본체적인 면에서는 모양 있는 그 모든 것 의 근본이 되는 온갖 것을 다 갖추어 가지고 있으면서도 우리의 여섯 가지 감각기관으로는 도저히 보거나 듣거나 잡거나 짐작 할 수가 없다는 뜻에서 아무것도 없다고 하지만 이러한 사실을 체험으로써 확실하게 파악하는 것이 여래의 대원각이니, 이것 이 바로 부처님의 깨달음이다.

그런데 이것을 선수행하는 세계에서는 어떻게 하던 바로 보게 하기 위해 화두참구를 하게 된다. 보통 사람들에게 있어서는 겨우 눈으로 보는 것만이 있는 줄로 알고 있을 뿐이지만, 그 배후에는 보이지 않지만 실로 무한대의 세계가 전개되어 있는 것이며, 이것을 바로 보고 그것을 확실하게 파악하여야만 하는 것이다. 그러기 위해서는 이제까지 머리로만 굴려오던 '관념(觀念)이다', '사상(思想)이다' 하는 것을 몽땅 놓아 버려야만 한다.

이러한 관념사상을 떨쳐 버리기 위해서 화두를 들게 되는 것이며, 만일 그것이 무자(無字) 화두라면 무자 화두를 마치 수학 문제 풀듯이 이리 저리 생각을 굴려 알아보려고 하지 말고 오직 모를 뿐인 마음으로 무자에 전념하여 끝내는 모든 것이 똘똘 뭉쳐서 무자가 되어 버렸을 때에 자기를 잊게 되는 것이다. 이렇게 무엇인가 하나가 되지 않는 한 자아가 없어지지 않는 것이다. 그러나 만일 바깥의 모양 있는 어느 사물의 하나에다 마음을 집중시켜서 그것과 하나가 되려고 한다면, 그 노력에 따라서 정력(定力)은 얻게 되지만 깨달음을 얻지는 못하는 것이다.

선수행의 특징은 어디까지나 내면세계의 모양 없는, 볼 수 없고 잡을 수 없는 것에다 마음을 집중하여 그것과 하나가 되도록 노력하는 데 있는 것이다. 무자를 들고 오직 '무, 무, 무…'하다가 어느새 모든 것이 완전히 무(無) 속에 녹아져서 온 천지가 무뿐인 무자삼매(無字三昧)에 들 때에 돌연히 하늘땅을 가득히 메웠던 무자의 풍선이 빵하고 터져서 아하 이것이 무자로구나 하고 알게 되고 무자를 알게 되었다는 것은 바로 참나를 알았다는 것이다. 왜냐하면 그때 무자와 나는 완전히 하나인 것이니까. 그래서 처음에 나타나는 것은 아무것도 없는 세계이며 그와 동시에 그것이 바로 모양 있는 형상세계 그것인 것임을 확실하게 깨닫게 되는 것이 여래의 대원각인 것이다.

決定說表眞乘   결정설표진승
有人不肯任情徵   유인불긍임정징
直截根源佛所印   직절근원불소인
摘葉尋枝我不能   적엽심지아불능

불변의   그 말씀이   진승을   나투었네,
누구나   의심나면   마음껏   물어보라.
뿌리를   잡아야만   깊은 법   알게 되니,
잎 따고   가지 찾음   애당초   하지마세.

　결정적인 진리의 말은 참 도인이라야 할 수 있는 것이니, 누구라도 만일 수긍이 가지 않는 점이 있다면, 마음껏 물어 보라. 그런데 우리를 생사 윤회케 하는 무명 번뇌의 근원을 단번에 끊고 부처님의 경지에 바로 들어가야지, 공연히 말과 글로만 캐고 따지는 것은 내가 할 짓이 아니다.

결정설(決定說) 자기 스스로 깨달아 알아서 어느 누구를 대해서도 꺼리거나 두려워할 바 없이 말할 수 있는 결정적인 진리.

임정징(任情徵) 마음대로 미심한 점을 따져 물어서 밝혀 보라는 뜻.

직절근원(直截根源) 무명, 생사, 번뇌 등의 근원을 바로 끊으면, 그때에 팔만사천의 번뇌가 곧 팔만사천의 법 즉, 반야지혜가 된다. 이것을 일초직입여래지(一超直入如來地)라고 한다.

[해 제]

결정설(決定說)이라는 것은 누가 무어라 하더라도 절대로 의심할 바 없는 결정적으로 올바른 견해요, 말이라는 것이며, 이러한 자신감은 틀림없는 사실을 확실하게 보고 체험한 바가 없고서는 이런 결정설이 나올 수가 없는 것이다. 사실을 그대로 내 눈으로 보았다면 믿는다고 하는 말이 필요 없게 된다. 오직 믿어라. 믿어야만 한다고 하는 것은 사실을 보지 못한 까닭이다.

아무개가 그렇게 말했으니까, 어느 책에 이렇게 써있으니까

하고 그것을 믿는 것으로는 이 같은 결정설을 말할 수 있는 이가 없는 것이며, 결정설을 말할 수 있는 이가 바로 선지식이요 도인이라 하겠다.

5

摩尼珠人不識　　마니주인불식
如來藏裏親收得　　여래장리친수득
六般神用空不空　　육반신용공불공
一顆圓光色非色　　일과원광색비색

여의주　　영롱함을　　아무도　　모르는데,
여래장　　그 안에서　　저절로　　얻어지네.
육신통　　그 자리는　　공인 듯　　공 아니고,
한 개의　　둥근 광명　　색인 듯　　색 아닐세.

사람들이 모두가 저마다 여래장 속에 보배로운 마니 구슬을 지니고 있음을 알지 못하고 있으나 보고, 듣고, 냄새 맡고, 맛보고, 몸으로 느끼고, 헤아려 아는 여섯 가지 감각 작용이 바로 사람마다 본래 갖추어 가지고 있는 한 개 마니주에서 나오는 원만하고 걸림없는 신통스러운 묘한 작용[神通妙用]에 지나지 않는 것이다.

마니주(摩尼珠) 범어 Maṇi의 소리 번역이며, 뜻으로는 여의주(如意珠) 또는 무구광(無垢光)이라 번역한다. 일러오기를 용왕의 머릿속에서 나온 것이라 하며, 무엇이나 뜻대로 얻을 수 있게 한다 하여 여의주라 부른다고 한다. 이것을 불교에서는 불성(佛性)이 본래 모든 모양[相]을 떠나고 있으면서도 연(緣)을 따라 자재하게 온갖 것[相]을 나타내는 것을 여의주에다 비유한 것이다.

육반신용(六般神用) 여섯 가지 묘한 작용, 즉 눈·귀·코·혀·몸·뜻 등의 여섯 가지 감각기관이 밖의 빛, 소리, 냄새, 맛, 닿임, 법 등의 여섯 가지 경계를 대하여 눈은 빛을 보고, 귀는 소리를 듣는 등의 마음과 경계가 한결같은 작용을 이룰 때[이것을 심경일여(心鏡一如)의 묘용을 발휘한다고 한다], 육진경계(六塵境界)가 곧 그대로 육반신용(六般神用)이 된다.

일과원광(一顆圓光) 여섯 가지의 신통스러운 작용[六般神用]도 결국은 사람마다 본래 갖추어 가지고 있는 여의주, 즉 불성의 원만한 지혜광명의 작용 아님이 없다는 것이다.

[해 제]

'참선이란 도대체 무엇 때문에 하는 것이냐' 한다면 결국은 '참나는 누구인가'를 확실하게 파악하기 위해서 참선수행을 하는 것이라고 하겠다.

일반인들은 살아가면서도 자기 자신이 무엇인지, 진정한 자기가 누구인지를 까마득히 모르고 있고, 또한 알려고도 하지 않으면서 살고 있다. 옛 희랍의 대철학자 소크라테스가 '너 자신을 알라' 한 것은 참으로 대단한 일이라 아니할 수 없다. 이것이야 말로 인생에 있어서의 최대의 근본문제인 것이며, 불교에서는 이것을 일대사인연(一大事因緣)이라고 한다. 소크라테스가 과연 자기 자신을 어떻게 파악하였는지는 알 수 없다.

그러나 그는 그것이 인생의 대단히 중요한 문제임을 이미 알고 있었다고 하겠으니, 과연 소크라테스는 서양에서 제일로 꼽히는 대철학자요, 훌륭한 현자이다. '이 세상만사 가운데서 그 무엇이 가장 큰 일이냐 하면, 자기 자신이 무엇이며, 누구인가를 확실하게 파악하는 일 보다 더 큰 일이란 없는 것이다' 한다면, 그 일을 가장 확실하게 하는 일이 참선에서 이루어지는 것이며, 자기 자신을 확실히 파악하게 된다면, 확고한 안심 속에서 살게[安心立命] 되는 것이기 때문이다.

참선을 통해서 관념이다, 사상이다, 분별이다, 사량이다 하는 것들과 상관없이 직접 바로 나의 본래 마음[本分心地], 즉 참나를 바로 안다면, 자기의 본질이 대 우주법계와 같으며, 무한한 대생명에 완전하고 원만한 복덕을 구족하고 있는 그런 나이며, 이 몸이 이대로가 부처님이며, 살고 있는 이 자리가 바로 정토임을 알게 될 때에 절대적인 대(大)안심을 얻게 되는 것이다. 그

런데 막상 참나를 바로 보고 알게 되니, 이것이 참으로 그야말로 엄청난 존재이더라는 것이다.

이제까지는 이 오척단신(五尺短身)의 몸뚱이가 기껏 백년도 안 되는 인생을 사는 것이 자기인 줄로만 알고 있었는데, 그 어찌 알았으랴. 참나는 바로 무한절대(無限絶對)이며, 완전 원만한 영원한 대생명 그 자체임을 이론이나 사상 등에 의해서가 아니라 부단한 선수행을 통해서 체험으로 확고하게 아는 깨달음을 얻게 되는 것이다.

마니의 구슬은 더러움에 물들지 않는 구슬이니, 여기서는 진실한 자기 즉 참나를 상징하고 있다. 그것을 사람들은 누구나 다 가지고 있으면서도 그런 줄을 모르고 있는 것은 『반야심경』에서 말하는 '뒤바뀐 헛된 생각' 때문에 자신 속에 있는 마니의 보배 구슬같은 참나를 모르고 있었는데, 참선을 통해서 직접 체험으로 파악하였음을 '여래장 그 안에서 친히 얻었네'라고 하였다.

여기서 친히 얻었다고 하는 것을 표현하는 말대로 받아들이게 될 때, 자칫 잘못하면 얻는 마음과 얻어지는 마음의 둘이 있다는 것 같지만, 사실은 도둑놈 잡고 보니 내 아들놈이더라 하듯이, 번뇌 망상이 그대로 반야지혜 그것인 것이다.

우리의 여섯 가지 감각기관의 작용은 살필수록 불가사의한 미묘한 작용이라고 아니할 수가 없다. 그 작용이 얼마나 미묘하고 불가사의한가를 눈으로 빛을 보는 것을 대표적으로 살펴본다면, 예컨대 이 눈으로 바깥 세계의 모든 것을 보고 있지만, 이렇게 그 색깔이나 모양을 내 안에 받아들이는 작용을 하는 실체는 과연 무엇인가.

틀림없이 눈이 보고 있다고는 하지만 눈알맹이 그것이 보는 주인공은 아니다. 눈은 어디까지나 보기 위한 도구에 지나지 않으며, 이 눈이라는 도구를 사용해서 보는 주체가 반드시 있어서 그것을 일반적으로는 마음이라고 하는데, 이 마음이란 것이 모양도 없고 무게도 없어서 어디에 있다고 하는 장소도 없다. 그러니 볼 수도 없고 잡을 수도 없으니 그야말로 알맹이가 전혀 없는 것이다. 알맹이가 아무것도 없다는 것은 우리 감각기관으로는 인식할 수가 없는 것이니, 이것은 공(空)이라고 하는 것이다.

그러면 눈을 가지고 그것을 써서 보고 있는 주체는 무엇이란 말인가 하고 아무리 찾아도 찾아볼 수가 없지만 눈앞에 붉은 꽃은 분명히 보고 있으며 바람소리 종소리 틀림없이 듣고 있으니 아무것도 없는 공이라고 할 수가 없으니, 그렇다면 공이 아니요, 불공이지만 그 실체를 잡아보려고 하면 모양도 없고 그림자도 없다. 그래서 공하되 공한 것이 아니요[空不空], 역시 마니구슬의 광명이 있으되, 그것은 볼 수 있는 빛이 아닌 것이니, 이것은 진실한 자기의 영묘(靈妙)한 작용이 그와 같고 본래 갖추어

가지고 있는 불성의 지혜광명이 그와 같다는 것이다.

淨五眼得五力	정오안득오력
唯證乃知難可測	유증내지난가측
鏡裏看形見不難	경리간형견불난
水中捉月爭拈得	수중착월쟁염득

오안을	맑게 하여	오력을	얻은지라,
깨쳐야	알게 되니	부사의	경계일세.
거울 속	비친 모습	어느 뉘	못 보랴만,
물속에	비친 달은	잡을 길	전혀 없네.

　모든 사물과 이치를 바로 볼 수 있는 다섯 가지 마음의 눈을 깨끗이 뜰 때에 다섯 가지 신통스러운 능력을 얻게 되는 것이니, 이러한 경지는 오직 깨달은 반야의 지혜를 실제로 체험하지 못한다면 도저히 알기 어려운 것이다.

　거울 속에 비친 자기 모양을 보기는 누구나 어렵지 않으나 물속의 달을 건져내기란 어렵듯이 분명히 본래부터 자기 속에 갖추어 가지고 있는 것이 나의 참 마음이지만, 깨달아 자유자재로 쓰기는 어려운 것이다.

오안(五眼) 마음의 눈으로 보는 작용을 육안, 천안, 혜안, 법안,

불안의 다섯 종류로 나눈 것.

육안(肉眼) 보통 사람이 가지는 상식적인 눈.

천안(天眼) 하늘 사람, 성현들이 가지는 지식의 눈. 이 눈은 아무리 작은 것이나 먼 곳에 있는 것이라도 장애물을 꿰뚫어 볼 수가 있다.

혜안(慧眼) 성문, 연각의 아라한(阿羅漢)이 지니는 진리[眞諦]를 보는 눈.

법안(法眼) 보살이 지니는 세상[俗諦]을 바로 보는 눈.

불안(佛眼) 부처님이 지니는 세상과 진리를 아울러 보는[中道第一義諦] 눈. 부처님의 대자대비는 모든 중생들을 다 나의 자식[最愛一子]으로 보신다.

오력(五力) 다음의 다섯 가지가 모두 다 여러 가지 수행상의 장애를 물리치는 힘이 있는 까닭에 다섯 가지 힘이라 한다. ①신력(信力)은 신앙(信仰)에 주는 힘, ②진력(進力)은 정진(精進)에 주는 힘, ③염력(念力)은 정념(正念)에 주는 힘, ④정력(定力)은 선정(禪定)에 주는 힘, ⑤혜력(慧力)은 지혜(智慧)에 주는 힘.
이러한 오력은 누구나 본래 갖추어 지니고 있는 것이지만, 다만
번뇌에 가려져서 그 힘이 약하여 모르고 있을 뿐이다.

난가측(難可測) 오안을 깨끗이 하고, 오력을 얻는 방법은 자성을
증오(證悟)하는 길 뿐이다. 세상의 상식, 지식, 학식 따위로서는
헤아려 알 도리가 없다는 것이다.

수중착월(水中捉月) 율장의『마하승지율』에 나오는 고사에서 따
온 것이다. 옛적 인도의 카시(kāṣi)국 바라나(Vārāṇsi)성의 근
방에 오백마리 원숭이들이 살고 있었는데, 어느 날 밤 그들이
숲속에서 놀다가 일체구율(一切俱律)이라는 이름의 나무 밑에
이르게 되었다. 그 나무 아래에는 큰 우물이 있었으며, 그 우물
안 수면에는 달이 밝게 떠 있었다. 그것을 본 원숭이들은 달이
죽어서 우물 속에 빠져 있는 줄 알고, 달이 떨어져 세상이 어두
워지면 큰일이라 하여 달을 건져내기로 합의하였다. 의논한 결
과 우두머리 원숭이가 먼저 나뭇가지에 매달리고 다른 모든 원
숭이들이 차례로 꼬리를 잡고 매달려 이어져 내려갔으나 그 끝
이 아직도 수면에 닿기도 전에 원숭이들의 무게에 나뭇가지가
견디지 못하고 꺾이는 바람에 원숭이들이 모두 물속에 빠져서
죽었다고 하며 이 옛 말은 본래 모양 없는[無相無形] 불성[佛性·

달에다 비유함]을 감각기관과 번뇌망상의 마음[心意識 · 원숭이에다 비유함]으로 잡아 보려하는 어리석음을 비유한 것이다.

염득(拈得) 염은 손가락으로 물건을 잡는 것. 염득은 집어 올려서 그것을 내 것으로 삼는다는 뜻.

6

常獨行常獨步	상독행상독보
達者同遊涅槃路	달자동유열반로
調古神淸風自高	조고신청풍자고
貌悴骨剛人不顧	모췌골강인불고

외로운	수행길을	홀로서	오가는데,
통달한	사람끼리	열반길	함께가네.
정신은	청백하고	가풍은	절로높아,
앙상히	마른골격	사람들	보지않네.

항상 혼자 닦고 언제나 홀로 걸어가면서 불도를 통달한 사람
은 누구나 다 같이 열반경계에서 노닐게 된다. 그 마음 깨끗하
여 인격이 절로 높은데도, 겉모양이 초췌하고 보잘 것 없다하여
눈 어두워 바로 알아볼 줄을 모르는구나.

달자(達者) 여의주(如意珠)를 얻은 사람. 즉, 절학무위의 한도인
[絕學無爲閑道人]을 말함.

열반(涅槃) 범어 니르바나(Nirvāṇa)의 소리 번역. 중국에서 적멸
(寂滅), 멸도(滅度)라 번역한다. 번뇌 망상을 다 끊고 허망한 잘
못된 데서 벗어나 불생불멸의 법신(法身)을 깨달아 이룬 해탈의
경계. 다시 말해서 중생들은 항상 쉬지 않고 온갖 탐진치 등 번
뇌의 불길을 치성하게 마음속에 불태우면서 살아가고 있는 상
태이다. 이렇게 업장을 쌓아 갈수록 마치 불속에 땔감을 보태주
고 있는 동안 끝없이 불길이 계속해서 이어져가듯 우리 내면 속
의 번뇌업장의 불길도 계속되어 영원히 중생육도의 윤회에서
해탈할 수가 없다. 그러다가도 어느 때 홀연히 마음을 돌려 불
도수행을 통하여 마음을 닦아 나가면서 번뇌 망상과 업장을 줄
여가노라면 마치 땔감을 보태주지 않을 때 아무리 치성하던 성
한 불길이라도 차츰 약화되고 사그라진다. 마침내 재 속에 숨어
있던 불씨마저도 완전히 꺼져서 다시는 어떤 경우에도 불이 되
살아나지 못하는 것과 같이 번뇌를 일으킴이 없이 완전한 해탈
을 이룬 경지를 열반이라 한다. 부처님이 보리수 밑에서 정각을
이루었을 때에 열반에 들었으나 아직 몸이 남아 있는 상태이므
로 이 열반을 '유여열반(有餘涅槃)'이라 하고, 부처님이 80세에
돌아가셨을 때에 완전한 열반에 들었다하여 이를 '무여열반(無
餘涅槃)'이라 한다.

조고신청(調古神淸) 세상의 시끄럽고 어지러운데서 벗어나서[超脫] 살아가는 몸가짐과 마음 씀이 맑고 깨끗하여 한 점의 티끌도 끼지 않는 도풍(道風)의 높은 모양. 또 그러한 불도에 통달한 도인이 설한 뜻깊은 법문을 말함.

모췌골강(貌悴骨剛) 불도에 통달한 도인의 풍모가 학처럼 말랐으면서도 그런 선풍도골(仙風道骨)이 매우 건장한 모습을 가리킨다.

[해 제]

절학무위의 한도인[絶學無爲閑道人]이 모든 것을 놓아버리고 본래의 참모습으로 돌아가서 사는 모양과 살림살이를 표현한 대목이니, 그야말로 천상천하 유아독존(天上天下 唯我獨尊) 그것이, 항상 우주법계와 하나되어 있는 모습인 것이다. 이것은 참된 도인만이 그러한 것이 아니라 사실은 이 세상의 모든 사람들의 각각 한 사람 한 사람이 본래는 이와 같이 천상천하 유아독존의 존재이다. 그러므로 깨달은 사람이나 아직 깨닫지 못한 사람이나, 우주법계와 하나가 되지 못한 사람이나 다 우주법계와 하나가 되어 있는 존재인 것이다.

그리고 열반이라고 하면 흔히 일반적으로는 이 세상 인연이 다하여 죽는 것을 말하는 것으로만 알고 있기가 쉽지만, 본래

열반이란 육체적으로 죽는 것을 말함이 아니요, 그것은 바로 나고 죽는 인과[生死因果]에 아주 벗어난 해탈의 경지 즉, 생사에서 뛰어난 세계를 말하는 것이다.

더 구체적으로 알기 쉽게 말해 보면, 본래 성불인 참나의 세계를 철저하고 확실하게 재발견하여 그 세계와 완전히 하나가 된 경지를 말하는 것이니, 이렇게 되면 평상시 살아가는 모습이 이전과 조금도 다른 것이 없지만, 이제는 앉거나 서거나 자거나 일하거나 울거나 웃거나 하던 간에 그것을 다 하면서도 그러한 일과 아주 완전히 합일이 되어 털끝만치도 움직이거나 달라짐이 없는 세계이니, 이 세계는 너다 나다, 이것이다 저것이다, 깨달았다, 범부중생이다 제불성현이다 하는 분별이 전혀 없어진 자리에 비로소 나타나는 세계[現前世界]이다.

거기에는 일체 모두 상대적인 차별을 하는 망상이나 흔히 말하는 어떠한 관념이나 사상이나 그 무엇이라도 개입되지 않는 참으로 본래대로의 천진무구(天眞無垢)의 세계이니, 여기에 역대의 제불 제조사가 유유자적(悠悠自適)하고 계시는 세계에 이르렀으니, 이것을 '통달한 사람끼리 열반길 함께 가네[達者同遊涅槃路]'라고 표현한 것이다.

조고(調古)라고 하는 것은 수행하는 연륜이 쌓이고 쌓여서 통달한 경지에 이른 사람의 인품은 스스로 그러한 것을 드러내 자랑하지 않아도 저절로 그 높은 기품이 드러나며, 그 정신적 경계는 일체의 세속적인 것에서 떠나 있어 참으로 맑고 깨끗하다. 누구나 그 머리속에 명예와 이익을 구하는 생각이 오락가락하지 않게 될 때에 그 얼굴빛과 모양마저도 다르게 되는 것인 만큼 이렇게 통달한 사람은 자신을 높게 보이려는 속된 생각이 조금도 없으며 또한 몸과 모양을 가꾸고 꾸미지 않아서 사람들이 몰라보고 관심을 두지 않더라도 그 기품과 풍채에는 절로 진정한 고상함이 묻어나와 풍겨지는 것이라고 영가 스님 자신은 물론 수도에 통달한 사람의 형용을 이와 같이 평하고 있다.

그런데 어느 때 어느 곳에서나 세속에서는 말할 것도 없고, 출세간의 세계에서도 특히 근래에 있어서는 저마다 조금이라도 더 자신을 드러내어 세상의 주목을 끌려고 애를 쓰는가 하면 세상 사람들도 이렇게 드러내고 내세우는 것에나 관심을 기울이고 드러나지 않는 진정한 것을 보는 눈들이 어두워져 있으니, 통달한 고상한 존재를 볼 수가 없게 되었다고 하겠다.

이전에 참선수행에 각고의 노력을 쌓아 마침내 높은 선의 경지에 통달한 도인 선지식이 있어서 그 소문을 듣고 찾아오는 참선수행 하는 납자들을 맞아서 바른 선의 안목과 준엄한 솜씨로 제접하는 스님이 계셨다. 어느 날 그 스님이 거처하는 산중 암자에 한 수행 납자가 찾아갔다. 그는 열심히 수행 정진하다가 나름대로의 경지를 얻었다고 자부하며 어느새 꽤나 유명하게 되었다.

그러자 그 납자는 널리 제방의 선지식들을 찾아다니며 그들의 역량을 시험해 보고자 하였다. 그렇게 다니다가 마침내 그 도인 선지식이 계시는 암자로 찾아갔다. 그런데 그때 도인 스님은 출타하여 안 계시고 찾아온 손님을 맞아들인 사람은 도인 스님의 어머니이며 출가하여 비구니로서 함께 있으면서 역시 참선수행하여 높은 선지를 지닌 대단한 노비구니 스님이었다.

늙은 비구니 스님이 나온 것을 보고 이 수행납자는 아마도 이곳 도인 스님이란 허울 좋은 이름뿐이지 찾아온 선객이 무서워서 몸을 피한 것이 아닌가 하는 착각으로 오만한 마음으로 "이곳 암주는 어디로 피해갔단 말인가" 하고 따져 물었다. 매우 불손한 말투로 따지듯 하는 그에게 노비구니 스님은 "암주가 그대의 뱃속에 있어서 왔다 갔다 하고 있는데도 그걸 모르느냐" 하였다.

그러자 수좌는 "아니 그런 화두도 있소" 하였다. 노비구니 스님은 "쓸데없는 말장난은 그만두고 3·8·9를 모르면, 보는 대로 듣는 대로 일으키게 되는 분별 망상을 끊을 수가 없으니 이 무슨 뜻인지 알겠는가" 하고 오히려 납자에게 점검하는 잣대를 무섭게 들이댔다. 그 순간 납자는 그 서슬에 꽉 막혀 아무 대답도 못하였다. 그러자 노비구니 스님은 짚고 있던 지팡이로 그것도 모르는 주제에 하고 두들겨 패서 문밖으로 쫓아버리고 말았다.

쫓겨난 납자는 하는 수 없이 문밖에서 도인 돌아오기를 기다릴 수밖에 없었다. 어두워질 무렵 도인이 돌아오는 것이 보였는데, 산길을 나막신 신고 학처럼 조용하게 걸어 올라오는 그 엄정하고 한 치 흐트러짐이 없는 모습을 보자 인사를 건넬 용기가 시들어져서 그만 그대로 달아나게 되었다고 한다. 이것이야 말로 신청풍자고(神淸風自高)가 아니겠는가.

窮釋子口稱貧   궁석자구칭빈
實是身貧道不貧   실시신빈도불빈
貧則身常披縷褐   빈즉신상피루갈
道則心藏無價珍   도즉심장무가진

사문이   빈도라고   입으로   말하는데,
살림은   궁하지만   수행은   풍부하네.
누더기   걸친몸을   가없다   말하지만,
마음에   한량없는   보배를   지니었네.

본디 가난하게 사는 것을 본분으로 삼고 있는 출가 수행하는 불제자들이 스스로를 빈도(貧道) 즉, 도가 모자라는 수행자라고 자칭하고 있는데, 사실은 몸을 위한 생활은 청빈하지만 정신적인 수행 생활은 더없이 충실하다. 생활이 가난하기로 말한다면 누더기 입고 사는 신세이나 도 닦는 마음 풍요롭기로 말한다면 보배를 지니고 있는 것과 같다.

궁석자(窮釋子) 사문석자(沙門釋子) 즉, 출가 수행하는 석가모니
불의 제자, 불자와 같은 뜻. 주워 꿰맨 옷을 입으며, 빌어서 먹
고 수행한다.

구칭빈(口稱貧) 스님들이 자기를 겸손하게 말하는 칭호로써, 빈
도라고 하는 것은 도를 닦는 것이 아직 모자란다는 뜻.

도불빈(道不貧) 그러나 실제로는 몸은 물질적으로 아주 검소한
생활을 하지만, 도를 닦는 마음이 가득하고 수행이 넉넉함이 참
된 수행자의 바른 모습이다.

누갈(縷褐) 낡고 헐어서 떨어진 것을 누덕누덕 꿰맨 옷. 여기서
는 수행승들이 입는 검소한 옷을 말함.

무가진(無價珍) 값을 헤아릴 수 없을 정도로 귀중한 보물. 사람
들은 누구나 다 본래부터 이와 같은 값진 보배, 즉 불성을 갖추
고 있음을 비유하는 것.

[해 제]

가난하다는[貧] 것은 보통으로는 돈이 없다는 것이지만, 여기서는 한 차원 높여서 본래무일물(本來無一物)의 소식을 나타내는 말이다. 즉, 우주법계와 하나가 되어있는 자기 자신의 내용을 꿰뚫어 바로 본다면 철저하게 공한 것이니, 이것이 가난의 진정한 뜻이다. 이와 같이 아무것도 없는 진정한 가난을 보통 사람들은 꿈에도 짐작하지 못한다. 오직 참선정진을 통해서 견성(見性)하는 체험을 얻는 사람이 아니면 도저히 알 수가 없는 것이다.

7

無價珍用無盡	무가진용무진
利物應時終不悋	이물응시종불린
三身四智體中圓	삼신사지체중원
八解六通心地印	팔해육통심지인

마음의	이 보배를	끝없이	베풀어서,
중생을	위하는 일	조금도	아낌없네.
법보화	삼신사지	심중에	원만하고,
팔해탈	육신통은	마음의	작용일세.

마음속의 값어치 메길 수 없는 그 보배는 아무리 써도 다함없으니, 인연 따라 중생들을 위하는 일에 아낌없이 쓸 뿐이다. 삼신(三身)과 사지(四智)가 모두 그 본체 가운데 모자람 없이 갖추어져 있으며 팔해탈(八解脫)과 육신통(六神通) 등은 다 그 마음의 작용 가운데서 나오는 것이다.

삼신(三身) 불신(佛身)을 그 성질상으로 보아 법신·보신·화신의 셋으로 나누어 말하는 불신관(佛身觀). 법신(法身)에서 법

(法)은 영원토록 변치 않는 우주법계의 진리, 만물의 본체인 법성(法性)을 말하는 것이며, 신(身)은 그 본체에 인격적 뜻을 붙여서 보는 말이니, 빛깔도 형상도 없는 이불(理佛)이다. 범어로는 Vairocana, 음역으로 비로자나(毘盧遮那), 뜻으로는 변일체처(遍一切處) 또는 광명변조(光明遍照)라 번역한다.

그래서 '청정법신비로자나불(淸淨法身毘盧遮那佛)'이라고 부른다. 범어로는 Dharma-Kāya.

보신(報身)은 인위(因位) 즉, 보살도의 어려운 수행을 견디어 상구보리(上求菩提)를 위하여 노력정진하며 하화중생(下化衆生) 하기 위한 일을 끊임없이 실행하는 한량없는 원력과 행동의 과보로 받게 되는 지혜와 복덕을 구족한 만덕원만(萬德圓滿)의 영구성 있는 유위과보(有爲果報)이다. 즉, 인행을 따라 과보로 나타난 불신이니, 아미타불과 같은 부처님. 범어로 Saṃbhoga-Kāya.

이 보신을 보통은 2종으로 나누어 보게 되는데, 자기만이 증득한 법의 즐거움(法悅, 法樂)을 느끼고 다른 이와 함께하지 않는 자수용보신(自受用報身)과 다른 이도 같이 이 법의 즐거움을 받을 수 있는 몸을 나타내어 제대보살들을 제도하는 타수용보신(他受用報身)으로 나누어 본다.

화신(化身)은 보신불(報身佛)을 보지 못하는 중생들을 제도하기 위하여 그들의 근기에 따라서 나타나는 불신이므로 응신(應

身), 화신(化身), 응화신(應化身)이라고도 하며, 역사적 존재인 석가모니불 같은 부처님.

체중원(體中圓) 삼신(三身)을 선(禪)에서 보는 견지를 임제 선사(?~867)가 밝히기를 "너의 한마음(一念心上)의 깨끗한 빛(淸淨光), 이것이 바로 네 속의 법신불(法身佛)이요./너의 한마음의 분별없는 빛(無分別光), 이것이 바로 네 속의 보신불(報身佛)이요./너의 한마음의 차별 없는 빛, 이것이 바로 네 속의 화신불(化身佛)이니, 지금 눈앞의 설법을 듣고 있는 네 그것이 바로 삼종신(三種身)이다"라고 갈파하고 있는데, 이것이 곧 체중원의 소식이다.

사지(四智) 유루의 8식(有漏八識)을 전환하여 무루의 8식(轉無漏八識)과 상응하는 지혜를 얻게 되는 것이니, 이렇게 자성의 묘용(自性妙用)을 넷으로 나누어서 보이는 것이 사지이다. 즉 오위(五位)의 수행에서 마지막인 구경위(究竟位)를 증득할 때에, 제8식을 전하여 대원경지(大圓鏡智)를 얻게 되고, 제7식을 전하여 평등성지(平等性智)를 얻게 되고, 제6식을 전하여 묘관찰지(妙觀察智)를 얻게 되고, 전5식(前五識)을 전하여 성소작지(成所作智)를 얻게 된다. 이 사지(四智)를 좀 더 자세히 설명한다면, 대원경지(大圓鏡智)는 유루의 제8식을 전환시켜서 얻는 무루의 근본지혜[無漏智]이니, 이것은 하늘과 땅 등 모든 것이 다 나 자신 자심과 온전히 하나가 되어서 자기의 대광명이 천지만물을 포섭하여 남음 없이 마치 거울에 한 점의 티끌도 없어 삼라만상이 그대로 비추어 모자람이 없는 것같이 원만하고 분명한 지혜이므로 대원경지라 하며, 불과(佛果)에서 처음으로 얻는 근본지(根本智)이다.

평등성지(平等性智)는 제7식을 전환시켜서 얻는 무루지혜이니, 모든 존재가 평등하여 일여(一如)한 이치를 바로 관하고 나와 남[自他]을 차별하는 마음을 세우지 아니하므로 대자비심을 일으켜서 가지가지로 중생을 교화하며 이익을 주는 지혜이다. 교학적으로는 통달위(通達位)에서 그 일분(一分)을 통달 증득하고 구경의 불과(佛果)에 이르러서야 그 전분을 증득[全分證得]한다고 한다. 이 지혜로 비로소 화엄의 이사무애법계(理事無碍法界)의 경지에 들어가게 된다.

묘관찰지(妙觀察智)는 제6식을 전환시켜서 얻는 지혜이니, 모든 법 즉, 일체의 사물형상을 바르게 관찰하여 그 낱낱의 구조·의의·작용 등의 같고 다름을 정통하게 알며, 중생들의 근기에 차별있음을 잘 알아서 근기에 맞추어 공교롭고 바르게 법을 설하여 갖가지 의심을 끊게 하는 지혜이니 참으로 불가사의한 자유 자재로운 힘을 나타내어 여러 근기에 상응하는 대법륜을 굴리는 지혜이다.

성소작지(成所作智)는 전5식을 전환시켜서 이루는 지혜이니, 모든 행동과 생활을 이루는 거기에는 평등과 차별이 원융무애하게 작용하고 있음을 알며, 지혜와 자비를 원만하게 갖추어서 중생들을 이롭고 안락하게 하기 위하여 이 세상에서의 신·구·의 3업으로 변화하는 여러 가지 일을 보여줌으로써 각기 안락함을 얻게 하는 지혜.

팔해(八解) 팔해탈(八解脫) 또 팔배사(八背捨)라고도 한다. 이것으로 말미암아 3계의 번뇌를 끊고 아라한과를 증득하게 되므로 해탈이라 부르며, 또 이것을 의지하여 5욕의 경계를 등지고 그 탐하고 고집하던 마음을 버리게 되므로 배사라고도 한다.

즉 5욕을 버리고 집착하는 망상심을 여의여 몸과 마음의 얽매임을 벗어나는 여덟 가지 해탈관. 이 여덟 가지 해탈을 좀 더 상세히 설명하면 다음과 같다.

① **내유색상관외색해탈(內有色想觀外色解脫)** : 안으로 욕심내어 탐내는 생각이 있으므로 이 탐욕심을 없애기 위하여 밖으로 퍼렇게 멍든 빛과 모양들을 관해 탐욕심이 일어나지 못하게 하는 관념법.
② **내무색상관외색해탈(內無色想觀外色解脫)** : 안으로 욕심내어 탐하는 생각은 이미 없어졌으나, 이것을 더욱 굳게 다져서

다시는 그러한 탐욕심을 일으키지 않게 하는 관념법.

③ 정색해탈신작증구족주(淨色解脫身作證具足住) : 깨끗한 색을 관하여 탐심을 일으키지 못하게 하는 것이 정해탈(淨解脫)이며, 이 정해탈을 몸 안에 증득함이 원만하고 구족하여 그러한 경지에서 선정에 들어 있음을 신작증구족주(身作證具足住)라고 한다.

④ 공무변처해탈 신작증구족주(空無邊處解脫 身作證具足住)

⑤ 식무변처해탈 신작증구족주(識無邊處解脫 身作證具足住)

⑥ 무소유처해탈 신작증구족주(無所有處解脫 身作證具足住)

⑦ 비상비비상처해탈 신작증구족주(非想非非想處解脫 身作證具足住)

⑧ 멸수상정해탈 신작증구족주(滅受想定解脫 身作證具足住)

이것이 각각 능히 그 아랫자리의 경지에서 일으키는 탐욕심을 버리게 됨으로 해탈(解脫)이라 하며, 특히 이 가운데 제8 멸수상정은 멸진정(滅盡定)이라고도 하며, 이 멸진정은 수·상·행·식(受·想·行·識) 등의 마음을 일으키지 않고 길이 무심한 경지에 머물므로 최고의 해탈이니, 아라한과의 경지이다.

육통(六通) 육신통(六神通)이라고도 한다. 신은 '불가사의'하다는 뜻. 통은 '걸림이 없다' 즉 무애(無碍)라는 뜻이다. 즉 신통은 깨달음을 얻은 성현이 신통묘용의 불가사의한 공덕작용과 걸림없는 자유자재로운 지혜의 힘을 갖게 되는 것을 말한다. 여섯 가지의 신통을 갖추게 되므로 6신통(六神通)이라고도 한다. 그 여섯 가지는

① **천안통(天眼通)** : 육안으로 볼 수 없는 것을 보는 신통이니 천안·천안지·작증지·작증명·생사지·천안명·천안지통·천안무애지력(天眼·天眼智·作證智·作證明·生死智·天眼明·天眼智通·天眼無碍智力) 등 여러 가지로 표현된다. 즉 세간의 일체 사물을 속속들이 들여다 볼 수 있고, 일체의 멀고 가까운 모든 고락의 상태와 갖가지 모양과 빛깔(形色)을 밝게 내다 볼 수 있는 자유자재한 작용의 힘이며, 이러한 천안의 작용에 따라 일으켜서(相應) 일체의 사물을 바르고 확실하게 아는 것이 걸림이 없고 자유자재한 지혜의 힘을 말한다. 또한 이 같은 통력·역용(通力·力用)의 근원이 되는 천안(天眼)에 생득(生得)과 수득(修得)의 두 가지가 있으니, 천상세계의 색계천(色界天)에 나므로 해서 저절로 이 같은 힘을 얻게 되는 것을 생득천안(生得天眼)이라 하고, 선정을 닦아서 미세한 사물까지도 널리 또 멀리 볼 수가 있으며, 또한 중생이 미래에 생사하는 모양도 미리 알 수가 있으니, 이렇게 인간이 선정을 닦아 천안을 얻게 되는 것을 수득천안(修得天眼)이라 한다.

② **숙명통(宿命通)** : 숙명지·숙명지통·숙명명·숙명력(宿命智·宿命智通·宿命明·宿命力) 등 여러 가지로 표현된다. 즉, 지난 세상의 여러 생애, 다시 말해서 전세의 일들을 낱낱이 확실하게 잘 아는 지혜이니 곧 전세 일을 아는 신통력이다. 여기에는 신통력의 크고 작음에 따라서 한 세상, 두 세상 전의 일부터 더 나아가 천세·만세(千歲·萬歲)의 전생까지 알게 되는 차이가 있으니, 부처님의 지혜의 힘은 천만세의 전생을 아시는 숙명력(宿命力), 숙명통(宿命通)이었다. 그러나 여러 정전에서 부처님은 필요에 따라서 제자들이나 중생들에게 그들의 5백생전의 숙명을 말씀해 주신 일들이 기록되어 있음을 보게 되는데, 아마도 중생들에게는 그 정도의 숙명을 알게 하는 것이 적당하다고 보신 것으로 추정된다.

③ **누진통(漏盡通)** : 누진명(漏盡明), 누진지력(漏盡智力)이라고도 한다. '누'는 번뇌니, 불도의 수행은 번뇌를 끊어서 보고 듣고 맛보고 냄새 맡고 몸에 느끼고 생각을 일으키는 따위에 물들지 않고, 유루의 번뇌[有漏煩惱]를 아주 끊고 나고 죽고 하는 생사의 속박에서 벗어나 4제(四諦)의 이치를 깨달아 중생세계인 3계(三界)에서 해탈하여 아라한(阿羅漢)의 경지에 이르는 불가사의한 힘을 누진통, 누진지력이라 한다. 이같이 모든 번뇌를 끊음이 자유자재하며 여실(如實)한 이치, 즉 진리에 계합한 부처님의 경지는 대아라한(大阿羅漢)이라 한다.

④ **천이통(天耳通)** : 보통의 귀로는 듣지 못하는 소리를 듣는 신통. 세상의 일체 좋고 나쁜 말, 멀고 가까운 말, 사람이나 사람 아닌 것들의 말까지 온갖 말소리를 들을 수 있으며, 어떠한 말이나 소리라도 듣지 못할 것이 없는 불가사의한 신통력을 말한다.

⑤ **타심통(他心通)** : 다른 사람의 생각을 자재하게 아는 신통.

⑥ **신족통(神足通)** : 때와 형편[時機]에 따라서 크고 작은 여러 가지 몸을 마음대로 나타내며, 멀고 가까움에 걸림 없이 뜻대로 가고 오며 하는 신통. 신여의통(身如意通)이라고도 한다.

심지인(心地印) 마음이 일체 만법을 내는 것이[一切唯心造] 마치 땅에서 산천초목과 지중의 광물을 내는 것과 같다하여 심지(心地)라 하며 팔해탈, 육신통 등이 다 마음의 그 같음을 여실하게 깨닫는 데서 나오는 것이기에 심지인이라 하였다.

[해 제]

　불교를 신앙하고 수행함에 있어서 그 마음 쓰며 행하는 바가 항상 나, 나만, 내 것, 나를 위해서, 하는 것이 앞서게 되면 그것은 바로 소승(小乘)이며, 항상 남을 위하고 이웃을 돕고 세상을 이롭게 하는 생활을 행하면 그것을 대승(大乘)이라고 한다. 남에게 친절이 하며 세상을 위하는 일이란 할수록 좋은 것이요, 그것으로 해서 내가 손해되는 일은 없는 것이다. 사람들에게 친절하게 하면 그것은 필경에 어떠한 모양으로라도 돌아오게 마련인 것이다. 그러나 그러한 결과가 자기에게 돌아올 것이기에 그렇게 한다고 한다면 그것은 매우 이기적인 행이 되고 말 것이다.

인과응보가 틀림없어서 사실임을 믿어야 하지만 좋은 결과가 되돌아오기를 바라는 데서 친절을 베푼다고 하는 것은 진실하지 못한 일이다. 좋은 과보가 있기를 염두에 두지 말고 오직 그렇게 할 뿐인 마음으로 행하다면 그것은 『금강경』에 말하는 무주상보시(無住相布施) 바로 그것인 것이며, 그 공덕이 가장 큰 것이지만, 바라는 바 있어 하는 것은 유주상보시(有住相布施)이므로, 그 공덕은 아주 적은 것이 되고 만다.

이렇게 바라는 바 없는 진정한 마음으로 행하는 것을 영가 스님은 "값을 매길 수 없고 다함이 없는 최상의 보배이므로 남을 위해 세상을 위해 아무리 쓴다 하더라도 다하거나 모자람이 없다고 강조한다. 우리들은 인연 따라 살면서도 항상 어느 때 어디서나 마음과 재물을 아낌없이 베풀며 사는 것이 우리의 불성(佛性)에 본래 갖추어 가지고 있는 불가사의한 공덕을 바로 꺼내 쓰는 일인 것이니 그 무엇을 아낄 것이 있으리오.

대승의 불성계(佛性戒)를 밝히고 있는 『범망경』의 십중금계(十重禁戒)에 간석가회계(慳惜加毀戒 · 故慳戒)에서는 자비심으로 남에게 사회에 조건 없이 재물을 보시하는 재보시(財布施)와 정신적으로 남에게 용기를 주어 두려움을 없애주는 무외시(無畏施)와 더불어 다른 이에게 바른 가르침을 말해주며 세상에 널리 전하여 선근을 자라게 하는 법보시(法布施)를 특히 강조하고 있다.

불자가 불법 전하는 것을 게을리 하거나 아끼거나 하면 그것이 바로 이 계를 파하는 것이라는 것이 일반적인 뜻이지만 불성계의 입장에서 또 선의 견지에서 본다면 본래무일물(本來無一物)이니 그 무엇이건 아낄 것이 본디 아무것도 없는데도 착각하여 허망하게 아껴야 할 그 무엇인가가 있는 줄로 아는 생각이 잠시라도 마음속에 일어나면 이 계를 범한 것이 되어, 이 뜻을 마침내 조금도 아낌이 없다고 표현한 것이다.

이 이치를 가까운 일로 비유해본다면, 목욕탕에 들어가서 물을 자기 쪽으로 손으로 저으면 물이 자기에게로 오는 것 같지만 결국은 돌아서 다 저 쪽으로 가버리고 만다. 그러나 물을 오히려 저 쪽으로 밀어 보내면 물이 저쪽으로 가는 것 같지만, 돌아서 다시 자기 쪽으로 흘러온다. 조금 밀어내면 조금 돌아오고 세게 많이 보내면 그만큼 많이 돌아오게 되는 것이 자연의 이치인 것이며, 인과응보의 도리인 것이다.

하나의 불신(佛身)을 셋으로 나누어서 이름 지은 것이 법신·보신·화신이다. 이렇게 부처님을 어떻게 보느냐 하는 것이 불신관(佛身觀)이다. 부처님의 지혜 광명이 법계에 두루 비추어서 현상계(現象界)와 본체계(本體界)에 걸림 없이 원만하고 청정하여 모든 것의 근원이며 한 부처님인데, 이러한 뜻을 해석하는 데 있어서 불교의 여러 종파에 따라 일정하지 않다.

즉 법상종 등의 상종(相宗) 계통에서는 비로자나법신은 우주법계에 두루 가득하여 항상 있어서 영원히 변함없고 모양을 떠난 무위법인 진리 그 자체를 가리키는 이치의 부처님[理身]이며, 이에 대하여 노사나보신불은 자비와 지혜를 구족하여 미묘하고 원만한 색신(色身)을 나타내는 까닭에 유위법(有爲法)에 해당하므로 비로자나불신과는 다르다고 보며, 따라서 석가모니불은 중생을 직접 제도하기 위하여 나툰 모양 있는 거친 몸이므로 역시 유위법에 해당한다. 이 셋을 자성신(自性身), 수용신(受用身), 변화신(變化身)으로 나누어서 완연히 구별하여 셋이 다르다고 본다.

이에 대해 천태종 등의 성종(性宗) 계통에서는 비록 법신·보신·응신(화신)이라 나누어 부르더라도 이 셋은 하나도 아니며 또 다르지도 않아서 이 삼신이 융즉무애(融卽無碍)하기 때문에 그 본체는 같은데 이름만 다른 것이라고 본다.

그러나 화엄종에서는 법신·보신·응신 등의 말을 쓰지 아니하며, 그래서 비로자나·노사나·석가모니를 3신으로 보지 않고 중인도 마가타국 가야의 보리수 밑에서 성불하여 그 적멸도량에 출현하신 석가모니 부처님을 그대로 3신·10신을 구족하고 3

세간에 원융무애한 비로자나불의 일대법신이라고 보는 것이다. 이것을 바로 선의세계에서는 체중원(體中圓)이라 표현했다.

4지(四智)는 우리 본질에 근본적으로 갖추어 가지고 있는 지혜를 크게 넷으로 나누어 보는 것이다. 〈주해 참조〉

8해(八解)는 중생이 미망(迷妄)의 세계에서 벗어나기 위한 여덟 가지의 해탈하는 방법이다. 우리가 이 세상을 살아가는 데 있어 갖가지의 괴로움이 따른다. 그 괴로움에서 해탈하기 위하여 여러 가지 방법이 나오게 된다. 예컨대 바깥세상에 무엇인가 있는 줄로 알고 거기에 집착하는 것이 사람의 통성이다. 재산, 지위, 명예 같은 것에 집착하여 그것이 뜻대로 되지 않기에 무한히 괴로워하게 되니, 이것이 번뇌이며, 이 번뇌에 사로잡히면 참으로 고통스럽다. 그래서 그러한 괴로움에서 벗어나려면 불교에서는 이 세상 살아가는 데 절대로 없어서는 안 되는 것으로 집착하였던 이 몸이나 세상이나 물질로 이루어진 모양 있는 것들은 그 모두가 임시로 인연이 모여 생겼다가 인연이 다하면 없어지는 것이므로 이 같이 생멸하고 변천하는 것은 하나도 진실하고 영원하지 못한 것들이니 하물며 그 속에서 바라는 모든 것이 무상한 것이요 따라서 공한 것임을 관함으로써 마음에 일으켰던 번뇌의 불길을 진정하게 다스려 소멸하게 하는 등의 방법들이다. 〈'팔해' 주해 참조〉

육통(六通) 가운데 천안통, 숙명통, 누진통의 셋을 3명(三明)

이라 하고, 여기에 타심통, 천이통, 신족통을 합쳐서 6통이 되는데, 누진통을 얻으면 나머지 5통은 저절로 얻어지게 되므로 앞서 5통을 먼저 얻으려고 거기에 힘쓰지 말라고 부처님께서 제자들에게 자주 경계하셨다. 부처님께서 보리수 아래에서 정각을 이루실 때 3명을 얻으신 과정이 다음 같이 전해지고 있다.

부처님께서는 출가 후 6년 동안 전통적인 선정수행과 말로 다 표현할 수도 없는 행하기 어려운 고행을 오랜 세월에 걸쳐서 철저하게 수행하였다. 그리고 마침내 그 어떤 것이라도 다른 것을 의지하는 행동은 모두가 무의미하고 허사임을 알자 스스로의 힘을 믿고 보리도량에서 깊은 명상으로 자기 마음의 성찰 즉 선정삼매(禪定三昧)에 들었고 이때에 여러 가지 내심의 동요와 유혹 즉 악마의 뇌란과 공격을 받지만 가장 굳센 의지로써 그것들을 극복하고, 마침내 4선정(四禪定)의 경지를 깊이 체험하기에 이른다.

제1선정에서는 욕망과 사악함을 떠나게 되었고, 여의기 어려운 것을 초월할 수 있게 된 기쁨 즉 법의 즐거움[法悅]을 맛보게 되었다. 제2선정에서는 마음의 잡념까지도 쉬어버리고 내면적 고요한 경지에서 마음을 통일할 수 있게 되었다. 제3선정에서는 앞 단계에서 얻은 법의 기쁨까지도 초월하여 옛 성인들처럼 바르게 생각하고 바르게 아는 즐거움을 느끼게 되었다. 제 4선정에서는 그러한 즐거움도 또한 괴로움도 없어져서 다만 진정

편안함만이 남아 있는 청정한 삼매에 이르게 되었다.

이와 같이 4선정으로 인하여 바르게 마음을 통일함으로써 모든 번뇌를 떠나 크게 자유로운 경지에 도달하였다. 이제 어떠한 힘으로도 그 마음을 움직일 수 없게 된 상태가 되었을 때 초저녁에는 온갖 얽매임에서 떠나 걸림 없는 자유를 얻었고 모든 것을 바르게 관찰하는 능력 즉 천안통(天眼通)을 얻게 되었고 그 천안통으로 중생을 관찰하였다.

중생은 죽어서는 다시 태어나고, 태어나서는 죽어가면서 빈부귀천의 갖가지 모양을 겪는 것을 보았고, 그러한 것은 어디까지나 모든 것이 자기 자신이 지은 업력에 따라 그와 같이 됨을 확연하게 알게 되었으며, 이렇게 천안통에 의하여 중생들의 나고 죽는 일을 바르게 관찰함으로써 바른 지혜를 실현하였다. 마음의 어두움은 가시고 밝은 지혜의 빛으로 차기 시작하여 맑고 깨끗한 마음을 자유자재로 써서 자기 자신을 비롯하여 다른 중생들의 그 많은 과거의 일들을 남김없이 아는 지혜인 숙명통을 한 밤중에 얻게 되었고, 그 숙명통으로 자신과 중생의 과거를 한 생 내지 백 생, 천 생까지도 다 알고, 우주의 생성에 이르기까지 다 알게 되었다.

한 밤이 지나 새벽이 가까웠다. 그대로 여전히 선정에 들어 있는 깨끗한 마음으로 새벽을 맞이할 무렵에, 인간이 지니는 고뇌가 완전히 없어지고, 미혹의 근본이 되는 번뇌를 남김없이 깨뜨리는 지혜를 얻어 드디어 누진통을 얻기에 이르렀다. 부처님은 정각을 이룰 때 이같이 삼신, 사지, 팔해, 삼명과 육신통을 얻었으니, 이것이 다 진정한 참나 즉 만법의 본성[心地]을 바로 깨달았기 때문이었다.

8

上士一決一切了   상사일결일체료
中下多聞多不信   중하다문다불신
但自懷中解垢衣   단자회중해구의
誰能向外誇精進   수능향외과정진

상근은   한번 깨쳐   모든 것   해결하나,
중하의   근기들은   들어도   믿지 않네.
자신의   헌옷 속에   구슬을   찾았을 뿐,
그 누가   밖을 향해   정진함   자랑하랴.

　사람이 타고 나는 소질이 다르듯이 불교의 교법을 듣고 닦아
깨달음을 얻는 능력이 다르니, 이것을 근기(根機)라고 한다. 즉
'근'은 물건의 근본이 되는 힘, '기'는 그 힘이 발동함을 뜻하니,
중생은 그 근기에 따라 제각기 법을 받아들이므로 '그릇[器]'이
라고도 한다.

　그러한 인간의 근기를 일반적으로 상근기, 중근기, 하근기의
셋으로 구분한다. 한번 듣거나 보거나 겪거나 하면 곧 깨달음을
얻게 되는 종교적 천재는 상근기라고 할 것이며, 열심히 여러

가지 책을 보고 또 법을 듣고 하여 아는 것이 많아도 확실한 신심을 세우지 못하여 세월만 허비하는 사람들은 중하(中下)의 근기라 할 것이다.

품속에 더러워진 옷이란 마음 속 번뇌, 업장 등의 삼독을 말하며, 말하자면 마음의 때를 청소하라는 뜻이니, 우리 마음은 본래 청정하여 한 점의 때도 없는 것인데, 중생들이 스스로 갖은 업장을 지어 스스로 때 묻은 존재가 되어 있음이 중하 범부의 모습이니, 그 때를 없애기만 하면 본래의 자기 면목이 그대로 드러나는 것이다.

이렇게 한번 자기의 본래면목을 확실하게 본다면, 그 무엇을 믿고 의지할 것도 없으니, 마음 속 번뇌 망상을 쉬어버리면 그만이지 또 밖을 향해 무엇을 추구하는 일은 불필요하다는 말이다.

상사일결(上士一決) 상근기의 수행인은 한 말씀아래 대번에 깨닫는다(言下得悟).

중하다문(中下多聞) 많이 보고 듣고 알려고 하는 것은 약한 근기요, 따라서 영가 스님이 말하는 절학무위(絶學無爲)에 위반되는 것이다.

단자회중해구의(但自懷中解垢衣) 이것은 『법화경』의 '신해품(信解品)'에 나오는 장자궁자(長者窮子)의 비유(譬喩)인데, 석가세존의 설법을 듣고 그것을 알아들은 네 명의 제자가 자기들이 알아들은 바를 비유로써 부처님에게 말씀드리는 내용이다.

과정진(誇精進) 자기 면목을 보는 것은, 말하자면 가지고 있는 보배구슬을 찾아 얻는 데는 오직 번뇌 망상을 쉴 때에 이루어지는 것인데, 어찌 마음 밖을 향하여 아무리 애써 정진하며 추구한다 하더라도 얻을 수가 있으리오. 그러므로 그 일체 것을 모두 다 버려야 올바르게 찾을 것이다.

[해 제]

중국 선종의 제6조 혜능 스님(638~713)은 아버지를 일찍 여의고 어려운 환경에서 자란 그는 교육 받을 기회도 없이 땔 나무를 해다 팔아서 홀어머니를 봉양하였다. 그러던 어느 날 시중에서 한 스님이 『금강반야바라밀경』 읽는 것을 듣고 '마땅히 머무는 바 없이 그 마음을 내라[應無所住而生其心]' 하는 데서 크게 마음의 눈이 열려 '모든 것을 한꺼번에 깨달았다[一切悟了]' 하니, 이와 같이 진정한 깨달음이란 한 번에 일체 것을 알아 버리는 것이다. 그러기 위해서는 모든 세상의 인연을 놓아 버리고 오직 화두 하나에만 시간과 정력을 집중하여 의심해가고 의심해 올 때 자기 자신을 잊게 되며, '나는 누구인가, 보고 듣고 생각하는 그 놈은 대체 무엇인가 하며 자기 자신을 참구하여, 자기 본래면목을 깨칠 때 이런 사람을 상근기라고 하게 된다.

옛 임제종의 남포 소명(南浦紹明) 선사의 유명한 유게(遺偈)에 이르기를 "나에게 세 가지 제자[三學弟子]가 있으니 이른바 모든 연[諸緣]을 놓아버리고[放下] 오직 참 자기를 찾는 일에만 전념하여 마침내 견성하는 제자를 상등제자(上等弟子)라 한다. 또한 수행이 순일하지 못하고 이것저것 책 보기를 일삼는 제자를 중등제자(中等弟子)라 한다. 그리고 스스로의 지혜광명을 볼 줄을 모르고 오직 제불조사들이 남긴 찌꺼기나 맛보기를 즐기는 제자를 하등제자(下等弟子)라 한다. 이상과 같이도 못하고 참선 정진 없이 문필로 업을 삼는 제자는 이야말로 머리만 깎은 속인에 지나지 않으니, 하등제자라 할 것 까지도 없다. 하물며 수행함이 없이 배불리 먹고, 편안한 잠만 자다가 산수를 찾아 구경이나 다니면서 세상 인연 따라 게으르고 할 일없이 세월만 보내는 제자 따위는 먹물 옷만 걸친 자라 할 것이니, 고인들이 이런 무리들을 부르기를 옷을 걸쳐 놓은 옷걸이요, 밥만 축내는 밥주머니라고 하였으니, 이들은 이미 승려가 아니니, 내 제자라고 하여 사중이나 암자 등에 출입함을 용서치 않으며, 잠시 발을 들여 놓는 것조차도 허락하지 않을 것이니, 하물며 선방에 방부들이게 하리요. 이 노승이 이런 소리를 한다 하여 자비심이 없다고 하지를 말라. 다만 그들이 그릇됨을 알고, 잘못을 고쳐서 조사문중의 종자가 되기를 바라는 마음에서 나오는 말인 것임을 알아주기를 바랄 뿐이다." 하였으니 참으로 준엄하고도 이치에 맞는 자비심 넘치는 유훈이라고 하지 않을 수가 없다.

『법화경』 '신해품'의 대강 줄거리는 다음과 같다. 외아들을 기르는 아주 큰 부자가 있어 굉장한 대저택에서 살고 있었는데, 외아들이 어렸을 때 집 밖에 나가 미아가 되어서 홀로 떠돌아다니며 구걸하여 살며 자기가 대부호의 외동아들인 것을 아주 잊어버리고 지내며 자라다가 어느 때 빈궁의 밑바닥에서 굶주릴 때에 남루한 옷을 입고 이집 저집을 찾아다니다가 마침내 아버지의 저택 앞에 와서 구걸하게 된 것을 그 아버지가 구걸하는 아들이 잃어버렸던 외아들인 것을 알아보고 그를 잡으려고 하였으나 그 아들은 오히려 두려워하며 도망가는 것을 보자 아버지는 여러 가지로 방법을 써서 그를 유인하여 처음에는 매우 천한 일을 하도록 하였다가 얼마 뒤에는 아버지 자신도 아들과 같이 더러운 옷으로 바꾸어 입고는 아들이 두려움 없이 가까이 하도록 하여 차츰 고급스런 일을 하게 하여 중용하다가 드디어 그가 자기의 유일한 외아들임을 모든 사람들에게 알려서 그 전 재산을 상속시켰다.

여기서 대부호의 외아들이 집을 나와 고생한다는 것은 우리 범부중생들이 모두가 본래로 부처님과 같은 지혜와 복덕을 갖

추어 가지고 있건만, 그런 줄을 모르고 더러운 옷으로 떠돌이 생활하는 것을 부처님께서 동사섭(同事攝)으로 중생 속에 들어가 그들을 차츰 바로 이끌어 가는 것이 바로 중생제도의 모습이며, 최후에 친아들임을 만방에 선언한 것은 수행의 결과 진정한 자기를 알았음을 인가하고 증명하여 세상에 알리는 것이다.

從他謗任他非	종타방임타비
把火燒天徒自疲	파화소천도자피
我聞恰似飮甘露	아문흡사음감로
鎖融頓入不思議	쇄융돈입부사의

남들이	비방해도	허물함	맡겨두면,
하늘을	불태우듯	스스로	피로할 뿐.
아무리	들려와도	감로수	마시는 듯,
녹아져	없어지니	참으로	부사의라.

종타방(從他謗) 정법을 비방하는 무리들은 상대할 필요가 없는 것이다. 정법은 비방을 받을 때 그 올바름이 알려진다.

파화소천(把火燒天) 불을 들고 하늘을 태운다 했을 때, 마침내 그 몸이 먼저 타고 말 것이니, 불필요한 헛수고 한다는 뜻. 하늘에 대고 침 뱉기와 같음.

감로(甘露) 범어 'Amṛta'에서 유래. 천주(天酒) 또는 불사(不死)라 번역. 천신(天神)들이 마시는 음료 혹은 하늘에서 내리는 단 이슬이라 하여 '감로'라 부른다. 대단히 맛이 좋으며 한번 마시면 몸과 마음이 화평하여 어떠한 병이라도 쾌유하여 늙지 않고 죽지 않는[不老不死] 힘을 얻게 된다 하며, 후세에는 아주 맛있는 음식을 감로라고도 표현하게 되었다.

쇄융(鎖融) 금속의 종류를 용광로에 넣어서 녹이는 것을 말함. '融(융)'을 '鎔(용)'으로 쓴 책도 있다.

부사의(不思議) 말로 표현할 수 없고 마음으로 짐작하기도 어려운 부처님의 경계를 말함이니, 마치 불이 이글거리는 화로에 떨어지는 눈송이처럼 바른 법을 비방하는 말은 여지없이 녹아 정법의 위대함을 보이는 불가사의한 계기가 된다.

[해 제]

수행정진을 열심히 하고 있거나, 견성하여 득도하거나 간에 참선 수행하는 사람은 여러 가지로 비판을 받거나 나쁜 말을 듣기 마련인 것이다. 그러나 아무리 그러더라도 내가 진정한 깨달음을 얻어가지고 있는 이상 그러한 비방은 전혀 마음에 걸릴 것이 없는 것이다.

　영가 스님은 그러한 소리를 듣더라도 오히려 감로를 마시는 듯, 화가 나기는커녕 고맙고 기쁘다고 그 심경을 솔직히 말하고 있다. 그러므로 석가세존께서도 자신을 해하려고 갖은 악행과 공격을 감행한 제자 제바달다를 미워함이 없이 어려서 출가하여 부처님 제자가 된 외아들 라후라와 다름없이 본다 하셨으니, 당신을 살해하려고 한 자를 아들과 같이 본다는 것은 자타가 없는 진실한 세계에 들게 되면 이같이 상식으로는 도저히 이해하기 어려운 불가사의한 경지에 있게 되는 것이다.

9

觀惡言是功德   관악언시공덕
此則成吾善知識   차즉성오선지식
不因訕謗起怨親   불인산방기원친
何表無生慈忍力   하표무생자인력

나쁜 말　들을 적에　반갑게　여긴다면,
그렇게　하는 이는　참다운　도인일세.
비방에　동요 없이　원친에　평등하면,
자비력　무생법인　어디에　필요하리.

　비방하고 욕하는 말에 조금도 내 마음 움직이지 아니하고, 그 비방과 욕설을 오히려 감로수로 받아들이면, 그것이 도리어 나의 수행을 도와주는 고마운 공덕이 될 것이다. 그러므로 같이 상대해서 싸우지 말고, 나의 공부를 채찍질해주는 고마운 선생님이신 선지식으로 삼으라. 비방하면 원수되고 칭찬하면 친구되는 감정의 기복을 아주 쉬어 버릴 때 중생에게 참으로 이익을 줄 수 있는 자비 원력을 성취하게 되니, 이 밖에 또 무슨 무생법인과 자비인욕이 필요할 것인가.

선지식(善知識) 『열반경』의 '고귀덕왕보살품(高貴德王菩薩品)'에 이르기를 '스스로 바른 견해를 지니고 그것을 행하며[行正見], 남으로 하여금 바른 견해를 가지게 하는 사람이라면, 이러한 사람은 능히 불러 선지식이라 할 것이다' 하였으니 올바른 도리를 사람들의 근기를 잘 알아서 그들에게 맞도록 설하여 바른 길로 선도하는 덕 높은 이를 선지식이라 한다.

산방(訕謗) 밑에 사람이 윗사람을 비난하는 것을 산이라 하며, 남의 일에 대하여 못마땅함을 여럿 사람들이 제마다 입을 모아 비난하는 것을(謗)이라 한다.

무생자인력(無生慈忍力) '일체 모든 것은 무생(無生) 즉 공(空)한 것이다'라고 바로 살펴 알아서[諦觀] 온갖 고난을 참고 견디는 것을 무생인(無生忍)이라 하며, 자기를 박해하는 자가 있더라도 자비심을 일으켜서 참고 견디는 것을 자인(慈忍)이라고 한다. 그런데 인(忍)이란 어디까지나 나와 남이라는 상대를 두고서 하는 것이기 때문에 만일 참으로 원수나 친한 이나 다 같이 평등하여 차별이 없어서 나와 남을 구별하지 않는 대자대비 원력이라면, 인(忍)이라는 말도 오히려 쓸모없는 말이 되어 버린다는 뜻.

하표무생(何表無生) 일부러 무생자인(無生慈忍)의 노력을 보이지 않아도 된다는 말. 표(表)는 간판으로 삼는 것. 자인력(慈忍力)은 자비와 인욕(忍辱)의 힘. 사섭법(四攝法)의 하나이며, 또한 육도 즉 육바라밀의 하나이기도 하다.

[해 제]

우리는 대개가 살아가면서 남에게서 악한 말을 들으면 곧 화가 치밀어 올라오기가 십상인데, 그런 경우에 화를 내기는커녕 도리어 그것을 고마운 일로 알고, 나에게 커다란 공덕을 주는 일이라고 관(觀)하기란 참으로 희귀한 일이요, 아무나 할 수 있는 일이 아니다. 욕설과 험한 소리를 듣고도 성내지 않는 사람이란 드물고 거의 없다고도 할 수가 있는 일인데도, 그런 때 그것을 능히 참고 견딘다는 것은 그야말로 대단한 정신력이 필요한 것이다.

그러나 불도의 수행에 있어서 참고 견디어 마음이 흔들리지 않는 것이 가장 큰 덕목의 하나이니만큼, 참기 쉬운 것을 참는 것은 누구나 할 수가 있는 것이지만, 참으로 참고 견디기 어려운 것을 굳센 의지력으로 끝까지 능히 참아내는 것이기에 자기의 인욕바라밀이 증장(增長)하는 것이다.

이 세상은 혼자 사는 세상이 아니요 여러 가지 많은 인연관계 속에서 살고 있으니 그런 속에서 장애를 만나면 그것을 슬기롭게 겪어가며 자기 뜻대로 되지 않는 일들이 생겨나는 것을 참아야 하는 까닭에 그 때마다 그것을 바로 극복하는 정진력이 증진(增進)하는 것이다.

이렇게 생각하면 수행자가 정진하는 힘을 기르고 커다란 인욕바라밀을 이루어 나가는 힘을 기르는 것은 남에게 받는 욕설과 험구 등의 덕택이요 그래서 공덕이라고 말하지 않을 수 없는 것이다.

다시 냉정하게 돌이켜 본다면 저편 탓만은 아니다. 남에게서 악한 말을 듣게 된다는 것은 상당 부분은 내 탓이 있는 것이니, 자기는 잘하는 것 같아도 불 안 땐 굴뚝에 연기가 나지 않는다는 속담처럼 반드시 거기에는 자기 자신도 반성하여 고쳐나가야 할 점이 많든 적든 있게 마련인 것이다.

그러므로 남의 비방하는 말을 오히려 거울삼아서 자기 자신의 잘못한 점을 살펴서 고치려 노력할 때 반드시 정진력 인내력이 갖추어 지는 것이지만 그러나 이유 여하를 따지지 않고 끝까지 잘 참아낸다고 하는 것은 참으로 어려운 것임을 때때로 느끼며 그래서 반성이 끊이지 않는 것이 우리의 생활 현실이다.

경전에서 밝히기를 우리의 이 사바세계는 인욕하며 살아야 하는 세계이며, 그래서 번역하면 감인(堪忍) 즉 여러 가지 고통을 참으며 살아야 하며, 그렇지 못하면 살아갈 수 없는 세계라고 밝히고 있는데 이렇게 마음대로 이루어지지 않는 세계이기에 참고 견디며 수행 정진하기에 노력하게 되는 것이다.

그런데 무엇이든 마음대로 되는 세계가 있어서 참고 견디고 하지 않아도 되는 세계가 있다면 어떨까요. 나도 가고 너도 가고 모두가 다 가야 된다고 애를 쓰는 천상 세계가 그런 세계입니다. 천상세계는 우리가 사는 이 세계에서 선업을 많이 지으면 그 과보로 천상에 나게 되며 무엇이든 원하는 물건들이 생각만 하면 눈앞에 지체 없이 나타난다는 것이다.

먹고 싶은 것, 쓰고 싶은 것은 마음대로 나타나니 이렇게 되면 그러한 세계에서는 애써 노력한다는 일이 없어지게 된다. 하물며 자기 자신의 정신세계를 높이고자하거나, 나의 주인공은 무엇인가 하는 등의 문제를 추구하는 노력 등은 전혀 하지 않게 된다. 그러다가 천상에서 받을 과보가 다할 때는 그곳에서 지은 인연으로 해서 또다시 중생 육도 속으로 떨어져 들어가야만 된다. 이것이 분명한 인과의 도리인 것이다.

그렇다면 천당이야말로 수행정진 하는 데 있어서 가장 조건이 나쁜 세계라고 할 수 있을 것이다. 그러므로 사람은 참고 견디는 수행을 쌓아야만 하며 따라서 특히 자라는 아이들 청소년에게는 참고 견디는 교육이 대단히 필요하다고 아니할 수가 없는 것이다.

宗亦通說亦通	종역통설역통
定慧圓明不滯空	정혜원명불체공
非但我今獨達了	비단아금독달료
恒沙諸佛體皆同	항사제불체개동

종지도	통달하고	설법도	능숙하며,
정혜가	구족하여	단멸에	안 빠진다.
내 이제	참 이치를	홀로서	통달하니,
항하사	부처님과	조금도	다름없네.

법의 뜻을 통달하고, 설법하는 변재도 막힘이 없으며, 선정과 지혜가 뚜렷하게 밝아져서 유상(有相)에도 또한 공적(空寂)에도 집착하는 바가 없도다. 자성을 확실히 깨쳐서 큰 도를 이룬 이 경계는 나만의 것이 아니요 수많은 모든 부처님의 경계도 근본 자체에 있어서는 다를 바가 없도다.

종통(宗通) 근원적인 것을 직접 파악하며 자성(自性)을 깨달아 종지(宗旨)의 깊은 뜻에 계합하여 통달해서 걸림 없이 자유자재한 경지.

설통(說通) 자기가 깨달아 안 현묘한 도리를 남을 위해 쓰는데 막힘없는 법설을 말하니, 즉 언설에 의한 표현이 막힘없이 자유자재한 경지.

정(定) 마음을 한 곳에 머물게 하는 정적인 선정[靜的禪定]이니, 모든 망념을 떠나 의식을 집중하여 통일해서 적연히 부동[寂然不動]하는 경지.

혜(慧) 모든 것을 밝혀 바로 보는 동적인 지혜[動的智慧]이니 현상세계인 사물[現象世界事物]과 본체세계인 도리 즉 이법[本體世界理法]을 분명히 관조하는 경지.

항사(恒沙) 인도의 젖줄이라고 하는 Ganga는 범어 발음으로 '강가'라고 하며, 이것을 중국어 발음대로 적은 것이 한문경전에 나오는 '항하'이며, 영어 음으로는 Ganges(갠지스)이다. 인도에서 제일 큰 이 강은 인도의 북부 웃다르프라데-슈주(州)의 최북단, 즉 티베트에 가까운 서부 히말라야 산맥 속의 간고-토리 지방에서 그 수원을 발하여 약 2,500km에 걸쳐서 인도대륙의 중부를 가로질러 크게 구불구불 굽어 흐르며 모든 작은 강과 물을 모아서 인도 동부의 벵갈만으로 흘러드는 이 강은 인도에서 가장 성스러운 강으로서 오랜 옛적부터 인도 사람들의 마음의 의지처가 되었으며, 인도의 사상과 문명이 여기서 이루어졌기에 인도 사람들은 이 강을 '어머니이신 강가'라고 부르고 있는

데, 이 강가[恒沙]의 강변에 있는 희고 부드러운 모래만큼이나 많다는 표현이다.

체개동(體皆同) 한량없는 모든 부처님도 다 종통하고 설통을 하셨으며 정과 혜가 원만하고 분명하여 진리를 통달하셨고, 그와 같이 영가 스님도 또한 깨달음을 얻음이 그러해서 다름이 없는 경지를 피력한 것이다.

[해 제]

종통은 나의 근원 즉 본질, 다시 말해서 진실한 자기의 본래면목 혹은 진정한 사실이라고도 할 수 있을 것이다. 참선의 세계에서 말한다면, 무자(無字) 화두, '이뭣꼬' 화두를 말한다고 하겠다. 그러므로 종통의 경지는 확철대오(廓徹大悟)하여 자기의 본분사(自己本分事)에 통달하여 남음이 없는 것이며, 그러한 철저하게 깨달은 경지의 소식을 중생들의 근기에 따라 종횡무진으로 거침없이 해설하는 것을 설통이라고 한다.

이와 같이 철저하게 크게 깨달은 경지를 정혜원명이라 표현하는 것은, 선정을 의지하여 깨달음의 지혜가 생기는 것이나 또한 깨달음의 지혜를 행동과 생활의 실제 면에서 막힘없는 자유자재한 활발발한 힘을 발휘하여 중생을 교화제도하려면 선정의 힘을 더욱 더 향상 발전하게 하는 것이 절대로 필요하며, 이같이 정과 혜가 수레의 두 바퀴같이 서로 의지하여 떼어낼 수 없는 것이기에 이러한 경지를 원명이라 표현하고 있다.

　여기서 잘못알고 지나쳐 버려서는 안 될 일이 있으니 그것은 선정력이 있어야 깨달음의 지혜가 발현하는 것이지만 그렇다고 정력(定力)이 있으면 반드시 깨달음이 있게 되느냐 하면, 그렇지 않으니 정력이 곧 깨달음[定力卽得悟]은 아닌데 이것을 잘못 아는 수가 많은 것이다.

10

獅子吼無畏說   사자후무외설
百獸聞之皆腦裂   백수문지개뇌열
香象奔波失却威   향상분파실각위
天龍寂聽生欣悅   천룡적청생흔열

사자의   포효처럼   우렁찬   설법이여,
뭇짐승   소리 듣고   모두가   혼비백산.
크나큰   코끼리도   달아나   위엄 잃고,
천과 용   설법 듣고   모두가   기뻐하네.

　백수의 왕인 사자가 한번 크게 울부짖을 때 여러 작은 짐승들은 뇌까지 찢어지며, 코끼리 같은 큰 짐승도 그 앞에서는 맥을 못추듯 진리를 깨달으신 부처님과 조사 스님들의 종통 설통한 설법 앞에는 뭇 외도의 사특한 소리하는 무리들이 꼼짝없이 항복하나, 신심으로 경청하는 이는 천인이나 호법하는 용들에 이르기까지 모두 정법을 알아듣는 즐거움을 얻게 되리라.

사자후무외설(獅子吼無畏說) 사자는 백수의 왕으로 여러 많은 짐승 가운데 그 위력이 으뜸가는 왕자라고 불리는데, 사자가 한번 크게 울부짖으면 모든 짐승의 무리들이 그 위력에 굴복하여 꼼짝 못하는 것에다 비유하여 불보살과 역대 조사 스님들의 설법을 사자후(獅子吼)라고 한다. 또한 사자가 백가지 종류의 동물들 속에 있어도 조금도 아무런 두려움을 느끼지 않는다고 하는데 연유하여 불보살이 법을 설하는 것을 무외설(無畏說), '두려움 없는 설법'이라고 한다.

향상(香象) 어떤 종류의 코끼리는 그 털구멍에서 향기를 내는데, 이를 향상이라고 한다. 또는 향산(香山)에서 탄생하는 코끼리를 지칭하기도 한다. 코끼리는 평소 강물을 건너갈 때 다리가 물밑 땅을 착실하게 밟고 건너가지만 사자가 울부짖는 소리를 들으면 매우 놀라서 평소의 체신을 잃고 물위를 허우적거리며 달아난다고 하여, 여기서는 불보살의 설법을 듣고 체신을 구기는 성문·연각(聲聞·緣覺)들을 비유한다.

천룡(天龍) 하늘에 있는 불법을 수호하는 신중과 용왕들. 여기서는 부처님의 설법을 바로 알아듣는 상근기의 보살들을 비유하는 것으로, 천신과 용신을 아울러 가리키는 것으로 볼 수 있다.

[해 제]

　백수의 왕인 사자가 크게 울부짖을 때, 그것을 들은 작은 동물들은 모두 뇌가 파멸한다는 것은 불보살이나 조사의 두려움 없는 바른 법의 설법을 들으면 외도들의 사특한 소견이나 중생들의 번뇌 망상이 모두 소멸된다는데 비유한 것이다.

　이와 같이 불보살과 조사의 설법은 어떠한 권위에 대해서도 '두려워함이 없는 설법'이며 그 설법을 듣는 사람에게도 그 무엇도 두려워함이 없는 큰 안심[大安心]과 조금도 흔들림 없는 마음[不動心]을 지니게 하는 법력이 있는 설법이다. 관세음보살의 실천과 원력[行願]에는 어떤 것에도 두려워하지 않는 마음을 베풀어주는 공덕이 있기에 시무외자(施無畏者)라는 이름으로 부르게 되는 것도 이러한 때문이다.

　또한 불보살의 설법을 전법륜(轉法輪)이라고 하는 것은 세간의 전륜왕(轉輪王)이 그 윤보(輪寶)를 앞세워 굴려나갈 때에 가는 곳마다 적이 굴복하여 귀순하는 것같이, 불보살의 설법은 모든 중생의 번뇌를 제거하고 천마외도(天魔外道)들의 삿된 소견을 파하며 더 나아가서는 소승의 좁은 소견뿐만 아니라 대승이라도 진실한 대승의 가르침에 들어가게 하기 위하여 임시방편으로 설한 대승법에 집착하여 아직 방편에서 벗어나지 못하고 있는 보살들까지도 불보살의 진실하고 깊은 미묘한 설법을 들을 때는 다 한결같이 놀랍고 두려워서 평소의 뽐내던 위력을 잃어버리고 아무리 있는 힘을 다한다 하더라도 진정한 법은 아예 건드리지도 못하는 바를 향상의 실각[香象失却]에다 비유한다.

그와 함께 진실한 불법을 외호하는 하늘 신중들이 용 등의 호법선신들[天龍]처럼 진정한 불보살의 바른 법을 지키려는 두터운 신심의 존재들은 도리어 마음 조용히 진정한 대승의 설법을 듣고는 깊이 환희하여 법의 즐거움을 맛보게[寂聽欣悅] 된다는 것이다.

遊江海涉山川	유강해섭산천
尋師訪道爲參禪	심사방도위참선
自從認得曹溪路	자종인득조계로
了知生死不相干	요지생사불상간

강 건너	바다 넘고	산천을	두루 거쳐
스승을	찾아나서	길 물어	참선하여,
스스로	조계의 뜻	깨달아	얻은 뒤로
생사가	본래 없음	확실히	알게 됐네.

영가 현각 스님은 처음 불교의 교리 연구에 전념하다가 마침내 부처님과 조사 스님들이 깨달으신 경지를 명백하게 알기 위해서는 교리의 연구만으로는 도저히 밝혀낼 수가 없으며 무엇보다도 자기 자신이 직접 불도를 체험하여 대안심을 얻지 않고

서는 그 경지에 이를 수가 없음을 알고는 각지를 편력하여 진정한 스승을 찾아다니며 정법을 구하여 참선 정진하다가 드디어 조계산에 혜능 스님을 뵙고 공부한 경지를 인가 받은 뒤로는 생사 문제가 본래부터 자기와는 아무 관계가 없는 것임을 확연히 깨달았던 것이다.

유강해(遊江海) 강해는 강호(江湖)라고도 하며, 장강(長江, 즉 揚子江)과 강서성(江西省)·호남성(湖南省) 등의 지역을 말한다. 당나라 말기 이후에 선풍이 크게 선양되어, 남악 문하의 마조 도일 스님은 강서에 있고, 청원 문하의 석두 희천 스님은 호남에 있으면서 사방에서 모여오는 참선 납자들을 맞아 지도하였으므로, 장강을 지나 강서와 호남지방에는 참선수행하며 선지식을 찾는 선승들의 왕래가 매우 빈번하였다. 이 때문에 당시의 세상 사람들은 이들 운수납자들을 가리켜 강호의 선객들이라 하였다.

자종인득조계로(自從認得曹溪路) 영가현각 선사가 소주부의 조계산 보림사에 계시는 선종의 제6조 혜능선사를 찾아뵙고 '생사즉무생, 무상즉무속(生死卽無生 無常卽無速)'의 진리를 증득하여 그 인가를 얻은 옛일 가리키는 말이다.

[해 제]

조계의 길을 깨달아 얻었다[認得曹溪路]는 것을 스스로 말하게 된 것은 영가 스님에게 있어 그 39세의 일생 가운데 가장 커다란 전기를 가져온 사건이었다. 이제 그의 전기 가운데 가장 오래된 것으로 추측되는 『조당집(祖堂集)』 권3에 있는 기록에 의지해서 영가 스님이 영남의 조계산에 가서 6조 혜능 스님을 만나 뵙고 직접 법담(法談)한 저간의 내용을 소상히 알아보는 것은 선수행하는 사람들에게 있어 매우 소중한 거울이 될 것이다.

영가 스님이 조계산에 가서 혜능 스님을 뵙게 되었을 때, 마침 혜능 스님이 대중들에게 정기적으로 설법을 하는 상당법문[上堂說法]을 시작하려는 참이었다. 마치 당도한 영가 스님은 석장을 짚은 채 법당에 들어가 혜능 스님이 앉아 계시는 법상을 오른 편으로 세 번 돌고는 혜능 스님의 면전에 떡 버티고 섰다.

그것을 보신 혜능 스님은 "도대체 불도를 수행하는 사람은 그 예의범절에 있어서 삼천의 위의를 다 차리고, 또 팔만가지의 세심한 배려를 다하여[三千威儀 八萬細行], 그 어느 하나라도 소홀함이 없어야만 진정한 수행자인 것인데도 불구하고 그대는 어디서 온 누구인데 그와 같이 커다란 아만심을 일으키고 있는가?"라고 물었다.

영가 스님은 "생사 문제가 가장 시급한 일인데, 세월은 너무나 빠르게 갑니다." 혜능 스님은 "그렇다면 어찌하여 생사 없는 도리를 체득하여, 세상의 무상함이 빠르다거나 하는데서 벗어나는 경지에 이르지 못하는가." 영가 스님은 "근본은 본래 생멸이 없는 것이니, 이에 이르면 그대로 빠름도 없는 것이오."라고 말했다.

이에 혜능 스님은 "그대는 제법 생멸 없는 마음을 파악하고 있군!"이라고 말했고, 영가 스님은 "생멸이 없는데 또 무슨 마음이랄 것이 있겠습니까."라며 응수했다. 혜능 스님은 "마음이 없다면 무엇이 생멸이 없다고 판단하겠는가?"라고 되묻자, 영가 스님은 "판단하는 것도 마음이 아닙니다."라고 대답했고, 혜능 스님은 "그렇군, 그렇군."이라고 말했다.

이렇게 법담하는 모양을 곁에서 직접 본 천명이 넘는 여러 대중들은 모두가 놀랍고 감탄함을 금하지 못하였다. 영가 스님은 혜능 스님 앞에서 물러나 동쪽 마루 벽에 짚고 있던 석장을 걸어 놓고는 곧 자세를 정돈하고는 혜능 스님 앞으로 다시 나아가서 정식으로 예배하고 말없이 한번 보기만 하고 물러나와 참선 정진하는 수행대중들에게 인사를 마치고는 바로 혜능 스님에게 하직 인사를 올렸다.

혜능 스님은 "그대는 어디서 왔는데, 그렇게 성급하게 되돌아가려고 하는가?"라고 만류했지만, 영가 스님은 "본래 움직인 바가 없는데, 무엇을 빠르다고 할 것이 있습니까."라며 발걸음을 재촉했다. 다시 혜능 스님은 "그러면 그 무엇이 움직임 없음을 안다는 것인가?"라고 묻자, 영가 스님은 "스님께서 공연히 스스로 판단하고 있을 뿐이지요."라고 말했다. 이에 혜능 스님은 자리에서 뛰어내려와 영가 스님의 등을 토닥이며 "좋고 좋다. 솜씨 한 번 근사하구나. 하룻밤이라도 쉬고 가시게."라고 했다. 다음날 아침에 영가 스님이 혜능 스님에게 작별을 고하자, 혜능 스님은 대중들과 함께 전송하였다.

영가 스님은 전송을 받으며 열 걸음 걸은 뒤에 돌아보며 석장을 세 번 흔들어 보이고는 "스스로 한 번 조계의 스님을 만나 뵙고 난 뒤로는 생사가 본래 없음을 확고히 깨달았노라"하였다.

이렇게 해서 영가 스님이 조계산에 계시는 육조 혜능 스님을 뵙고 법담을 한 다음 그 곳에서 하룻밤을 자고 되돌아갔다고 해서 세상 사람들이 그를 일숙각(一宿覺)이라고 부르게 되었다. 조계산에서 거주하던 절에 돌아오자 그 소문이 먼저 퍼져 있었고, 그 소문을 들은 천하강호의 선객들이 몰려들어 그의 가르침을 청하였다.

영가 현각 스님은 그들을 맞아 지도하다가 당(唐) 선천 2년(713년) 10월 17일에 49세에 입적하면서 단정히 앉아 조금도 움직임 없이 이연(怡然)하게 돌아가셨다고 전하고 있다. 호를 진각대사(眞覺大師)라 하였고, 뒤에 나라에서 보내는 시호를 무상대사(無相大師)라고 받게 되었다.

ㅣㅣ

行亦禪坐亦禪	행역선좌역선
語默動靜體安然	어묵동정체안연
縱遇鋒刀常坦坦	종우봉도상탄탄
假饒毒藥也閑閑	가요독약야한한

걸어도	참선이요	앉아도	참선이니,
일체의	어묵동정	적연히	부동이네.
창칼을	들이대도	언제나	태연하고,
독약을	먹인데도	그대로	한가롭네.

활동할 때도 참선이요, 앉아 있을 때도 또한 참선할 뿐이니, 말하거나 말이 없거나, 움직이거나, 조용하거나 간에 오직 참선만 하는 경지는 항상 적연부동한 까닭에 만약에 창이나 칼을 들이댄다 하더라도 겁내지 않고, 그대로 담담하여, 또한 독약을 먹이려하더라도 조금도 놀라지 않고 그대로 한가로울 뿐이다.

행역선좌역선(行亦禪坐亦禪) 선은 가거나(行) 서거나(住) 앉거나(坐) 눕거나(臥) 말하거나(語) 말없거나(黙) 움직이거나(動) 조용히 하거나(靜) 간에 즉 일상생활에 있어서 온갖 동작하는 몸짓의 사위의(四威儀) 동안 언제나 선정을 수행하는 것이 진정한 선(眞禪)이니, 선은 좌선하고 있을 때만이 아니요, 적연부동(寂然不動)은 앉아 있을 때만 있는 것이 아니다.

탄탄(坦坦) 넓고 평탄한 모양이니 여기서는 사람의 마음가짐이 너그럽고 그 어떤 일에도 흔들림이 없음을 말함.

한한(閑閑) 역시 마음이 항시 편안하여 긴장이나 공포감이 없다.

[해 제]

선(禪)의 말뜻(語義)은 인도의 옛속어(俗語)인 Jhāna가 인도 고대에서는 흔히 명사(名詞)의 맨뒤에 붙은 모음(母音)이 떨어져 나가는 예에 따라 맨뒤의 a가 떨어져 나가서 Jhān이라고 발음된 것을 중국에서 한나라 발음(漢音)으로 선·선나(禪·禪那)라고 음역한 것이다.

이렇게 Jhān을 음역한 한자인 선(禪)이 한자(漢字)를 사용하는 나라에 따라 발음이 달라지고 있는데, 중국어음으로는 Ch'an이며, 한국어음으로는 Seon 또는 Sŏn이고, 일본어음으로는

Zen이라 부르고 있다.

Jhān(禪)의 뜻을 중국에서 번역할 때에 현장(玄奘)이전의 옛 번역에서는 마음을 한 가지 대상에다만 두어서 그것을 자세히 생각(思惟)하면서 그와 같은 경지를 계속해서 익히며 닦아간다(修習)는 뜻으로 사유수(思惟修)라고 번역하기도 하였고, 또는 욕계(欲界)에서 일으키는 다섯 가지 주요한 악한 것, 오개(五蓋) 즉 탐욕·진애·혼침·도거·의(貪慾·瞋恚·惛沈·掉擧·疑)를 비롯한 모든 악을 버리게 해주는 것을 강조하여 기악(棄惡)이라 뜻번역(意譯)하기도 하였고, 이것을 수행함으로 말미암아 지혜·신통·무량심(知慧·神通·無量心) 등의 모든 공덕이 쌓이고 모아진다(積集)고 해서 공덕취림·공덕총림(功德聚林·功德叢林)이라고 뜻으로 새겨 번역(意譯)하기도 하였다.

그러다가 현장삼장(玄奘三藏, 602~664)의 새로운 번역(新譯)에서는 '정려(靜慮)'라고 번역하였다. 정(靜)은 적정(寂靜)이요, 려(慮)는 심려·주량(審慮·籌量)의 뜻이니, 즉 마음을 한곳에다(一所緣) 머물러 두고(繫念)서 고요히 바르게 살펴서 생각(思慮)한다고 해석한다. 이것을 좀 더 쉽게 말한다면, 마음을 한곳에 두어서 고요하게 하여 일을 잘 살펴서 생각한 것을 실천해 가는 것이라 할 수 있을 것이다. 이렇게 볼 때에 '사유수(思惟修)'라고 한 옛 번역에는 살핀다(審慮)는 뜻만이 나타나고, 고요히(寂靜)라는 뜻은 나타나 있지 않은데에 비하여 새로운 번역에서는 고요하게 살핀다는 뜻을 함께 다루고 있으며, 이와 같은 두 가지 뜻을 갖추어 가지고 있는 것이 선(禪)의 말뜻이라고 하겠다.

그러나 중국에서는 한걸음 더 나아가서 '선정(禪定)' 또는 '선삼매(禪三昧)' 등의 말로 표현되어, 좌선에 의한 정신집중하는 수행을 가리키는 뜻으로 사용되며, 더 나아가서는 참선(參禪)이라고 할 때는 깨달음을 얻기 위함을 목적으로 하여 좌선을 수행하는 것을 말하게 되었고, 또는 깨달음으로 터득한 본분의 세계를 선이라고 표현하기도 하였다. 그러므로 여기서 말하는 것은 걸어도 참선이요, 앉아도 참선이라고 하는 그러한 본분의 경지를 말하는 것이라 하겠다. 말하자면 화두의 세계를 떠나는 일이 없으니, 활동할 때도 참선이요, 고요히 앉아있을 때도 또한 참선할 뿐이니 오직 참선하는 경지는 항상 고요하고 흔들림이 없어서 어떠한 환경 속에 있어서도 적정한 경지를 유지하면서도 그런 속에서 필요할 때는 또한 전광석화(電光石火)와 같은 활동을 일으키기도 한다. 이러한 경지에서는 가령 당장 목에 칼이 들어오거나 또는 독약을 먹게 되었더라도 그 한 마음은 조금도 동요됨이 없으니, 바로 영가 현각 스님 자신의 경지를 이렇게 표현하고 있다.

그런데 만약 선이 단지 정신을 집중하는 삼매의 힘에 의하여 어떤 경계에서나 몸과 마음의 흔들림 없이 고요함을 유지하는

것으로만 안다면 그것은 그렇지 않다. 왜냐하면 그런 것은 마음을 닦아 나아가는 수행 가운에 있는 도중의 한 소식에 지나지 않는 것이니, 철저한 수행 끝에 확철대오 즉 맨 밑바닥까지 뚫어내는 몸과 마음이 진정 공하여 생사를 해탈하는 소식과는 참으로 먼 경지인 것이다. 이러한 진실한 깨달음 없이는 영가 스님이 말하는 행·주·좌·와·어·묵·동·정 간에 조금도 흔들림 없이 항상 고요하다(語默動靜體安然)의 경지는 절대로 실현되지 않는 것이기 때문이다. 깨달음(見性)을 얻는 체험을 하게 되면, 한번에 확철대오하지 못하였다하더라도 일단 깨달은 뒤의 수행(悟後保任)을 통하여 끝내는 영가 스님처럼 배우기를 다해 마치고 시비와 분별에서 뛰어난 경지에 이르러 허망한 생각을 없애려고도 아니하고, 진리를 따로 구하려고도 하지 않는(絶學無爲閑道人 不除妄想不求眞) 진정한 한도인(閑道人)의 경지에 이를 것이지만, 만약 진정 깨달음의 안목이 열리지 않고 그런 경지에 이르지도 못한 채 이것으로 만족한다거나 이만하면 되었을 것이다하고 도중에서 안주하고 만다면 어느 때는 심각한 문제에 부딪히게 될 때에는 별 수 없이 흔들리게 됨을 면치 못할 것이니, 체안연(體安然)이다. 날마다 좋은 날이다(日日是好日) 하는 것과는 거리가 먼 것이 되고야 말 것이기 때문이다.

我師得見燃燈佛　　　아사득견연등불
多劫曾爲忍辱仙　　　다겁증위인욕선
幾廻生 幾廻死　　　　기회생 기회사
生死悠悠無定止　　　생사유유무정지

본사인　　부처님은　연등불　친견하고,
다겁을　　선인되어　인욕을　닦으셨네.
몇 번을　　태어나고　몇 번을　죽었던가,
끝없는　　생사윤회　어느때　끝나려나.

　우리들의 본사이신 석가모니 부처님은 그 옛적 연등불을 친히 뵙고는 다겁생동안을 인욕선인으로 수행하여 성불하셨는데, 나는 이제까지 얼마나 많은 겁동안 생사윤회에서 헤매어 왔으니, 어느 때에 이 생사윤회에서 벗어날 것인가.

연등불(燃燈佛) 범어　Dīpaṃkara의 번역. 정광불(錠光佛)이라고도 한다. 과거 7불 보다 이전에 출현하였던 부처님이며, 석가모니불의 수행시기에 내세상에서 성불하여 석가모니불이라고 부르게되리라는 수기(授記) 즉 예언을 주신 부처님이며, 석가모니불의 스승부처님(師佛)이라고 한다.

인욕선(忍辱仙) 제행무상 제법무아(諸行無常 諸法無我)의 법을

몸소 깨달아(体得) 온갖 고난을 참고 견디는 수행을 닦은 수행자. 석가모니불은 연등불을 친견한 뒤 5백생 동안 인욕선인으로 수행하였다고 한다.

기회생사(幾回生死) 영가 스님 자신이 여러 많은 세월동안(多劫生) 생사윤회의 흐름 속에 돌고 돌면서(生死流轉) 꾸준히 수행하여 이제까지 오게 된 과거의 일들을 돌이켜보는 말이다.

[해 제]

석가모니불이 성불하시기전 보살도를 수행하는 수행자일 때에 연등불이라는 부처님이 계셨다. 수행자가 어느 생에 발마국(鉢摩國)에 태어나서 이름을 유동(儒童)이라 하였다. 열심히 수행하며 여러 나라를 다니다가 한 나라에서 5백인의 학자들이 강당에 모여서 그 곳에 높직하게 질의토론하는 자리를 마련하여 누구든 그 자리에 올라서 여러 사람들과 문답하여 이기는 사람은 은전 5백량과 미녀 한사람의 상을 주기로 하는 것을 보게 되었다. 여러 사람들이 그 자리에 올라 문답에 참여하였지만 모두가 끝내는 대답에 막혀서 실패하곤 하였다. 유동 수행자가 마침내 자리에 올라서 여러 많은 질문들을 받고 그는 널리 바른 도리를 밝히며 대답하여 막히는 바가 없었다. 최후에는 거기에 모인 사람들이 모두가 머리 숙여 경의를 표하면서 '그대는 이국인이기에 이 나라의 미녀를 줄 수는 없으나 은전은 받아주시기를 바라오'하였다. 유동 수행자는 그것을 받고 그 자리를 떠났는데, 한편 그 문답의 승자에게 가게 되었던 미녀는 오히려 '저 분이야말로 내가 따를 사람입니다'하고는 그를 찾아 여러 나라를 다니다가 길가에 쓰러져 있는 것을 마침 행차중이던 발마국왕이 발견하여 사정을 듣고 왕궁으로 데려가서 왕궁의 꽃꽂이를 담당하며 살게 되었다.

유동 수행자는 고국인 발마국에 돌아가서 이곳에 연등불 즉 정광여래께서 오시어 교화를 펴시게 됨을 알고, 그 나라 백성들과 함께 환영하러 나가는 길에서 꽃을 화병에 담고 있는 그 미녀를 만나서 부처님께 공양하려고 꽃 다섯 송이를 보시받고 동참하려는 미녀의 몫인 꽃 두 송이를 받아 함께 부처님 오시는 길에 걸쳤던 옷을 벗어 길에 깔고 꽃을 올리며 다시 진흙 길에는 자신의 긴 머리를 풀어 덮어서 그 위를 부처님이 걸어서 발을 더럽히지 않게 하려 하였다. 그것을 보신 부처님은 그 길을 밟지 않고 제자들에게도 저 길을 밟지 말라 하시며, '왜냐하면 이 수행자는 91겁 뒤에 성불하실 것이 결정된 분이기에 그 거룩한 머리카락을 밟아서는 안되기 때문이다'하셨다고 한다.

그것이 석가모니불이 발심수행하여 수기를 받은 인연이며, 그 유동 수행자는 후세의 석가모니불이며, 그에게 꽃을 보시한 미녀는 야소다라부인이라 전한다.

또한 석가모니불은 수행시대 어느 시기 숲 속에서 인욕을 행하는 선인으로 있을 때 그 나라의 가리왕이 시녀들을 데리고 숲으로 놀러왔다가 국왕이 낮잠을 자는 새에 시녀들은 수행선인을 보고 그 주위에 모여서 설법을 듣게 되었는데 왕이 잠을 깨고 시녀들이 하나도 없음을 알고 노하여 찾아다니다가 시녀들에게 설법하는 선인을 보고는 그 선인의 코와 귀, 손, 발을 베어 버렸지만 선인은 조금도 노하고 원망하는 생각을 일으키지 않았으므로 그러한 인욕수행을 닦은 공덕으로 뒤에 연등 부처님에게서 청정한 신심을 발하여 길고 긴 인욕정진으로 무아의 대인(無我大忍)을 성취하여 마침내 성불하시게 되었던 것이라 한다.

12

自從頓悟了無生   자종돈오요무생
於諸榮辱何憂喜   어제영욕하우희
入深山住蘭若   입심산주란야
岑崟幽邃長松下   잠음유수장송하

깨달음   얻고 보니   생사가   없는 것을,
좋다고   웃지 말고   싫다고   울지마세.
깊은 산   토굴에서   고요히   수행하니,
높은 산   깊은 골과   소나무   벗을 삼네.

　마침내 스스로 견성오도(見性悟道)하고 보니, 본래 평등하며
일체에 차별이 없어서 생사까지도 없음을 확실히 보았는데, 이
제 무슨 뜬구름 같은 세간의 명예나 시비 등에 말려들어 울고
웃고 하겠는가.

　이제부터 참으로 번뇌 망상을 떠난 참된 선을[眞禪] 행하게 되
었으니, 깊은 산 고요한 곳에서 자연을 벗 삼아 유유자적하리
라. 이것은 자성(自性)에 본래 생사가 없는 진리를 깨달아 얻은
뒤의 영가 스님 자신의 경지를 밝힌 대목이다.

란야(蘭若) 범어 Araṇya의 음역. 멀리 떨어진 곳이란 뜻. 곧 수행하기에 적합한 한적한 작은 암자. 정사(精舍)라고도 함.

잠음(岑崟) 잠(岑)은 산이 작으면서 높은 모양. 음(崟)은 높고도 험준한 모양.

유수(幽邃) 유(幽), 수(邃) 모두 깊고 그윽하다[深遠]는 뜻.

  '본래 나고 죽음이 없음을 바로 깨닫고 보니[頓悟了無生]' 하는 것은 중생들의 현상세계에서는 나고 죽는 일이 되풀이 되고 있으며 그것을 믿고 못 믿고 등 갖가지 잠꼬대를 하고 있다. 그러나 세상의 실상을 바로 깨닫는다면, 나도 또 내가 의지해 사는 이 세계도 모두가 임시로 존재하는 것이어서 참으로 무상한 것이므로 따라서 본래로 다 공한 것임을 확실하게 깨달아 알게 되는 것이다.
  '나라는 것이 본디 없으니, 또 사라질 것도 없는 것이다. 모양 있는 것으로 이루어진 현상세계에 서서 자기 자신을 본다면 부모의 인연으로 어머니 태에서 나와서 잠시 살다가 죽어간다'는 것을 틀림없는 사실로 보겠지만, 실상인 본분세계에는 생겨나고 죽어가는 것이 전혀 없는 것이기 때문이다.
  그러나 그것을 듣고서 머리로 관념적으로 이해하더라도 그것만으로는 진실한 실상의 세계는 절대로 알 수가 없는 것이니, 어디까지나 체험을 통하여 진실한 자기 자신의 본래면목을 확실하게 보는 경험을 겪지 않고서는 절대로 움직임 없는 확신을 얻을 수가 없는 것이다.

이렇게 본래 생멸이 없는 본분세계를 확실하게 깨달아 안다면[頓悟無生法忍] 허상으로 이루어져 있는 세속적 세계에서 설사 일시적으로 부귀영화를 얻거나, 또 도탄의 고생을 하는 밑바탕 세상을 헤매거나 하는 어떤 경우에 있게 되더라도 그에 따라서 환희할 것도 지나치게 비탄할 것도 없게 될 것이다.

그러저러 한 것이 도무지 다 한바탕 꿈에 지나지 않음을 아는 까닭이다. 범부 중생의 세계에 처해 있어서는 그렇게 될 수가 없는 것이지만 확실하게 자기의 실체를 알고 볼 때에 그러한 데에 울고 웃는 일이 없는 경지가 되었음을 영가 스님은 당당하게 토로하고 있는 것이다.

그러니 이제 진정한 좌선정진에 들어서서 이 이상 그 무엇을 더 구할 것 아무것도 없고 생사에서 초월하여 세속의 소용돌이에서 벗어나 그 어떤 것에도 흔들림이 없게 된 본분의 세계에 안주하고 있는 모습을 깊은 산 토굴에서 고요히 수행하니 높은 산 깊은 골과 소나무를 벗을 삼는다고 표현한 것이다.

優遊靜坐野僧家	우유정좌야승가
閴寂安居實蕭灑	격적안거실소쇄
覺卽了不施功	각즉료불시공
一切有爲法不同	일체유위법부동

산승이	암자에서	유유히	좌선하니,
한적한	살림살이	참으로	깨끗하다.
깨치면	그만이요	더 다른	공부 없고,
허망한	유위법의	차별과	같지 않네.

깨달음을 얻어 인생의 일대사 인연을 해결해 마친 도인이 고요히 앉아 정진하는 곳은 어디라도 언제나 한적하게 안거하는 곳이 되니, 참으로 깨끗하며 자유롭고 활달하여 자유자재의 경계이다.

본래로 성불인 자기의 본면목[本來成佛 自己面目]을 스스로 바로 깨치면 그것으로 그만이지 다시 또 무슨 수행의 공덕과 과보를 구할 것인가. '배움이 끊어진 한가한 도인'에게는 모든 단계적인 공리적인 것이 필요 없으며 무위법도 취함이 없거니, 하물며 유위법을 구할 것인가.

우유(優遊) 망상을 제하지도 않고 진실을 따로 구하지도 않고 마음속에 아무런 걸림도 없이 아주 넉넉하고 편안한 경지를 표현.

격적(闃寂) 아주 한가하고 고요한 상태를 표현.

안거(安居) 범어 Varṣa 혹은 Varsika, 빨리어 Vassa를 한문으로 번역[意譯]한 것. 수행자들이 음력 4월 15일부터 7월 15일까지 한 수행처에 모여서 여행을 금하고 오직 수행정진에만 전념하는 수행기간으로, 여름 90일 기간을 여름안거[夏安居], 북방에서 겨울 90일 기간을 겨울안거[冬安居, 음 10월 15일부터 다음 정월 15일까지]라고 하며, 이때는 모든 세간 인연과 세속 잡사를 놓아버리고[放下世緣] 여행을 금하며[禁足] 오직 좌선정진에만 힘쓴다.

각즉요일체(覺卽了一切) 모든 교법이나 수행법은 요컨대 무명을 깨뜨려서 본래의 자기면목을 자각하기 위한 방편이므로 돈오하여 철저한 자각을 얻으면 그것으로써 일체가 완료된 것이니, 다시 더 닦고 구하고 얻을 것이 없는 것이다.

유위법(有爲法) 여러 가지 인연이 화합하여 생겨난 일시적인 모든 모양으로 이루어지는 현상을 말하는 것. 인연이 모여 생겨서는 시시각각으로 변하다가 마침내 인연이 흩어지면 없어지는 것이기에, 이 세상의 모든 모양 있는 것은 임시 있는 것이요, 가짜요, 진실 되지 못한 것이다. 그러한 세간 현상세계의 여러 가지 모습을 참으로 바로 알게 된다면 그 어떤 것에 대해서도 일체 착각하거나 그래서 집착할 것이 없게 된다.

[해 제]

영가 스님은 '산승이 조용한 암자에서 유유자적하게 좌선하니, 한적한 살림살이 참으로 깨끗하다'라고 깨달은 뒤의 자신이 본분에 안주하여 지내는 마음의 경지와 생활상이 마치 깨끗하게 맑은 물로 씻어낸 것과 같이 한 점의 티끌이나 때 묻음도 없음을 담담하게 그려내고 있다.

그런데 여기서 우리들이 그냥 지나쳐버리지 않고 꼭 짚고 넘어가야 할 대목이 있다. 그것은 영가 스님이 자신의 산중에 안거한 맑고 깨끗한 심경과 조용하게 홀로 있는 환경[山堂靜夜坐無言, 寂寂寥寥無一事]을 담담하게 말하고 있으나, 그러하게 된 지 나온 배후에는 그때까지의 겪어 온 가장 가혹한 단련과 철저한 수행정진이 있어 비로소 깊고 넓은 불도를 깨달아 알게 된 체험의 뒷받침 속에서 나온 것임은 눈여겨 알아야만 한다는 점이다.

왜냐하면 그런 것을 짐작도 못하면서 지금의 이 글만을 읽는다면 그야말로 『증도가』에서의 영가 스님의 참 뜻을 놓쳐버리게 된 것이기 때문이다. 그러한 영가 스님의 참 뜻을 우리는 그의 또 하나의 저서인 유명한 『선종영가집(禪宗永嘉集)』에서 그 실마리를 잡을 수 있다고 하겠다.

즉, "먼저 반드시 도를 바로 알고 난 뒤에 산속 조용한 곳에 있도록 하여야 할 것이다. 만약 아직 도를 제대로 모르고서 먼저 산중 고요한 데에 있게 된다면, 오직 그 산의 좋은 것만을 보게 되어 반드시 그 도를 잊게 될 것이나, 만일 산에 있기 전에 먼저 도를 바로 알게 된다면, 오직 그 도만을 보게 됨으로써 반드시 그 산은 잊게 될 것이다. 산을 잊게 된다면 그것은 곧 도의 본성을 보아 거기에 안주하게 될 것이나, 도를 잊고 산만을 보게 될 때에는 그 산의 모양이 마음의 눈을 어지럽게 할 것이기 때문이다. 그러므로 도를 보고 산을 잊는 자는 '인간 속에 있다 하더라도 또한 언제나 그 마음이 한적하나 산을 보고 도를 잊는 자는 산중에 있다 하더라도 그 모든 것이 시끄러울 것이다'라고 밝히고 있다.

그 뜻은 요컨대 도를 먼저 보아 아는 것이 가장 중요한 일이니, 만약 도를 바로 보는 마음의 안목이 열리지도 않은 분상에서 마치 도인으로 행세하며 산중에 홀로 있어 도를 닦는 체 한다면 그야말로 마치 호랑이 위세를 입고 행세하는 여우 짓과 다름없으니 그야말로 언어도단의 행위인 셈이다. 그런 무리들에게 있어서는 아무리 산중의 조용한데 있다 하더라도 오히려 시끄러운 장터 한 복판에 있어 마음 끌려 안심을 얻지 못하는 것과 조금도 다름이 없는 것이다.

'깨치면 그만이요 더 다른 공부 없다'는 것은 선에서 깨친다

는 것은 곧 진정한 자기 자신을 확실하게 파악했다는 것이니, 바로 '나란 무엇인가' 하는 것을 바로 보는 안목이 열었다는 것이다. 즉, 지금 이대로 부처요 살고 있는 세계가 그대로 불국정토요 보고 듣고 느끼고 생각하고 아는 것이 바로 반야의 지혜요 그대로 불성의 작용 그것임을 확실히 체험으로써 자기의 진실을 명확하게 철저히 깨달아 알아서 조그만큼도 더 의심할 여지가 없어진 그 자리를 말하는 것이다.

이러한 참나를 심리학이라느니 철학이라느니 하는 학문적인 방법으로, 혹은 지식적 관념적으로 파악하려 해서는 백천만겁을 지내도 알 수 없고 잡을 수 없으니 마치 자신의 눈으로 자신의 눈을 보려는 것과 같다. 또한 생각하는 것에서도 만약 그런 식으로 생각을 하고 있다면 가령 이론으로 관념으로 이해가 된 것처럼 느껴진다 하더라도 이런 경계로서는 진정한 큰 안심입명(安心立命)을 얻을 수는 없는 것이다.

그렇다면 자기 자신을 구할 수 없음은 말할 것도 없고 중생제도란 가망 없는 일이 되고 말 것이다. 그러나 진실하고 철저하게 수행정진하여 본래면목을 확철대오한다면 일체가 바로 해결되어 그 이상 더 구할 것이 없으니[不施功], 그때부터는 오직 중생을 위하여 세상을 위하여 나를 남김없이 쓸 것이니, 이러한 것들이 본래로 그대로가 다 갖추어가지고 있음을 자각하는 것이 근본이다.

13

住相布施生天福   주상보시생천복
猶如仰箭射虛空   유여앙전사허공
勢力盡箭還墜   세력진전환추
招得來生不如意   초득내생불여의

아상에   집착하면   베풀어   천상가도,
오히려   하늘에다   화살을   쏨과 같다.
그 힘이   다할 때에   되돌아   떨어지니,
업대로   받는 것은   뜻대로   할 수 없네.

　무엇이라도 구하는 마음으로 보시하면 비록 천상세계에 나는 복을 얻게 되더라도 그 복은 한정된 것이기에 그 복력이 다하면 제자리로 돌아가게 되는 것은 마치 하늘에다 쏜 화살이 그 힘이 다하면 다시 떨어지는 것과 같아서 금생에서는 모양에 머무는 [住相] 복을 닦느라 집착함이 없는[無住相] 마음을 닦는 바른 공부하지 못하고, 그 다음 생에는 금생에 지은 복 받느라 공부 못하고 그 다음 생에는 복이 다하여 타락해서 박복한 과보 받느라 공부하지 못하게 되니 결국 모양에 집착하여 아상(我相)을 여의

지 못하고 하는 일들은 오히려 바람직하지 않는 과보를 부르게
된다.

주상(住相) 물질로 이루어진 물건의 모양에 집착하는 것. 즉 명
예나 이익 등 무엇인가 얻어질 것을 기대하여 남에게 보시(布
施)하는 것이니,『금강경』에서 "아상 등 4상을 버리고 무주상으
로 보시하면 그 복덕은 가히 사량(思量)할 수조차 없다"고 하였
다.

보시(布施) 범어 Dāna의 번역. 보(布)는 널리 펴는 것. 시(施)는
남에게 아낌없이 베풀어 주는 것. 이 보시는 보살도(菩薩道)를
닦는 6도(六度) 즉, 6바라밀의 하나이니, 이것을 크게 세 가지
종류로 나누게 된다.

① **재보시(財布施)** : 물질적인 것. 즉, 재물 등을 베풀어 주는 것.
② **법보시(法布施)** : 부처님 가르침. 즉, 교법을 널리 많은 사람
   들에게 일러주어 알게 하는 것.
③ **무외시(無畏施)** : 남에게 두려워하는 생각을 없게 하여 안심
   을 주는 것.

석가모니 부처님께서 출가한 뒤 6년 동안 가장 혹독한 단련과 철저한 수행 끝에 마가타국 가야 땅 보리수나무 밑에서 위없는 바른 깨달음을 얻어 성불하였을 때, 깨달음을 얻은 뒤의 첫마디를, 우리가 알기 쉽게 옮기자면 다음과 같다고 하겠다.

"야 참으로 희한하구나. 이렇게 수행하여 위없는 바른 깨달음을 얻어 부처가 되는 것은 나 하나만이 아닌 것이로구나. 이 세상의 그 누구나 다 부처가 될 수 있는 것이며, 모두 다 부처가 되어야 한다. 그런데 다만 모두가 그런 것을 모르고 있을 뿐이로구나."(『화엄경』제1권)

그래서 『화엄경』에서는 중생에게 부처님과 같이 되는 데는 52위의 단계 즉, 10신위(十信位)·10주위(十住位)·10행위(十行位)·10회향위(十回向位)·10지위(十地位)·등각위(等覺位)를 차례로 거쳐서 묘각위(妙覺位)에 이르러서는 부처님과 같은 지위에 이르게 되는 것이며, 이러한 단계에서 일관되게 닦아야 하는 수행이 바로 육바라밀임을 아낌없이 상세하게 보여준다.

바라밀은 범어의 Pāramitā의 한자 음역이며, 뜻은 '저 언덕으로 이른다[到彼岸]'고 번역한다.

중생이 비롯함이 없는 옛부터 항상 중생세계인 육도윤회에서 맴돌고 있으니, 육도윤회에서 벗어나야 미망의 이 중생세계 즉, '이 언덕'에서 깨달음의 부처님 세계 즉, '저 언덕'에 이르러 갈 수가 있기 때문에 이것을 육도(六度)라고 한다. 중생을 깨달음의 저 언덕으로 실어다 주는 훌륭한 배가 바로 육바라밀이라는 것이다.

비유하자면 우리가 살아가는데 있어 가장 중요한 역할을 하는 손의 다섯 손가락은 보시(布施)·지계(持戒)·인욕(忍辱)·정진(精進)·선정(禪定) 등 5바라밀과 같다고 하면, 제6의 지혜바라밀(智慧波羅密)은 다섯 손가락을 근본적으로 받쳐주면서 그 다섯 손가락이 유기적으로 자유자재로 역할을 하게 하는 손바닥과 같은 존재이니 지혜바라밀은 5바라밀에 동일하게 역할을 하는 존재라 하겠다.

각각의 역할을 다하고 있는 다섯 손가락 가운데서도 엄지손가락이 첫째로 꼽히듯이 육바라밀 가운데 대표적으로 첫째에 언급되는 것이 보시바라밀이다. 『증도가』에서도 육바라밀의 첫 번째로 보시를 언급하고 있는 것 같다.

영가 스님은 여기서 보시를 남에게 베풀어 나누어 줌으로써 보시공덕을 짓는다고 하는 일반적인 관념에서 벗어나 한발 더 나아가 근본적인 관점에서 보시를 말하고 있다. 즉, 중생이 사는 미망(迷妄)의 세계에서는 모든 것이 나와 남을 대립시키는 잘못된 관념 위에 세워지니, 그러한 상대적인 세계에 서서 나와 남을 구별하여 집착하는 관념이 강한 사람은 보시를 행하기 어려운 것이다.

그런데 근본적인 진정한 세계는 나와 남이 둘이 아니며[自他

不二] 그러한 것이 아주 다 없어진 오직 하나의 세계이므로 나와 남이라는 대립관념이란 것이 아예 없는 세계인데 그런 본래부터 차별 없는 참으로 평등한 세계인데도 불구하고 공연히 나를 잘못 알고 남을 잘못 알고는 나와 남의 상대적 대립을 세워서 거기에 집착하니 이것이 바로 미혹한 중생세계의 근본인 것이다.

따라서 중생이 미망의 꿈을 깨고 진정한 안심입명(安心立命)의 경지에 이르기 위해서는 남에게 보시하는 것을 통해서 미혹의 근본인 나와 남을 대립시키는 관념을 차츰 없애가는 일이 참으로 중요한 길인 것이다. 그러므로 보시하는 행을 통하여 나와 남을 구별해서 거기에 집착하는 마음을 돌리고 또 돌려서 자타가 평등한 경지로 이르러가는 여섯 가지 바라밀을 실천하는데 가장 기본적이며 아주 소중한 행이 바로 보시행이기 때문이다.

그러한 보시를 행함에 있어서 만약 그 보시를 통해서 어떠한 보답을 기대하거나 이해득실을 따지거나 무엇인가를 바라면서 하는 마음이 조금이라도 개입된다면 그것을 '유주상의 보시[有住相無施]'라 하며, 거기에 보시공덕이 있다 하더라도 어디까지나 상대적인 공덕에 지나지 않으며, 바라밀을 이루는 절대적인 공덕이 될 수가 없으므로 그것을 '하늘에 나는 복[生天福]'이라고 표현하고 있다.

그것은 어디까지나 아직도 자타를 대립시키는 관념이 바탕이

되어서 겉모양에 집착함을 벗어나지 못한 보시행으로는 기껏해야 하늘에 나는 공덕을 얻는 데서 지나지 않으니, 하늘 세계는 중생이 윤회하는 여섯 갈래[六度輪廻]의 하나이며, 여전히 미혹한 세계에서 벗어나지 못하는 것이다.

그러므로 그러한 보시는 마치 하늘을 향해서 화살을 쏘아 올리는 것과 같아서 그 힘이 있는 동안에는 위로 올라가지만 그 힘이 다하면 다시 지상으로 떨어지듯이 한정된 공덕으로 하늘 세계에 나더라도 그 복덕이 다할 때는 다시 윤회에서 바퀴 돌듯함을 면치 못한다는 것이다. 참으로 바라밀을 이루는 보시공덕은 마음에서 울어나는 보리심의 발로에 의해서 행해지는 겉모양에 매이지 않는 보시[無住相布施]이어야 하는 것이다.

爭似無爲實相門	쟁사무위실상문
一超直入如來地	일초직입여래지
但得本莫愁末	단득본막수말
如淨瑠璃含寶月	여정유리함보월

무위법	실상문을	닦으며	나아감이,
한 번에	여래경지	뛰어서	들어가리.
근본을	얻고 나면	지말은	걱정 없어,
유리에	스며있는	달빛과	다름없네.

모양 있는 것이 생멸하고 변화하는 현상세계를 벗어난 상주불변(常住不變)하는 진리의 세계를 향해서 수행 정진하여 한번 깨침에 단숨에 여래의 경지로 뛰어들어야 하나니, 이렇게 근본을 바로 얻으면 그것으로 그만이요. 그 밖에 공연히 잎만 뜯거나 가지만 찾는 따위의 헛수고를 하지 말며, 그런 것 얻지 못함을 근심하지 말지니. 깨끗한 유리 거울에는 밝은 달이 절로 비취듯이 사람마다 누구나 본래 갖추어 가지고 있는 불성을 깨달으면 육도만행(六度萬行)이 저절로 그 속에 다 구족하게 된다.

무위실상문(無爲實相門) 유위법(有爲法)의 상대 즉, 어떠한 작위(作爲)이거나 조작(造作)이거나, 인위적(人爲的)이거나 하는 데에 관계없이 모양으로 이루어진 현상세계(現象世界)를 떠난 상주불변의 진리의 세계를 말함.

일초직입(一超直入) 단계적으로 점점 닦아가는[漸修] 수행 원리나 혹은 어떤 방법을 의지하지 않고 모든 단계를 한꺼번에 뛰어넘어서 본래 구족하고 있는 자성[本具自性]을 깨달아서 여래와 동일한 경지에 이르는 것.

정유리(淨瑠璃) 범어 Vaiḍūrya를 번역한 것. 청색보(靑色寶)라고 한다. 사람마다 본래 구족하고 있는 불성(佛性)을 깨달으면 그 속에 만행(萬行)이 남김없이 갖추어져 있음을 비유한 것.

[해 제]

상대적이며 시시각각으로 변화 변천하는 유위의 주상공덕[有爲住相功德]으로 어떻게 절대적인 진리의 무위실상(無爲實相)의 수행문에다 비교할 수 있을 것인가. 실상은 생·주·이·멸(生住異滅)의 변화가 없는 것이니, 적멸(寂滅)·열반(涅槃)·법성(法性)·자성(自性)·본성(本性)·법계(法界)·진리(眞理)라 표현되는 것이 다 무위(無爲)를 나타내는 다른 말일 뿐이다.

요컨대 '무위법 실상문을 닦으며 나아감에 한 번에 여래 경지에 뛰어서 들어간다[爭似無爲實相門, 一超直入如來地]'는 것은 무위실상 즉, 본분의 경지를 확실하게 깨달아 얻었을 때 진정한 인간의 구원이 있는 것이다.

그러므로 참선정진을 통해서 나와 남이 그리고 의지하고 있는 세계가 본래 공하여 대립이 끊어진 자리임을 깨달아 알아 증명될 때에 바로 내가 이 세계가 그대로 불세계임을 명백하게 수용하게 되는 것이다. 그래서 깨달으면 주관 객관이 다 공하여 생사도 없음을 파악하게 될 때에 그 순간 비록 아비지옥의 죄업장도 소멸하여 자취도 없어지게 되는 것이다.

14

既能解此如意珠　　기능해차여의주
自利利他終不竭　　자리이타종불갈
江月照松風吹　　　강월조송풍취
永夜靑霄何所爲　　영야청소하소위

내 이제　　이와 같은　　여의주　　찾았으니,
자리와　　이타함이　　마침내　　끝없으리.
강물에　　달 비치고　　솔바람　　불어오니,
깊은 밤　　맑은 하늘　　무엇을　　더할 건가.

　내가 이제 이미 자성을 문득 깨달아서 본래 지닌 여의주의 보
배로움을 알아 얻었으니, 그것을 스스로 수용하여 다함이 없으
며, 남을 위해 아무리 베풀어도 모자람이 없어서 걸림 없고 자
재롭다. 모든 세상사 쉬어버리고 벗어나서 일없는 한가로운 도
인의 경지는 그대로 강물 위에 달 비치고 솔밭에 바람 부는 소
식이라 할 것이니 영원토록 자유롭고 걸림 없는 그런 자리이다.

기능해차여의주(旣能解此如意珠) 이 글귀는 『아금해차여의주(我

今解此如意珠)』로 나와 있는 책도 있다. 여기서는『경덕전등록 (景德傳燈錄)』에 '기능(既能)…'으로 나와 있는 것을 의지하였다.

여의주(如意珠) 범어 Maṇi를 번역하여 '여의보주'또는 줄여서 '여의주'라 하며 '마니주(摩尼珠)'라고 범어와 한어를 합쳐서 쓰기도 한다. 일반적으로 이 구슬은 용왕의 뇌 속에서 나온 것이라 하며 사람이 이 구슬을 얻어 가지면 어떤 독이라도 해칠 수 없고, 또한 불에 들어가도 타지 않는 공덕이 있다고 한다. 혹은 제석천왕이 가진 금강저가 아수라왕과 싸울 때 부서져서 인간이 사는 남섬부주에 떨어진 것이 변하여 이 구슬이 되었다고도 전하기도 한다. 또는 지나간 세상의 모든 부처님의 사리가 불법이 쇠멸할 때에 모두 변해서 이 구슬이 되어 중생을 이롭게 한다는 것이다. 그런데 여기서는 여의주를 우리들 누구나 본래 지니고 있는 진정한 '본마음(自性)'에 비유한 것이니, 이 자기의 마음을 깨달아 얻으면, 그 무궁무진한 작용은 자리에 있어서 수용함이 다함이 없으며, 이타에 있어서도 법보를 뜻대로 보시하여 모자람이 없어서, 그 수용이 무애하며, 자유 자재함에다 비유하고 있는 것이다.

강월조송풍취(江月照松風吹) 본래 지닌 여의주의 무궁무진하고 자유 자재로운 신묘한 작용을 깨달아 알아서 일을 마친 견성도인의 흔들림 없는 마음의 편안과 걸림 없는 마음의 자유로운 경지, 즉 자수용삼매(自受用三昧)의 경계를 깊은 밤 맑은 하늘의 풍경을 빌려서 표현하고 있다 하겠다.

[해 제]

뜻대로 모든 것이 이루어지는 구슬 즉 여의주는 우리 모두가 본래부터 갖추어 가지고 있으며 일상생활의 온갖 작용의 근원이 되고 있는 자기의 심성[自性]을 표현하는 것이니 말하자면 항상 언제 어디서나 무엇이든 일이 있으면 서서 그것을 하고 일이 끝나면 앉고 더우면 벗고 추우면 입고 배고프면 먹고 고단하면 잠자고 하는 것이 뜻대로 이루어지며 자유 자재하여 걸림 없음이 여의주의 작용 같다는 것이다. 미묘한 진리가 다 그 속에서 솟아나는 그 본마음을 확실하게 깨달아 알고 막힘없이 쓰게 되었다고 영가 스님은 당당하게 소리 높이 노래 부르고 있는 것이다.

그래서 나는 이미 그러한 가장 보배로운 여의주와 같은 진정한 본마음을 바로 알아 얻어서 쓰게 되었으니, 이 '참나'를 세워서 세상의 모든 일을 행해 나갈 때 온갖 존재들을 다 이롭게 할 수가 있으니, 그야말로 나를 이롭게 하고 또 남을 이롭게 하는 자리이타의 행이 마침내 끝나는 일이 없을 것이다. 보배로운 구슬은 갈면 갈수록 얼마든지 더욱 그 아름다운 빛을 더하게 되듯이 이 마음은 한없이 안정되고 평온하여 더욱 더 미묘하게 작용되니 바로 스스로의 본래 구족하고 있는 만 가지 덕이 나타나는 것이라 하겠다.

'강물에 달 비치고 솔바람 불어온다[江月照松風吹]'는 것은 다만 주변의 경관을 말하는 것만이 아니라 자기 자신의 내면의 경지 즉 정신세계를 자각한 비길 데 없는 진정한 환희심을 이렇게 표현하고 있는 것이다.

佛性戒珠心地印	불성계주심지인
霧露雲霞體上衣	무로운하체상의
降龍鉢解虎錫	항룡발해호석
兩鈷金環鳴歷歷	양고금환명역력

불성의	깨끗함이	마음의	바탕이요,
안개와	이슬구름	몸 덮은	옷이로다.
독룡을	항복받고	호랑이	싸움 풀되,
발우에	주워 담고	육환장	울리도다.

불성이라고 하는 계율의 바탕이 되는 보배 구슬은 이미 나의 마음 가운데 확실하게 자리하였고, 몸 밖의 안개나 이슬이나 구

름이나 노을 등 즉 자연의 현상은 모두 다 내 몸 위에 입혀지는
옷 그것이다.

옛적 부처님은 사납게 불을 뿜으며 대드는 독룡을 발우 속에
가두어 항복받았고 또 옛 어느 스님은 사납게 싸우는 두 마리
호랑이를 육환장을 써서 싸움을 말렸다고 하니 석장 위 양쪽에
달려 있는 여섯 개 고리는 지금도 언제라도 역력하게 분명히 울
리곤 한다.

그런데 이 석장은 수행자가 공연히 모양새를 꾸미느라 지니
는 것이 아니라 부처님이나 조사 스님들의 자취를 따라서 실천
하는데 깊은 뜻이 있는 것이다.

불성계주(佛性戒珠) 범어 śīla를 계(戒)라고 번역. 계는 생활 가
운데 악한 일을 멀리하고 선한 일을 힘써 행하는 것이니, 계에
는 계행을 잘 지키는 것을 위주로 하는 사상계(事相戒)가 있고,
또한 사람마다 본래 구족하고 있는 불성을 계체(戒體)로 삼는
심지계(心地戒)가 있으니, 심지계에서는 본래부터 만법이 평등
하여 차별이 없는 마음자리를 지니고 있으면서도 조금이라도
나와 너를[自他] 가리거나 주관과 객관을[能所] 나누어서 분별망
상을 일으키기만 하여도 계를 범하는 것이 된다.

그러므로 그러한 불성이 곧 계요, 계가 불성인 것을 깨달아 알
았음을 심지인(心地印)이라 하였으며, 그러한 청정하고 원명한

물들지 않는 심성을 계주(戒珠)라 표현하였다.『범망경』하권에서 심지계를 밝히기를 "금강보계(金剛寶戒)는 이것이 일체 부처님의 본원(本源)이며 일체 보살의 근원이며 불성의 종자이다. … 일체의 의식, 정식 등 마음있는 것은 다 불성계 가운데 들어있다"고 하였다.

무로운하체상의(霧露雲霞體上衣) 일반적으로 안개, 이슬, 구름, 노을 등은 햇빛을 가리우는 것으로 본다. 따라서 견성하여 불성의 계주가 밝게 드러나기 전에는 번뇌 망상은 계주의 빛을 가리는 안개나 구름 같은 것일 수가 있으나, 일단 만법이 일여평등(一如平等)하며, 자타가 동체(同體)인 도리를 깨달아 계주의 빛이 드러난 경지에서는 안개, 구름 등의 자연현상까지도 곧 바로 그대로 심지계에 입혀지는 법의 옷이며 계주를 장엄하여 불사를 지어나가는 장식이 된다는 것이다. 견성한 사람의 견지가 이러하므로 중국 송나라 사람으로 후세에 당송팔대가의 하나로 꼽힌 소동파가 견성 뒤의 그의 시에서 "시내에 흐르는 물소리 부처님의 광장설법이며, 산천경관이 어찌 부처님 청정법신이 아니리요"라고 한 것도 역시 이러한 소식이라 하겠다.

항룡발(降龍鉢) 석가세존의 옛 일에서 나온 말이다. 부처님께서 성도하여 교화를 시작하신 초기에 그 당시 삼가섭(三迦葉)이라는 이름의 우루빌라가섭, 나데가섭, 가야가섭의 삼형제 수행자가 있어서 그들은 불을 섬기는 종교 신앙[事火外道]을 하며 각각 제자들을 거느리고 강가[恒河]의 강변에 있으면서 불을 숭배하는 종교 의식을 거행하면서 살고 있었다.

어느 날 부처님이 그 곳을 찾아가 하룻밤 쉬어가기를 청하였다. 그들은 불을 뿜는 독룡이 있는 석굴에 부처님을 머물게 하였다. 한 밤중에 좌선하고 있는 부처님을 향하여 독룡이 맹렬한 화염을 내뿜으면서 해치려고 하였으나, 부처님은 자비심을 일으켜서 삼매의 불[三昧火]을 나투시니 독룡이 이 불을 피하려고 당황하다가 보니 부처님의 발우 속이 넓고 깨끗하므로 그만 그 발우 속에 몸을 던지고 말았다. 이것을 본 가섭의 삼형제와 그들이 거느린 제자들이 모두 부처님에게 귀의하여 불제자가 되었다는 옛 일을 말한다.

이러한 옛 일은 중국에서도 전해지고 있으니, 『육조단경』에서도 "육조 스님이 거처하시는 보림사의 깊은 연못에 사는 용에게 설법하고 용을 발우로 건져서 제도하였다"고 하는 예가 있다.

해호석(解虎錫) 중국 제나라 때 승조 스님이 회주 왕옥산(懷州王屋山)에 계시면서 선정을 수행하고 있으려니 근처에서 호랑이 두 마리가 으르렁거리며 사납게 싸우고 있는 것을 듣고는 혼자 석장(錫杖)을 짚고 다가가서 석장을 흔들어 소리내며 두 마리 사이에 짚고 섰더니 싸우던 호랑이가 싸움을 멈추고 각기 헤어져 갔다고 하는 옛 일이다.

양고금환(兩鈷金環) 석장을 육환장이라고도 한다. 석장은 키보다 조금 높은 지팡이 위 끝에 금속의 탑파형으로 된 장식을 끼우고 거기에 둥글고 큰 금속고리를 달되, 육바라밀을 상징하여 고리 여섯 개를 세 개씩 양쪽에 나누어 달기도 하고, 또는 십이 인연을 상징하여 고리 열 두 개를 나누어 달기도 한다. 그리고 가운데 탑파형은 중생을 교화하는 화용(化用)을 나타내는 주지삼보(住持三寶)를 상징하는 것이며, 양고(兩鈷)는 고리가 양쪽에 나누어지는 것은 진리와 세속 즉 진속이제(眞俗二諦)의 법을 상징하는 것이라 한다.

15

不是標形虛事持	불시표형허사지
如來寶杖親蹤跡	여래보장친종적
不求眞不斷妄	불구진부단망
了知二法空無相	요지이법공무상

모양을	내기위해	짚는 건	공연한 일,
여래의	거룩한 법	따르기	위함 일세.
진리도	원치 않고	망상도	끊지 않아,
두 법이	모두 함께	공함을	깨쳤도다.

　석장(錫杖 또는 六環杖)은 그것이 모양을 갖추기 위함이거나 상징적인 뜻만이 아니라 그 속에 불타의 정신이 바로 숨겨져 있는 것이기에, 그 근본정신을 올바르게 파악하여 보여주신 자취를 따라 실천하는 데 진정한 뜻이 있다.

　이 석장을 여섯 고리 달린 지팡이라고도 하는 것은 이 석장 위의 장식에 둥근 두 가지가 있는 것은 진실과 허망을 표현하는 것인데, 이것은 형상세계의 생멸하는 허망한 모양있는 세계를 떠난 진리의 실상이 따로 있는 것이 아니기에 불법이나 세간법이 둘이 아니다. 따라서 진실과 망상이 둘이 아니며[眞妄不二], 실상은 무상[實相卽無相]임을 알게 하고자 하는 것이다.

그러므로 모양이 없는 무상(無相)인 까닭에 공도 없고 또한 불공도 없으니, 그래서 진과 망이 둘이 아니며, 실상은 무상이요, 진공에 묘유[眞空妙有]함이 바로 진리의 바른 모습이요, 여래의 진실한 경지인 것이다.

이렇게 될 때에 이 세상의 모든 것을 그대로 바로 보게 되며, 조금도 걸리는 바 없이 크게 자유자재를 얻어서 우주법계와 통하며 유에도 무에도 상통하게 되는 것이다.

불시표형허사지(不是標形虛事持) 수행하는 비구승들이 유행(遊行)할 때에 석장을 짚는 것은 인가가 있는 곳에서는 탁발하려고 집 문앞에 섰을 때 수행승이 왔음을 석장을 흔들어 소리내어 집안 사람에게 알리고 또 산림 속에서는 소리내어 짚어서 짐승들이 피하게 하기 위함이니, 이것은 부처님이 정하시고 실행하신 것이므로 영가 스님이나 후세의 수행자들도 수행자가 행각할 때에 항상 지니는 물건으로써 이것은 다만 형식적으로 짚는 것이 아니라 부처님이나 조사 스님들의 자취를 그대로 실천하는 데에 다함이 없는 수용의 묘미가 있다고 보는 것이며 따라서 영가 스님도 육조 스님을 찾아 뵙고 문답을 할 때에 석장을 짚고 가서 육조 스님을 우요삼잡(右繞三匝)하고 석장을 흔들어 세우고 서서 무상법문에 응답하여 인가를 받았던 것이다.

공무상(空無相) 모든 현상이 무상하나[諸行無常] 그렇다고 허무하여 단멸인 것[虛無斷滅] 아니며, 진리가 변함 없으나[眞理不變] 현실의 무상한 현상계의 모든 것을 떠나서 따로 존재해 있는 것이 아님을 표현하여 '공무상'이라 표현한다.

요지이법(了知二法) '이법'이라는 것은 진실과 허망[眞妄], 범부와 성인[凡聖], 옳고 그름[是非], 선과 악[善惡] 등을 상대적으로 대립시켜서 보는 가치관을 말하는 것이니, 이러한 상대적인 법은 구경에 공한 것이며, 진정한 사실은 그러한 대립은 전혀 없는 것이며, 상대적 가치를 초월한 것이 무상(無相)인 것이니, 이제 그런 사실을 확실하게 달관하였다고 영가 스님은 자신 있게 말하고 있는 것이다. 그런데 공이라 무상이라 하는 것도 아직 관념의 찌꺼기 남아 있다고 할 것이니, 그 진정한 내용은 물을 마심에 그 차고 더운 것을 스스로 알 수밖에 없듯이 부처님께서 깨달으신 진실상이 이것이며, 영가 스님이 『증도가』의 첫머리에서 "그대는 이 도리를 아는가/모든 일 끝마치고 한가한 도인 경계/망상도 멀리 않고 진리도 구하지 않네/무명이 그대로가 여여한 불성이고/허망한 사대색신 그대로 법신일세" 한 것이 바로 이러한 진실세계요 여래의 대원각[如來大圓覺]의 경지인 것이다.

[해 제]

이 세상의 모든 것은 인연이 모여서 생겼고, 인연이 흩어지면 없어지는 것[因緣所生法]이며, 임시 있는 동안에도 시시각각으로 변하여 고정된 것이 없는 무상한 것이 현상세계이며 이것이 현실의 세계이다. 불교는 이 현실세계에 있으면서 그 현실을 어떻게 진실하게 사는가[眞實化], 그래서 인격을 향상시켜 구경에 자각각타(自覺覺他)를 이룬 부처님과 같이 인격을 완성할 수 있을 것인가. 그러므로 현실세계의 이 환경을 어떻게 불국정토화(佛國淨土化)할 것인가 하는 데에 진정한 불도의 수행정진하는 의의(意義)가 있는 것이다.

이 같은 불도의 수행을 실천함으로써 반야지혜를 실현하게 되는 것이다. 반야가 개인에게서 이루어질 때[般若顯現] 부처님이며, 현실세계에 실현될 때[實相般若] 불국정토가 된다. 그러므로 현실세계의 이 언덕에서 진실세계의 저 언덕에 이르러 가려는 것이 '마하반야바라밀다(摩訶般若波羅蜜多)'이며 이 같은 두 세계, 즉 진제(眞諦)와 속제(俗諦)를 상징하는 것이 석장의 머리에 있는 '양고금환(兩鈷金環)'이며, 그 길인 육바라밀의 실천을 상징하는 것이 거기에 걸려 있는 여섯 고리인 것이다.

그러나 구경에는 현실세계 밖에 따로 진실세계가 있지 아니

함을 깨달을 때 따로 진실을 구할 것 없으니, 다시 더 구할 부처
도 없고 따로 구할 정토도 없게 된다. 그 자리에는 나라고 할 것
없고 의지할 바 세계도 환경도 없다. 거기에는 고정적인 어떠한
모양이 따로 없는 동시에 또 그 어떤 온갖 것이 다 되어질 수 있
으며, 무궁무진한 작용이 활발하게 이루어져서 무한한 내용을
다 포용할 수가 있게 되는 것이다.

無相無空無不空	무상무공무불공
卽是如來眞實相	즉시여래진실상
心鏡明鑑無碍	심경명감무애
廓然瑩徹周沙界	확연형철주사계

모양도	본래 없고	공함도	또한 없어
이것이	곧 여래의	진실한	모양이라.
그 마음	거울같이	밝아서	걸림 없어
훤칠한	마음 광명	우주에	두루하네.

무상인 까닭에 공도 없고 또한 불공도 없으니 그래서 진실과
허망이 둘이 아니며[眞妄不二], 실상은 무상이요 진공에 묘유함
이 바로 진리의 바른 모습이며 여래의 진실한 경지인 것이다.
이렇게 될 때에 세상의 모든 것을 그대로 속음없이 바로 보게
되며, 조금도 걸리는 바 없이 대 자유자재를 얻어서 우주법계에

통하며 유에도 무에도 상통하게 된다.

심경명(心鏡明) '심경'의 자체가 본래부터 원명(圓明)하다는 것은 거울의 체(體)를 가리키는 것.

감무애(鑑無碍) 다른 것을 뚜렷이 비치되[照鑑] 막힘이 없다는 것은 거울의 용(用)을 가리키는 것.

확연(廓然) 보석이나 주옥이 맑고 깨끗하여 티없이 투명한 모양.

사계(沙界) 항하사세계(恒河沙世界) 또는 항사법계(恒沙法界)라고도 함. 인도의 가장 큰 강인 항하의 강변에 있는 무수한 모래의 수만큼이나 많은 수의 세계를 말한다.

여기서 확연은 거울의 체[鏡體], 형철은 거울의 용[鏡用], 주사계(周沙界)는 체와 용의 무한한 공능(功能)을 밝히는 것.

[해 제]

영가 스님은 모양이 본래 없으니, 거기에는 당연히 공이랄 것도 없으나, 그렇다고 단순하게 공한 것이 아니고, 거기에는 온갖 창조적 무한한 가능성을 내포한 것이기에 공 아닌 것도 아니다. 그래서 진공묘유(眞空妙有)가 여래의 진실한 모습이라 한다.

그래서 진리를 구하지도 않지만, 또한 망상을 끊어 버릴려고
도 않으나 그것은 그 두 가지가 다 공한 것이며, 모양 없는 것임
을 깨달아 알았기 때문이다.

마음이라고 하는 거울은 아주 깨끗하고 맑아서 아무런 고정
된 모양이 없기에 따라서 얼마든지 무엇이든지 그대로 막힘없
이 차별없이 모든 것을 비춰준다. 내 모양이란 것이 없고, 대립
시켜 분별함이 없기 때문이다.

모든 것이 공하다고 허무에 떨어져서 인과의 도리를 무시하
는 것은 온갖 일에서 스스로 막중한 죄업을 쌓는 것이며, 현실
세계의 사물에 집착하여 눈먼 짓을 하는 것 역시 막대한 죄업을
짓는 것이 마찬가지다. 마치 물에 빠지기를 피해서 불에 뛰어드
는 것 같은 어리석음이다.

수행하되 망상을 끊고 진리를 구하려 하고 분별하여 취사선
택하려는 그 마음이 오히려 가짜 허깨비를 만들어내는 것인데,
수행자가 그것을 모르고 수행하고 있는 것은 그야말로 도둑을
내 아들인줄 착각하고 있다고 할 것이니, 본래 갖추어 가지고
있는 자성의 무량공덕을 모르고 헤매는 것은 오직 그러한 착각
으로 일으키는 잘못된 자기 판단에서 비롯되는 것이다.

"그 마음 거울같이 밝아서 걸림 없어, 훤칠한 마음 광명 우주
에 두루하다."에 관하여 영명연수 스님은 『종경록』에서 "마음

밖에 따로 부처가 없고, 온갖 것이 모두 법이다"하는 뜻을 주장하면서, "가령 범부라 하거나, 성인이라 하거나, 또는 같다거나 다르다고 말하더라도, 그것은 다 거울 가운데 영상(影像) 같은 것일 뿐이니, 오직 하나의 마음 거울[心鏡]이 시방세계를 비추어 내는 것이요, 그러므로 마음 거울 밖에 따로 모든 법이 없으며 자타가 다 끊어지는 것이다. 따라서 중생의 심성이 모든 부처님 심성과 같다고 하더라도 오히려 피차가 있는 것이므로, 그것은 별교(別敎)의 견해이나 심성은 바로 하나의 대적광(大寂光)이므로 거기에는 피차가 없으며 시방삼세의 모든 부처나 중생을 남김 없이 모두 모아 하나의 커다란 밝은 거울을 이룬다[成一大圓鏡]. 오직 이 한 거울 뿐이지 너와 나, 같고 다름이 있을 것이 없으니, 부처나 중생이나 다 한 거울 속의 영상일 뿐이니, 이것이 원교(圓敎)의 이치이다."라고 '응관법계성 일체유심조(應觀法界性 一切唯心造)'의 도리를 설파하고 있다.

16

萬象森羅影現中	만상삼라영현중
一顆圓明非內外	일과원명비내외
豁達空撥因果	활달공발인과
茫茫蕩蕩招殃禍	망망탕탕초앙화

광명 속	삼라만상	마음의	그림자며,
한 개의	둥근 광명	안팎이	본래 없네.
말로만	공하다고	인과를	부인하면,
바른 길	잃어버려	무간옥	자초하리.

삼라만상의 모양이 다 내 마음의 거울에 비치는 그림자이니 우주법계와 하나인 마음이라는 거울에는 비치는 거울과 비치어 지는 그림자의 둘이 따로 있는 것 아니다.

만약 바른 지견도 없이 말로만 호언장담하여 모든 것이 공하 니 인과까지도 공하여 조금도 걸릴 것이 없다고 인과의 엄연한 법칙을 무시하는 치우친 잘못된 견해를 절대로 가져서는 안 되 리라.

비내외(非內外) 우주 전체가 하나의 마음 거울이라 할 것이니, 마음 거울이 곧 만물이요 만상이다. 그러니 모든 것을 비춰주는 거울과 비춰지는 만 가지의 것, 이렇게 두 가지가 있는 것이 아니다. 그러므로 '심경 즉 만법이요 물아가 일여[心鏡卽萬物 物我一如]'이므로 안과 밖의 차별이 없다는 것이다.

활달공(豁達空) 허무단멸(虛無斷滅)의 소견을 뜻한다. 이런 소견에 사로잡히면 위로 부처도 없고 아래로 중생도 없다[撥無因果]하여, 인과의 도리를 믿지 아니하고, 모든 것이 공하여 없다는 데에 막혀있는 견해[斷見].

망망탕탕(茫茫蕩蕩) 망망은 풀이 너무나 크게 무성하여 저쪽 방향도 알 수 없는 모양이니 번뇌 망상이 들끓어서 한치 앞도 내다보는 소견이 없는 것으로 비유하며, 탕탕은 이 세상의 법도가 무너져 쇠퇴하여 사회의 질서는 파괴되어 이렇게 되면 개인도 타인도 사회도 모두가 엄청난 재앙을 입게 된다.

[해 제]

자기 자신과 세계는 본래가 둘이 아니며, 삼라만상 즉 만법의 전체가 자기의 한 마음 그것인 것이다. 이 한마음의 광명은 시방세계에 두루 가득하여 없는 데가 없으므로 하나의 원명이라

한 것이다. 이 원명한 광명은 하늘과 땅을 다 싸고도 남으며 따라서 안과 밖, 겉과 안이라고 할 것도 없는 것이다.

그런데 수행하는 과정에서 하나의 밝은 구슬을 잠시 보게 되었을 때에 온갖 것이 공하다는 소견에 사로 잡혀서 그 견해에 주저앉아 버리게 되면 자칫 커다란 재앙을 일으키는 원인이 될 수가 있는 것이다.

왜냐하면 이것은 마음 닦아 깨치는 체험을 하는 한 과정으로써 누구나 한번은 거치지 않을 수 없는 단계이지만, 이때에 공 역시 실상의 일면인 것을 착각하여 공에는 안과 밖도, 겉과 안도 없음을 본 것까지는 좋으나, 그러니까 인도 과도 없다고 하여 인과의 도리를 부정하여 부처도 법도 없다고 하는 삿된 견해를 일으키게도 되는 것이다.

이렇게 되면 인과의 법을 믿지 않는 까닭에 인륜도 없고 법도도 없고 사회의 질서도 무시하게 되는 그야말로 마음의 무정부 상태가 이어지면 온갖 비리를 저질러 죄악을 짓게 되니 이 이상의 재앙이 어디 있겠는가.

『육조법보단경(六祖法寶壇經)』 기연 제칠(機緣 第七)에 다음과 같은 대목이 있다. 간단히 말한다면, 어느 날 한 스님이 육조 스님에게 "와륜선사(臥輪禪師)가 이런 게송을 지었다고 합니다." 하고 다음과 같은 게송을 보여드렸다고 한다.

臥輪有技倆	와륜유기량
能斷百思想	능단백사상
對境不起心	대경불기심
菩提日日長	보리일일장

와륜이	한 가지	재간을	가졌으니,
능히	백가지	사상을	다 끊도다.
경계를	대해도	마음 일으키지	않으니,
보리가	나날이	증장해	가는구나.

　이 게송의 대체적인 뜻은, "나는 대단한 수행의 경지에 이르렀다. 구름 같이 밀려오는 온갖 분별망상을 능히 끊어낼 수가 있게 되었다. 어떠한 경계에 대해서도 거기에 옳고 그르다거나, 밉고 곱다거나, 좋고 나쁘다거나 하는 등의 가리는 마음이 일어나지 않으니 보리의 마음이 날로 성장하고 있다." 하는 것이다.

　이러한 경지에 이른다는 것은 매우 쉽지 않은 것이다. 모두 일반적으로 끊임없이 환경의 지배를 받고 있지만, 나는 이제 절대로 환경의 지배를 받지 않게 되었으므로 위없는 보리를 구하는 마음이 날로 더해가고 있다는 것이었다. 말하자면 스스로 자화자찬(自畵自讚)하는 게송이다.

　그런데 그것을 본 육조 스님은 평하기를 "이 게송은 아직도 마음의 실체를 분명히 깨닫지 못하고 있는 것이다. 만일 이러한 생각을 바탕으로 수행을 계속해 나간다면 더욱 더 밧줄 없이도 스스로를 얽어매어 가게 될 것이다." 하면서 이에 대한 육조 스님의 생각을 게송으로 내보이셨다.

慧能無技倆	혜능무기량
不斷百思想	부단백사상
對境數起心	대경삭기심
菩堤作魔長	보리작마장

혜능이	아무런	재간도	가진 것 없으니,
능히	백가지 사상을	끊으려 하지	않는다.
경계를	대하면	자주 마음을	일으키게 되는데,
보리가	어떻게	증장할 것이	있겠는가.

그 뜻은, "나에게는 아무런 재간도 없다. 머릿속에 밑도 끝도 없이 떠오르는 각가지 잡다한 분별망상을 구태여 끊어 버리려고 하지 않는다. 대하는 환경에 대해서도 기쁘다 슬프다 밉다 곱다 하는 등의 마음이 끊임없이 일어난다. 그러니 자라는 보리 마음 같은 것이 도대체 어디 있단 말인가." 하는 것이다.

이 두 가지 게송을 비교해 본다면, 와륜 스님의 경계는 어디까지나 닦아 깨달아 가는 도중의 경지며, 수행 도중에 있어서 이러한 단계는 한번은 겪어야 하는 것이며, 그래서 그것은 결코 최고의 경계일 수가 없다.

역시 육조 스님처럼 지금 있는 이대로 일뿐 아무 별일 없다고 하는 경지가 진정하게 얻어지고 있지 않다면 대안심처(大安心處)에 이르렀다고 할 수가 없는 것임을 분명히 알아야 된다고 하겠다. 이 두 가지 경계는 참으로 각단의 차이가 있다고 하지 않을 수가 없다. 여기서의 육조 스님의 경계가 바로 영가 스님이 말하는 "진리를 구하지도 않고, 망상을 끊지도 않는다." 하는 것과 다름이 없다.

그런데 여기서 자칫 잘못 알게 되면 지금 있는 이대로 좋다고 하는데 막혀 있어서 거기에 주저앉아 있어서는 안 되는 것이니 그 무엇인가에 걸려 집착하고 있으면 그것은 벌써 있는 그대로가 아니게 된다는 사실이다. 오직 이대로 일 뿐인 것이다. 그러나 이 경지에 이르는 것은 참으로 어렵고 또 어렵다고 할 것이다.

요컨대 전 우주 현상계의 삼라만상이 한 마음의 거울에 분명히 나타나서 벗어나는 바가 없다고 하면, 한 마음과 삼라만상이 둘이 있어 상대하고 있는 듯이 관념을 일으키기가 쉬운데 그렇다면 큰 잘못이다. 만일 둘이 있다면 그것은 가짜요 관념의 장난으로 이루어진 것이니 진정한 진실은 아니다. 한 마음이란 바로 우주의 삼라만상 그것인 것이다.

棄有着空病亦然	기유착공병역연
還如避溺而投火	환여피익이투화
捨妄心取眞理	사망심취진리
取捨之心成巧僞	취사지심성교위

유에서	벗어나서	공한데	떨어지면,
물결을	겨우 피해	불속에	빠짐일세.
망심을	버리고서	진리를	취하려면,
취사의	그 마음이	거짓을	이루리라.

　인과를 불신한다면 현상의 모양에 끌리는 상견(常見)에서 벗어나 이번에는 모든 것이 공하여 심지어는 인과도 없다는 단견(斷見)에 빠지는 병을 또 다시 얻게 될 것이니 마치 물에 빠지는 것을 겨우 피하고는 다시 불구덩이에 내 스스로를 던지는 것과 같은 짓이 되어서 수행의 바른 방향을 잃고 거침없이 악업을 지어서 무간지옥에 떨어지는 과보를 스스로 부르게 될 것이다.

망심(妄心) 환경의 여러 경계 즉 현상 세계를 그것이 참인 것으로 잘못 집착하여 각가지의 분별을 일으키는 것을 망심이라 한다.

진리(眞理) 진여의 도리, 참된 이치, 이성(理性).

기유착공(棄有着空) 후진(後秦) 때의 승조(僧肇) 스님이 불교에서 말하는 만유제법이 자성이 없어서 공하다고 하는 것은 그것이 상대적 공이 아니고 언어가 끊어지고 사료가 미치지 못하는 절대적 공 즉 묘공(妙空)이라는 이치를 주장하고 있는『조론(肇論)』에서 말하기를 "유(有) 즉 현상(現象)과 교섭 관계 하더라도 처음부터 허망(虛妄)한 데에 속지 않으니 따라서 항상 유속에 있으면서도 물들지 않는다. 또 유를 버리고 공하다고 관하지도 않으니 따라서 공임을 관하더라도 증득(證得)하려 하지 않는다"는 데서 나옴.

병역연(病亦然)『유마경(維摩經)』의 '문질품(問疾品)'에서 나(我)와 열반이 다 공함을 밝히면서 "이 같은 두 가지가 다 결정적 자성이 없다. 따라서 이것이 평등함을 얻을 때 어떤 병도 있을 것이 없다. 오직 공한 병이 있을 뿐이니, 공병(空病) 또한 공한 것이다. 아직 이런 것을 받는다면, 아직도 불법(佛法)을 갖추지 못하였기 때문인 것이다"하는 데서 나온 것이다.

[해 제]

망심을 버리고 진리를 취한다는 것은 생사윤회를 싫어하고 열반적정을 좋아하는 분별심이 아직 있는 것이어서, 단견(斷見)이나 상견(常見)의 두 극단으로 치우친 견해에서는 벗어났다고는 하지만 아직 선을 좋아하고 악을 미워하는 분별심을 떠나지 못한 까닭에 성문이나 연각(聲聞緣覺)의 경지를 벗어나지 못하고 있으니, 대승보살의 평등하여 차별 없는 대자비심에 들 수가 없다.

學人不了用修行	학인불료용수행
眞成認賊將爲子	진성인적장위자
損法財滅功德	손법재멸공덕
莫不由斯心意識	막불유사심의식

학인이	이러한것	모르고	수행하면,
도둑을	잘못알고	아들로	인정하리.
법재를	내버리고	공덕을	잃어버림,
모두가	다 잘못된	심의식	탓이니라.

미혹의 마음을 버리고, 진리를 얻겠다는 그러한 취사(取捨)하는 마음이 바로 착각하여 가짜를 만들어내게 되는 것이다. 참선 수행하는 학인들이 그런 것을 모르고 공부하고 있다면, 그것은 마치 도둑놈을 내 자식인줄로 잘못 알고 있는 것과 같다고 할 수밖에 없는 것이다.

진심이라고 하는 본래의 재산을 자칫 잃어버리고 공덕을 잃는 것도 모두 자기가 잘못 판단하는데서 일어나는 것이다. 그러므로 선종의 세계에서는 마음이 무엇인가를 바로 앎으로써 참 생명에서 나는 지혜의 힘에 맡기는 것인데, 이것을 모르고 분별 계교하는 심식을 내 마음 인줄로 착각함으로 모든 잘못이 일어 나게 되는 것이다.

학인(學人) 선종에서는 참선수행으로 불법(佛法)을 배우는 수행 자를 가리킴.

불료용수행(不了用修行) 취사하고 분별하는 마음이 곧 망심임을 자각하지 못하고, 갖가지 수단 방법을 써서 공부함을 말함.

인적장위자(認賊將爲子) 『능엄경(楞嚴経)』에 나오는 말이니, 『능 엄경의소(楞嚴経義疏)』에서 이 대목을 해석하기를 '이 망상이라 는 것이 능히 법재(法財)를 손괴시키며 또한 혜명(慧命)을 손상 시킨다. 즉 공덕법재가 이것으로 말미암아 상실됨으로 그래서 이 것을 도적이라 이름한다. 미혹하여 바로 알지 못하고 인식하는 것들을 진실한 것으로 받아 들여, 마치 가장 믿을 수 있는 내 아 들로 잘못 알고 있으니, 이것으로 불법의 혜명을 만약 이어가려 한다면, 도리어 참 생명을 만나지 못하고, 역겁도록 빈궁함을 면 치 못하리라' 하였다.

심의식(心意識) 심(心)은 일체의 사상을 집합시키며, 또한 일체의 행동을 일으키는 작용[集起作用]이 있다. 의(意)는 상대되는 경계(對境)에 대하여 생각하는(思量) 작용이고, 식(識)은 사물의 성능[事物性能]을 알아서 구별하는 작용[了別作用]을 말한다. 그러나 사실은 이 심·의·식(心意識)의 셋이 한 법의 다른 이름(一法之異名)일 뿐이라고 옛 선지식들은 설파하고 있다.

[해 제]

아직 깨달음을 얻지 못하고, 참선수행을 배우고 있는 사람들은 그러한 소식을 알지 못하고 있는 까닭에 양심을 버리고 진리를 얻으려고 애쓰고 있으나, 이것은 진정한 선수행의 바른 길[正道]이 아니며, 화두를 들고 열심히 참구하면서도 자칫 잘못하면 이러한 폐단에 빠져들기가 쉬운 것이니, 이것은 수행하는 학인들만의 허물이 아니며, 오히려 참선정진을 지도하는 스승들에게 이런 것을 바로 잡아 주지 못한 허물이 많다할 것이다.

17

是以禪門了却心   시이선문요각심
頓入無生知見力   돈입무생지견력
大丈夫秉慧劒   대장부병혜검
般若鋒兮金剛焰   반야봉혜금강염

그러니　선문에서　이러한　마음 알고,
단번에　무생법인　참 지견　일으키라.
대장부　뜻을 세워　지혜검　잡고서니,
반야의　날카로움　금강의　불길 같다.

　그래서 선문에서는 이런 마음을 놓아 버리는 것인데 이 놓아
버리는 일이 어려운 것이다. 놓아 버린다는 것은 한마디로 말한
다면 마음의 공한 성질[空性]을 확실하게 아는 것이다. 말하자
면 마음이라고 하면 무엇인가 실체가 있는 것 같지만, 실제로는
공하여 아무 것도 없다는 것이다.

시이선문요각심(是以禪門了却心) 불조(佛祖) 이래로 전해오는 참
선수행의 일대사를 해 마쳤다는 뜻. 즉 여기서는 인류의 역사를

창조하고 나를 움직이고 모든 것의 근본이 되는 이 마음이 무엇인지를 남김없이 바로 안 것을 말한다. 이 이하의 두 글귀 '禪門了却心 頓入無生知見力'은 『종경록』권 9와 권 36에도 나온다.

대장부(大丈夫) 부처님 10호 가운데 하나이지만, 여기서는 부처님만이 아니라 출가하여 참선수행에 정진하는 사람을 '출격대장부(出格大丈夫)'라 한다. 어록 등에 "출가수행은 바로 대장부라야 할 수 있는 일이요, 왕이나 재상으로서도 할 수 있는 일이 아니다"라고 하였다.

혜검(慧劒) 『유마경』'보살행품'에 "지혜의 검으로 번뇌의 적을 격파한다"고 하였다.

반야봉혜금강염(般若鋒兮金剛焰) 반야 지혜로 번뇌를 남김없이 격파하는 것이 마치 금강명왕(金剛明王)의 화염이 그 어떤 것이라도 태워 녹여 없애는 것과 같다는 뜻.

[해 제]

중국 선종의 제 2조인 혜가 스님이 스승인 달마 스님에게 "제자의 마음이 아직도 편치 않습니다. 바라옵건대 스님께서 제 마음을 안심시켜 주십시오"하고 불안심(不安心)의 마음을 가지고서 안심의 길[安心之道]을 물었다. 달마 스님께서는 "그대의 그 편치 않은 마음을 가져오너라. 그러면 그대를 위하여 마음을 편안케 하여 주리라" 하고 말하셨지만, 혜가 스님은 아무리 애써서 마음을 찾아도 찾을 수가 없었다. 그래서 혜가 스님은 "마음을 아무리 찾아도 도저히 찾을 수가 없습니다"라고 말했다. 그러자 달마 스님은 "그대를 위하여 그대 마음을 벌써 편안케 하여 주었느니라" 하셨다.

마음이란 아무리 찾는다 하더라도 찾을 수가 없는 것이다. 그것은 본래 공하여 아무것도 없는 것이기 때문이다. 이 사실이야말로 참선 수행에 있어서 가장 긴요한 점이며 이 사실을 바로 알게 될 때 비로소 인간이 해탈하는 원리가 있는 것이다. 그래서 옛 조사 스님들은 다음과 같이 일러주고 계신다.

"좌선을 하고자 할 때는 일체의 선이다 악이다 하는 것 단 하나라도 생각하는 바 있어서는 안 되느니라[不思善惡]. 생각을 일으키지도 말며 일으킨 생각을 없애려고도 말지니, 오직 '내 마음이 무엇인고?' 하고 의심해 갈 뿐이라. 이같이 깊이 의정(疑情)을 일으켜 끌고 가다가 어쩔 수가 없이 그대로 마음을 생각하는 길이 끊어져[心行處滅] 버려서 나의 자신 속에 아무런 이렇다고 할 나도 없고 또 마음이라고 할 만한 모양 있는 것도 없는 것이구나 하게 될 때, 그렇게 아는 것은 또 무엇인가 하고 자기 자신을 돌이켜서 살피니, 없는 것이라고 알게 되는 그 마음도 사라져서 아무런 도리도 없음이 마치 허공과 같지만 그 허공과 같음을 아는 그 마음마저도 끊어졌을 그 순간 자기 마음 밖에 부처가 따로 없고 또 부처 밖에 따로 마음이 없음을 깨닫게 된다. 이때에 비로소 알게 될 것이니, 귀로 듣는 소리가 없을 때 진정하게 듣는 것이며, 눈으로 보는 모양이 없을 때 진정 시방 삼세의 제불과 만나 보게 되는 것임을 알게 될 것이다."

무생법인의 경지는 이렇게 단번에 들어가는 것이다[頓入無生知見力]. 돈(頓)이라고 하는 것은 이 몸 그대로 지금 즉시라는 말이며, 무생(無生)이라고 하는 것은 나고 죽고 가고 오괴[生死去來] 함이 없는 참나가 진실한 세계에 바로 들어간다는 것이니, 이것이 바로 '부모미생전 본래면목(父母未生前 本來面目)'을 마주한다는 것이며, 그것을 지견의 힘[知見力]이라고 영가 스님은 말하고 있다.

그런데 이 지견의 힘이란 후천적으로 지식과 학식 등을 쌓아서 나오는 지혜를 말하는 것이 아니라 본래 갖추어 가지고 있는 부처님과 같은 지견[本具之佛知見]을 말하는 것이다. 그러나 이것이 그냥 드러나는 것은 아니다. 그것은 우리들의 참선 정진하는 힘으로 비로소 드러나는 것이며, 이 지견의 힘으로 대열반의 경계에 들어가는 것이다.

非但能摧外道心	비단능최외도심
早曾落却天魔膽	조증낙각천마담
震法雷擊法鼓	진법뢰격법고
布慈雲兮灑甘露	포자운혜쇄감로

외도의	악한 마음	물리칠	뿐 아니라,
일찍이	천마군의	간담을	떨게 하다.
법문을	설하려고	법고를	크게 치니,
자비의	구름에서	감로를	뿌려주네.

대장부가 반야지혜의 검을 잡고, 불꽃같은 위세를 떨칠 때는 다만 삿된 법을 믿는 외도들의 심장을 떨게 할 뿐만 아니라 일찌기 천마들의 간담까지도 서늘케 하여, 불법의 설교를 우뢰같이 울려서 진리의 북소리 크게 두드려 중생 제도하려는 자비의 구름으로 감로의 법비를 쏟아 붓게 되는 것이다.

능최외도심(能摧外道心) 논쟁으로 외도를 항복받는 것으로 가장 유명한 것은 인도의 용수보살(龍樹菩薩)이 거리에 나서서 등에 붉은 깃발을 꽂고 외도들과 논쟁을 벌려 그들을 굴복시켰다는 일화가 『부법장전(付法藏傳)』권5에 전한다.

조증낙각(早曾落却) 조증은 이미 벌써 하는 말. 낙각은 하늘의 천마들을 땅위에 떨어뜨린다는 뜻.

진법뢰(震法雷) 법을 설하는 것을 말하니, 거룩한 법을 설하여 어둡게 사는 중생들의 잠을 깨어나게 한다는 뜻이니, 격법고(擊法鼓)도 같은 뜻이다. 『법화경』 서문(序文)과 『대무량수경』 상권에 나온다.

포자운혜(布慈雲兮) 법음(法音)에 목말라하는 중생들에게 법문을 설하여 마음의 양식을 마련하게 하는 것을 가물어 메마른 땅에 적기에 적당히 비가 내려 산천초목이 소생하게 하는 감로같은 비에다 비유한 것.

[해 제]

일반적으로는 남자 가운데서도 특히 뛰어난 남자를 대장부라고 하는데, 삼계대도사 사생자부이신 부처님을 표현하는 열 가지 이름[如來十號] 가운데 하나인 조어장부(調御丈夫)라는 이름은 그러한 남자 중의 남자인 대장부까지도 능히 바로 이끌어 조복(調伏)하여 제도한다는 뜻이다. 선문(禪門)에서는 세속에서 출세간하여 오직 참선수행에 정진 노력하여 깨달음을 얻으려는 참으로 어려운 일을 감히 감내하여 한 길을 가는 수행자야 말로 장부 중의 장부인 대장부라 부른다.

그런데 성별로 보아 여성은 이 장부에 들지 못하는 것으로 되어 있지만, 여성 가운데서도 남성 못지않은 여성을 여장부(女丈夫)라고 부르기도 한다. 그러나 선문에서는 여성이라도 출가하여 진실하게 참선수행에 정진 노력하는 여성은 여성이라서 단순히 여장부라 할 것 아니요, 바로 대장부임이 틀림없으니, 그러한 대장부에는 남녀의 성차별은 있을 수 없는 것이라 하겠다.

그러한 대장부가 수행의 서원인 위로 올바른 깨달음을 얻고 아래로 중생을 제도하리라는 발원을 일으켜서[發願 上求菩提 下化衆生] 불굴의 의지를 가지고 참선정진에 매진하여 드디어 지혜의 검을 들 때에는 그 반야지혜의 위신력은 참으로 대단한 바가 있다고 아니할 수가 없다.

세속에서의 성인으로 불리는 맹자(孟子)가 대장부에 대해서 "아무리 많은 돈을 쌓아 주고, 얼마나 높은 지위를 가지고 유혹하더라도 그 사람의 뜻을 뺏을 수가 없으며, 또한 어떤 권력이나 무력을 쓴다하더라도 그 사람을 굴복시킬 수가 없는 그러한 사람을 가히 대장부라 하겠노라"고 말하고 있지만, 출세간인 선문에서의 대장부하고는 상당한 차이가 있다 하겠다.

대장부가 지혜의 검을 잡는다는 데에 대해서는 두 가지 측면에서 볼 수가 있다. 하나는 닦아 증득하는 측면[修證上]에서 보는 것이니, 즉 실제 수행에 있어서 일체의 번뇌 망상 그리고 관념적인 사상 같은 것은 모조리 과감하게 베어버리고 나가는 지혜검을 말함이다. 또한 본래 갖추어 가지고 있는 측면[本分上]에서 보는 것이니, 즉 여기서 지혜검을 든다는 것은 깨달음의 지혜, 부처님의 지혜 다시 말해서 참나를 보아 깨달은 지혜를 가지고 물건과 양상의 본질을 그대로 바르게 보는 것을 말한다.

여기서는 영가 스님이 자신의 체험을 의지해서 자신을 가리켜 "대장부가 지혜의 검을 잡는다"라고 표현하는 것이라 하겠다. 좀 더 구체적으로 말해본다면 '수중상에서의 측면'이라는 것은 꾸준히 수행을 계속해서 한 계단 한 계단씩 향상하는 한길[向上一路]을 올라가는 과정에서 끝내는 최후의 정상에 이르러 간 것을 이른바 확철대오(廓徹大悟)라고 말한다.

그리고 또 하나의 본분상의 세계가 있으니, 이 본분의 세계란 참선수행을 하기 이전부터, 아니 사실은 태어나기 이전부터 본래 모자람 없이 갖추어 가지고 있어서 물질로 이루어진 모양 있는 세계가 아무리 생멸하고 변화하더라도 거기에 매이지 않고 항상 소소영영하며 청정 본연하여 모든 것의 근본이 되는 그 하나를 누구나 다 지니고 있으면서도 다만 중생들이 그런 줄을 모르고 있을 뿐이니, 이것을 분명히 보아 알기 위해서 화두를 들고 의심덩어리를 키워가다가 그것이 천지에 가득할 때 본분의 세계와 맞아 들어가 하나가 되고 만다. 그럴 때 거기서 발현하는 것이 반야의 지혜요 부처님의 지견인 것이니, 이 지혜를 보검에다 비유해서 대장부가 지혜의 검을 잡았다고 하는 것이다.

18

龍象蹴踏潤無邊	용상축답윤무변
三乘五性皆惺悟	삼승오성개성오
雪山肥膩更無雜	설산비니갱무잡
純出醍醐我常納	순출제호아상납

철저한	용상 대덕	활동이	자재하여,
가없는	여러 중생	모두 다	제도하네.
설산의	비니풀은	잡된 것	전혀 없어,
제호를	나게 하여	우리를	먹게 하네.

짐승들 가운데 으뜸가는 용상처럼 깨달음을 얻은 선문의 대장부는 그 교화 활동이 자유자재하여 3승과 5성 등의 근기까지도 모두 깨달음을 얻게 한다. 또 마치 설산에 나는 깨끗하고 향기 좋은 비니라고 하는 풀을 다른 잡초를 섞지 않고 먹은 큰 흰 소가 아주 좋은 젖을 내게 되며 그 우유에서는 설산 제호라고 하는 최고의 품질의 식품이 생산되어 지듯이 부처님의 가르침은 제호처럼 훌륭하니, 그 법대로 따라 닦으면 제호 같은 맛이 나고 향기로운 훌륭한 인물이 된다.

용상축답(龍象蹴踏) 용과 코끼리를 가리키는 말이나, 여기서는 가장 크고 훌륭한 으뜸 코끼리를 말하는 것이니, 즉 인간 세상에서 불지견을 열고 자성을 바로 본 대장부를 이렇게 비유한 것이다. 이 말은 『유마경』의 '부사의품'에 "비유컨대 용상(龍象)의 축답(蹴踏)은 여(驢)가 견딜 바가 아님과 같다" 한데에 대하여 중국의 승조 스님이 『주유마(注維摩)』에서 주석하기를 "축(蹴)은 걸어찬다. 답(踏)은 밟고 간다는 것이니 거대한 코끼리가 육중하게 걸어갈 때 그 한 걸음마다에는 무게와 철저함이 묻어나지만, 당나귀의 깡충거리는 가벼운 걸음걸이로는 도저히 이에 비할 바가 아닌 것 같이, 부처님의 설법을 용상의 철저한 걸음에 비유하였으며, 동시에 절학무위(絶學無爲)의 한도인(閑道人)의 설법이 그와 같음을 가리키는 것이니, 이 말의 뜻은 일체중생의 메마른 마음 밭을 육택하게 하기 위하여 쓰는 자비방편의 이익이 광대무변하여 어떠한 중생이라도 그 이익을 받는데서 예외일 수가 없다는 것이다. 축답(蹴踏)을 '蹴躡(축답)'으로 쓴 책도 있다.

3승(三乘) 3승은 성문승(聲聞乘), 연각승(緣覺乘), 보살승(菩薩乘)의 셋을 말한다. 성문승이란 부처님의 가르침을 듣고 이에 따라서 수행하고 있는 제자들이니, 알기 쉽게 비유하자면 마치 유치원 초등학교 학생들이 선생님 말씀을 듣고 그대로 따르고 있는 것과 같다 하겠다. 즉, 그와 같이 부처님의 설법을 듣고 고집멸도(苦集滅道) 네 가지 진리를 알아 그대로 수행하여 4제(四諦)의 도리를 깨달아 일단은 생사의 고를 여의고 안락의 경지를 얻은 수행자의 소리를 듣고 그대로 행하여 깨달은 경지에 들었다 하여 성문승이라고 하는데, 여기서 일단은 그 경지에 들었다고 하는 것은, 이것은 어디까지나 사상적으로 납득하여 안심의 경지에 들어있는 경지라 할 수 있기 때문에 아직 대안락, 대해탈의 경지에는 이르지 못하고 있다는 뜻이다.

다음의 연각승이라고 하는 것은 독각(獨覺)이라고도 하는데, 눈앞에 벌어지는 현상계의 여러 인연 그 가운데서 특히 미혹한 중생의 여섯 세계인 천상, 수라, 인간, 축생, 아귀, 지옥의 여섯 곳을 인연에 매여 돌고 도는 윤회하는 원인이 되는 12인연의 도리를 깊이 바로 관찰하여 중생의 망상으로 윤회하는 원인과 과정이 분별망상에 있음을 알고 이것을 아주 끊어 버림으로써 자기의 본성에 눈뜨게 됨을 연각승이라 부르며, 또한 봄에 꽃이 피고 지는 것, 가을이 되면 무성했던 나무 잎이 지는 것 같은 대자연의 여러 현상을 깊이 관찰하여 모든 것이 덧없음[諸行無常]을 바로 알고 미망과 집착을 끊음으로써 깨달음의 경지에 들게 됨을 독각승이라고 한다.

그런데 이 성문과 연각은 둘 다 현상세계의 고락과 변천하는 원인과 과정 등의 도리를 관함으로써 자기의 본질에 눈뜨게 되는 것이지만, 아직도 사상적으로 이해하는 언저리를 완전히 벗어나지 못하고 있으므로 해서 진정하게 말과 글 관념적인 것에서 초월하여 본분의 세계를 바로 보아 확연대오하여 대안심의 경계에 이르는 보살의 경지가 현전(現前)하는 데 이르러서야 비로소 이것을 보살승이라고 하는 것이니, 이것을 뜻으로 번역하면 대각유정(大覺有情) 즉 위대한 깨달음을 열었다는 말이다. 또는 개사(開士), 대사(大士), 고사(高士), 시사(始士), 대심중생(大心衆生)이라고도 표현한다. 그리고 후세에는 일반적으로 부처님 같은 깨달음을 얻으려고 수행하는 사람, 대승불교의 가르침에 귀한한 사람, 한국불교에서는 불교를 믿고 절에 다니는 여성신도를 가리키는 이름으로 사용되기도 한다.

5성(五性) 불교교리 가운데 '만법이 오직 식의 나타남[萬法唯識所現]'이라고 보는 유식설(唯識說)의 종파인 법상종에서 주장하기를 중생이 생겨날 때부터 선천적으로 지니고 나온 소질을 다섯 종류로 나누어서, 이 구별은 영구히 결정되어 있다고 주창한다. 즉, 사람들 가운데는
①보살이 되는 성품으로 결정된 사람[菩薩定性], ②연각이 되는 성품으로 결정된 사람[緣覺定性], ③성문이 되는 성품으로 결정된 사람[聲聞定性], ④이상의 3성의 어느 것으로도 확정되어 있지 않은 사람[不定性], ⑤이상의 3성을 전혀 지니지 못한 사람

[無性] 즉, 일천제(一闡提)라고 부르며, 이런 부류는 법상종의 교리로는 절대로 성불할 수가 없는 사람이라고 한다. 그러나 대승불교 특히 선종의 입장에서 볼 때 이것은 너무나 좁은 소견이며, 중생을 조건 없이 모두 다 제도하고야 말겠다는 대승불교의 대자대비한 정신과는 너무나도 멀고 먼 주장이다.

개성오(皆惺悟) 중생이 모두 다 불성을 지니고 있으나 다만 지금 그런 줄 모르고 있을 뿐이므로 언제 어느 때라도 거기에 눈을 뜨기만 하면 구경에는 하나도 남김없이 깨달음을 얻게 되기에 이 현상세계에서도 성불할 수 있게 된다고 하는 것이 선종에서의 입장이다. 그러므로 여기서는 영가 스님이 말하는 3승5성의 개성이란 것은, 말하자면, 어떠한 정신적 단계에 있는 사람이라도 반드시 장차에는 깨달음을 얻어 성불하게 된다는 것을 개성오(皆惺悟)라고 표현한 것이다.

비니(肥膩) 범어 pinodhni. 설산에서 나는 향기로운 풀. 이 풀을 먹은 소의 우유에서는 순전한 제호(醍醐) 즉 최고로 정제된 최상의 맛을 지닌 유제품이 생산된다는 것이다.

제호(醍醐) 우유를 가장 정제하여 만든 최상미(最上味)의 우유제품. 즉 유제품의 제조과정에서 우유 → 낙(酪) → 생소(生酥)

→ 숙소(熟酥)→제호(醍醐)가 나온다. 이것은 불법 가운데 여러 최상승 법문을 비유한 말이다.

[해 제]

삼계의 대도사이시며, 사생의 자부이신 부처님의 대자대비하신 감로법문은 온갖 산천초목에 골고루 감로의 단비를 내려서 남김없이 무량한 혜택을 받게 해줌과 같이 이 중생계의 미혹한 중생들에게 잠자던 잠을 깨게 하기 위하여 가장 큰 으뜸가는 코끼리가 대지를 착실하고 철저하게 밟고 가면서 한량없이 생물들을 윤택하게 하듯 부처님의 거룩한 설법에 3승도 5성들도 모두 헛꿈을 깨어 눈을 바로 뜨지 않을 수 없으리라 하고 영가 스님은 강조하고 있는 것이며, 참선수행하는 수행자들도 진정하게 정진을 계속하면서 그와 같이 일을 행하여야 한다고 노파심절로 권하고 있다 하겠다.

『열반경』 '제8 여래성품'에는 "설산에 풀이 있어서 그 이름을 비니라고 하는데, 소가 그 풀을 먹으면 소에서는 순수한 제호를 얻게 된다" 하였고, 또 경의 '제14 성행품'에는 "소에서 우유가 나고 우유에서는 낙이 나고, 낙에서는 생소가 나고 생소에서는 숙소가 나고, 숙소에서는 제호가 나오니, 제호가 최상품이다" 하는 말이 있어서, 우유에서 유제품의 최상품인 제호가 생산되는 과정을 상세하게 설명하고 있다.

여기에 조금 더 설명을 더한다면 인도북부의 청정지역인 설산에 나는 비니라는 향기 있는 풀을 소가 먹으면, 자연의 혜택으로 공해에 물들지 않은 향기로운 깨끗하고 질이 좋은 우유를 짤 수가 있다. 이 우유로 낙(酪)을 만들게 되는데, 낙은 소젖을 원료로 하는 음료를 말하는 것이니, 현재 일반적으로 가공되는 밀크, 크림 등을 말하는 것이다. 젖소를 길러서 젖을 짜는 일은 보통 낙농업이라고 하게 된다. 낙에서 생소(生酥)를 만들게 되는데, 이것은 낙을 정제한 유제품이니 현재 버터, 생(生)치즈 등을 말하는 것이다. 또한 이 생소를 숙성시켜서 숙소(熟酥)를 만들게 되는데, 이것은 현재 우리가 자주 먹는 여러 가지 종류의 치즈제품이 이것이라 하겠다. 그리고 이 숙소를 다시 숙성시켜 정제하여 순수하고 가장 자양분이 풍부하며 감미로운 맛을 지닌 최상품질의 유제품을 만들게 되니 바로 제호(醍醐)이다. 현재의 유제품으로 말하면 아마도 품질 좋은 불가리아 요구르트 같은 것이라 할 수가 있지 않을까 생각된다.

그런데 그 순수한 제호를 내가 항상 가지고 있어서, 마음대로 쓰고[我常納] 있다고 하니, 여기서 말하는 설산의 비니는 우리들 각자가 지니고 있는 불성(佛性)을 가리키는 것이며, 거기서 마침내는 제호가 나온다는 것은 각자 자성(自性)을 참선정진이라는 수행을 통하여 정제하고 숙성시키고 또 정제하는 과정을 거쳐서 드디어 순수하고 정미한 최고의 깨달음에 도달하게 됨을

'제호가 만들어지게 되는 데'에다 비유한 것이다.

　요컨대 시방삼세의 모든 부처님들이 깨달으신 무상심심미묘법(無上甚深微妙法)을 그렇게 비유해 말한 것이다. 그것은 모양으로는 아주 공하였으면서도 또한 모든 것의 근원이 되며 무한한 존재가치를 지니고 있는[具有性能] 것이기에 『반야심경』에서 이것을 '개공 도일체고액(皆空 度一切苦厄)'이라고 하였다. 영가 스님은 이 제호 같은 미묘법을 깨달아 얻은 뒤에는 미래겁이 다하도록 거기서 떠남이 없으니, 그 같은 소식을 "순수한 제호를 언제나 내가 수용한다[純醍醐我常納]"라고 하였다.

19

一性圓通一切性	일성원통일체성
一法徧含一切法	일법변함일체법
一月普現一切水	일월보현일체수
一切水月一月攝	일체수월일월섭

한 성품	원융하여	일체성	통하였고,
한 법이	두루하여	일체법	포함하네.
한 달이	모든 물에	낱낱이	비치지만,
그 많은	모든 달이	한 달의	그림자네.

　자성을 깨달으면 일체성, 즉 우주의 근원을 깨달아서, 마침내 자기와 우주의 근원이 하나가 되어 우주적인 자기가 나타나게 된다. 그것은 마치 허공 중천에는 본래 달이 하나이지만 일천 강의 맑은 물에는 일천 개의 밝은 달이 비쳐서 나타나게 되는데 그 물에 비친 일천 개의 달을 본래 근원으로 돌려보내면 마침내 허공 중천에 떠 있는 밝은 달이 되므로 가장 가까운 물에 비친 달 하나를 끝까지 따라가서 밝혀본다면 결국은 허공 충천의 밝은 달까지 밝게 보게 되는 것과 같다는 것이다.

일성(一性) 하나의 진여법성(眞如法性) 즉 자신의 청정한 자성(自性)을 말하는 것이니, 실상은 무상[實相無相]인 것이며 따라서 진여법성은 무상이고 무형이며 무성[眞如法性 卽 無相, 無形, 無性]인 까닭에 일체가 일여[一切卽一如]가 된다.

원통(圓通) 모든 존재는 일과 다가 상즉하고 상입하여[一多相卽相入] 원융하여 걸림이 없기 때문에 일성이 일체성에 원융하게 원통하여 무애하다고 한다. 그러므로 결국 일성(一性)이란 자기 본성의 성덕이며[自己本性之性德], 일체성(一切性)이란 우주법성의 성덕[宇宙法性之性德]이다. 그래서 흔히 이 한 몸은 작은 우주[小宇宙]요 우주법계는 큰 우주[大宇宙]라 하며, 그것을 깨닫는다는 것은 나의 소우주와 법계의 대우주가 하나로 되어, 바로 한 내가 우주이며 우주가 나인 경지가 되는 것이다. 그래서 하나가 곧 일체[一卽一切]이니, 이것이 불교의 세계관이며 우주관의 근본을 이루고 있는 것이다.

[해 제]

한 성품이 원융하여 일체의 성에 통하였고, 한 법이 두루 하여 일체를 포함하였다고 하는 것이 바로 견성의 경지이며 깨달은 세계의 경계인 것이다. 더 단적으로 말한다면, 하나가 전부요, 전부가 하나라는 것이다.

우리의 눈앞에 벌어져 있는 물질로 이루어져 있는 모양 있는 세계 즉 현상세계는 모두가 다 제 각각이기 때문에 그 뒤에 있는 보이지 않는 진리의 세계 즉 본분의 경지는 열린 마음의 눈으로 바로 보아야만 한다. 그것은 왜냐하면 본래 천차만별의 모양을 나투는 현상세계가 그대로 아주 공한 세계이므로 하나라는 불가사의한 사실의 세계이기 때문이다.

　이 모양 있는 세계가 그대로 하나라는 사실을 확실하게 깨달아 아는 것이 가장 중요한 일이요, 공한 것임이 확실할 때 모양을 떠난 하나인 세계가 당연히 보이게 되는 것이다. 예컨대 주장자도 법상도 그 내용을 공한 것임을 확실하게 안다면 당연히 이 둘은 내용이 하나인 것이다. 그러므로 주장자를 들어 보이는 것은 전 우주를 들어 보이는 것이라 하겠다.

　그런데 이 주장자가 전 우주를 상징하는 것이라고 본다면 그것은 아니다. 만일 상징한다고 한다면 상대의 세계에서 벗어나지 못하여 주장자와 법상의 둘이 되고 만다. 그러나 주장자가 그것 그대로 둘 아닌 본분의 세계 그것인 것이다.

　이러한 소식을 영가 스님은 "한 성품 원융하여 일체에 통하였다"고 한 것이다. 그리고 현상계의 두두 물물의 사물이 내용이 공한 까닭에 그러한 측면에서 본다면 하나의 사물이 일체의 사물과 그대로 일체요 하나인 것이다. 역시 이런 소식을 "한 법이 두루 하여 일체를 포함한다"고 하였다.

이 주장자를 들어보였으나, 실제 아주 공한 것인데도 불구하고 즉(即)이라는 글자가 색(色)과 공(空)의 두 가지 것이 같다는 것으로 맺는다고 하는 것 같은 잘못된 관념을 가지게 하기가 쉽다. 말하자면 색과 공은 같은 것이라고 생각하기가 쉬운 것이지만 이런 것이 조금이라도 개입된다면 그것은 어디까지나 이론적인 조작에 떨어지는 것에서 벗어나지 못하는 것이고, 체험에 의한 파악이 될 수가 없는 것이기 때문이다.

즉(即)은 어디까지나 그대로의 뜻이다. "색즉시공 공즉시색"은 색 그대로 공, 공 그대로 색이라는 것이니, 이것이 진실이다. 이 점을 바르게 꿰뚫어 보지 못한다면 바른 깨달음이라고 할 수가 없으니, 이 사실을 확실하게 모른다면 "일즉일체 일체즉일(一卽一切 一切卽一)"을 확실하게 알 수가 없는 것이다. 그러나 바로 알고 나니, 이것은 조금도 이상하거나 대단한 일이 따로 있는 것이 아니라, 지극히 당연한 것을 말하고 있을 뿐인 것이다.

"한 성품 원융하여 일체에 통한다[一性圓通一切性]"는 것은 낱낱의 하나가 아무 저항 없이 일체 것의 하나와 원통하며 "한 법이 두루 하여 일체를 포함한다[一法徧含一切法]"는 것은 하나의 물건이 일체의 물건을 그 속에 포함하고 있다고 하는 것이니, 그러자면 물건이 모두 동시에 공하지 않으면 안 되는 것이요, 만일 포함한다고 해서 포함하는 것과 포함되는 것이 둘이

있는 것처럼 관념적으로 파악하기 쉽지만, 실제는 하나일 뿐인 것이다.

좀 더 알기 쉽게 말하자면, 예컨대 나의 오른손과 왼손을 모양으로 보는 현상계의 관점에서만 본다면 절대로 하나라고 할 수가 없는 것이지만, 그러나 나의 생명이라는 관점에서 본다면, 오른손도 왼손도 나의 생명이라는 하나의 삶을 함께 살고 있는 것이며, 나의 하나 뿐인 생명이 나의 신체의 온갖 곳에 두루 하고 있는 것이니, 이것이 "한 성품이 원융하여 일체에 통한다"는 소식이며 동시에 한 손 안에 몸 전체의 전 기관이 있으니 한 손이 상처 입으면 온 몸이 아프고 모든 기관도 그 상처의 영향을 받게 된다. 이것이 "한 법이 두루 하여 일체를 포함한다"는 소식인 것이다.

"한 달이 모든 물에 낱낱이 비치지만, 물에 비친 모든 달이 한 달의 그림자이듯[一月普現一切水 一切水月一月攝]"이라고 한 것은 『대방광불화엄경』권 24에 있는 '도솔궁중게찬품'에서 "비유하자면 깨끗한 보름달이 널리 모든 물에 비치어 나타나듯이, 달 그림자는 한량없이 많을지라도 본래 하늘의 달은 하나요, 일찍이 둘이 된 일이 없다"한 데서 나온 것이다.

이러함을 『반야심경』에서는 "색즉시공 공즉시색"이라 하였는데, 여기서 엄격히 말한다면 즉(卽)이라는 것이 들어 있으므로 해서 자칫하면 관념적인 것이 끼어들 여지가 없지 않다고 하겠다. 다시 말해서 색(色)은 물질로 이루어진 모양 있는 세계인 현상계의 모든 것이 곧 공이라는 것인데, 그것이 우리의 감각기 관으로 전혀 잡히지 않기 때문에 알 수 없는 것이다.

諸佛法身入我性   제불법신입아성
我性還共如來合   아성환공여래합
一地具足一切地   일지구족일체지
非色非心非行業   비색비심비행업

부처님   청정법신   마음 속   가득하고,
청정한   내 마음이   여래와   다름없네.
한 경계   그 속에서   모든 것   구족하니,
색심도   아니면서   행업도   아니로다.

본래 중생과 부처가 둘이 다르지 않은 것이며, 그래서 따로 있는 것이 아니기 때문에 무상(無相)의 부처와 무성(無性)의 아(我)가 입아(入我)하고, 아입(我入)하는 것이 마치 하늘의 달과 물속의 달이 서로 비추고 있는 것과 같으니, 여기에 바로 상대적인 세계가 끊어져 없어진 절대의 세계가 나타나는 것이다.

그러므로 하나의 수행 경지에 모든 수행의 경지가 다 갖추어 들어 있으며, 중생이 한 생각 수행하려는 마음을 일으켰을 때, 이미 바른 깨달음을 이루어 성불하는 단계가 구족한다고 하는

『화엄경』이나 선의 경지가 열리는 것이다.

이것은 객관적인 물질이나 감각의 세계도 아니며 또한 주체적인 정신적인 것만도 아니며, 그리고 주관과 객관을 함께하는 그런 세계도 아닌 것이요, 그래서 무어라 이름 부칠 수 없는 그런 경지인 것이니, 그렇다면 도대체 그것이 무엇이겠는가?

일지(一地) 지(地)는 『화엄경』의 52위 수행단계 가운데서 10신(信), 10주(住), 10행(行), 10회향(回向) 등에서 최종의 단계의 초지~10지를 가리키는 수행지위를 말하는 것이니, 여기서는 『화엄경』의 "초발심시 변성정각(初發心時 便成正覺)"의 뜻을 나투려는 것이다.

[해 제]

한 마디로 일체의 현상 세계의 두두 물물의 그 하나하나에 나의 본분 자성이 구족하게 들어 있다는 것이다. "색불이공, 공불이색, 색즉시공, 공즉시색"을 잘못 알면 막연하게 색과 공의 세계가 따로따로 있어서 그것이 같은 것이라는 등의 둘을 하나로 묶는 것 같은 인상을 준다면 그것은 잘못이며, 오직 단 하나의 것이 색이면서 동시에 그대로 공한 것이란 뜻이니 이것이 진실인 것이다.

현재 세계의 으뜸 정치가들이 모여서 정상회의를 열고는 세계적인 여러 가지 문제를 해결해 보려고 노력하고 있지만, 그렇더라도 대체로 결국엔 자원이라든가 권익 따위를 서로 더 유리하게 차지하려는 노릇이며 좀 잘되어간다 하더라도 임시로 당면의 타협으로 끝낼 수밖에 없는 것이다. 그것은 유한한 형상의 세계 밖에 모르기 때문에 결국 형상세계의 문제를 현상의 세계에서만 해결해 보려고 하는 것이기에 낱낱이 서로 대립되어 있는 국가들 사이에서는 말만 가지고는 해결될 수 없는 것이 되고 만다.

　이 현상의 세계가 사실은 공한 것이며, 겉모양으로는 따로따로 있는 여러 나라의 세계가 실체로는 하나임을 인식하게 될 때 비로소 지구상에는 평화가 오며 각 나라 각 민족이 함께 살면서 함께 번영하는 일이 가능해지는 것이다. 이 세계가 실체에 있어서는 하나라고 하는 사실을 적어도 각국의 각 방면의 지도적 입장에 있는 사람들이 이런 사실을 바로 인식하는 일이 가장 중요한 일이라고 생각해 마지않는 바이다.

20

彈指圓成八萬門　　탄지원성팔만문

刹那滅却三祗劫　　찰나멸각삼지겁

一切數句非數句　　일체수구비수구

與吾靈覺何交涉　　여오영각하교섭

손가락　　튕긴 순간에　　팔만문　　이뤄지고,

눈 깜짝　　하는 사이　　삼지겁　　초월했네.

일체의　　차별글귀　　무차별　　글귀로도,

본래의　　청정영각　　어떻게　　교섭하리.

앞 글귀에서는 모든 것을 부정하여 하나도 세우지 않는 입장
이고 이 글귀에서는 모든 것을 긍정하여 성립시켜주는 입장에
서는 것이다. 즉 불성에는 본래 팔만사천의 법문이 갖추어져 있
으므로 색도 있고 심도 있고 행위도 있으며 또 부처도 있고 중
생도 있고 극락도 있고 지옥도 있어서 그 공간과 시간에 구애됨
이 없이 모든 것을 순식간에 이루기도 하며 또한 없애기도 하니
참으로 불가사의한 경계이라 하겠다. 그런 까닭에 중생을 위해
서 여러 가지 법상(法相)과 법수(法數)를 나열하여 설명하기도

하지만, 일단 불성, 즉 심성의 본분인 자성(自性)을 깨달은 분상에는 이런 것이 모두 부질없는 것이요, 아무런 관계가 없다고 아니할 수가 없는 것이다.

탄지(彈指) 손가락 퉁겨서 소리 나는 짧은 사이에 65의 찰나(刹那)가 있다고 고대 인도에서는 표현하였다. 즉 여기서는 그와 같이 아주 단시간에 딴 힘을 들이지 않고, 많은 법문을 걸림 없이 이루어 내기도 한다는 뜻.

팔만문(八萬門) 8만4천의 법문. 즉 헤아릴 수 없도록 무궁무진의 무수한 법문을 가리킨다.

찰나(刹那) 범어 Kṣaṇa 일념(一念)이라고 번역한다. 지극히 짧은 시간을 말하는 단위로, 고대 인도에서는 120찰나가 1달찰나(怛刹那)이며, 60달찰나가 1랍박(臘縛), 30랍박이 1모호율다(牟呼栗多), 30모호율다가 1주야(晝夜)이므로 1주야 즉 하루 밤낮인 24시간을 120으로 나누고 다시 60, 30, 30을 각각 곱한 것(24÷120×60×30×30)이 1찰나이니 곧 75분(分)의 1초(秒)가 1찰나가 된다고 한다. 여기서는 가장 짧은 시간 단위 안에 헤아릴 수 없는 가장 긴 세월 동안 쌓아온 무량의 죄업장도 순식간에 없애기도 한다는 뜻.

삼지겁(三祗劫) 삼아승지겁(三阿僧祇劫)의 준말. 불교에서 숫자로 표시할 수 없는 긴 세월을 표현하는 말이니, 보살이 발심하여 보살행을 닦고 닦아서 부처님의 자리 즉 묘각(妙覺)의 위계에 이르기까지 수행하는 장시간의 수행 세월을 표현하는 장기간의 세월의 단위이기도 하니 『화엄경』에서 중생이 발심하여 수행해서 부처님과 같은 자리에 이르려면 52단계의 수행단계를 거쳐야 하는데, 10신(信), 10주(住), 10행(行), 10회향(回向), 10지(地), 등각(等覺), 묘각(妙覺)의 52위 단계 가운데, 처음 발심하여 기본적인 신심을 총체적으로 다지는 10신 단계를 거쳐서 두 번째 큰 단계인 10주, 10행, 10회향의 삼현위라고 불리는 30단계를 수행하여 마치는데, 제 1 아승지겁을 지내게 되며, 그 동안에 7만 5천의 부처님에게 공양 예배 정진을 하며 다음 큰 단계인 10지 가운데 초지로부터 제 7지에 이르기까지의 수행을 마치는 데에 제 2 아승지겁을 지내며, 이 동안에 7만 6천의 부처님에게 공양 예배 정진을 하며 다음의 큰 단계인 제 8지부터 제 10지까지의 수행을 마치는데 제 3 아승지겁을 지내며, 이 동안에 7만 7천의 부처님에게 공양 예배 정진을 하게 된다고 한다.

겁(劫) 범어 Kalpa. 겁파(劫波)라 음역하며, 분별시절(分別時節) 장시(長時) 대시(大時) 등으로 번역된다. 고대 인도에서는 범천(梵天)의 하루를 한 겁이라고 하여, 인간 세계의 4억 3천 2백만

년에 해당된다고 했다. 불교에서는 일반적으로 보통의 세월로 서는 헤아릴 수 없을 만큼의 아득한 긴 세월을 말한다. 겁의 길이를 짐작하게 하는 예를 세 가지를 불교경전에서 들고 있는데, 첫째 예는 개자겁(芥子劫)이니, 둘레가 40리 되는 성안에 개자를 가득히 채워놓고 장수천(長壽天)의 하늘 사람이 3년마다 그 겨자씨 한 알씩을 가져가서 성안의 개자가 다 없어질 때까지를 1소겁(小劫)이라 하며, 둘레 80리의 성에서 그러한 것을 1중겁(中劫)이라고 하고, 둘레 120리의 성에서 그렇게 한 것을 1대겁(大劫)이라 한다고 하였다. 또한 예는 반석겁, 불석겁(盤石劫, 拂石劫)이라 하는데, 둘레 40리 되는 돌을 하늘 아가씨가 3년마다 한 번씩 내려올 때 옷 무게가 3수(銖)되는 하늘 옷을 입고 돌을 한 바퀴 돌면서 옷으로 살짝 스쳐서 그 돌이 달아 없어질 때까지가 1소겁이며, 80리 되는 돌이 없어지는 것이 1중겁이고, 120리 되는 돌이 달아 없어지는 것을 1대겁이라 한다고 하였다. 〈『지도론(智度論)』권 5〉

또 하나의 예는 증감겁(增減劫)이니, 사람의 정명인 인수(人壽) 8만 4천세 때부터 시작하여 백년마다 한 살씩 줄어서 10세 때까지 이르고, 이때부터 다시 백년마다 한 살씩 늘어서 인수 8만 4천세 때에 이르러 이렇게 한 번 줄었다가 다시 느는 동안을 1소겁이라 하며, 이와 같이 20소겁을 지나면 이것을 1중겁이라 하고, 이렇게 4중겁을 지나면 1대겁이라 한다 하였고, 또는 한

번 줄거나, 한번 느는 것을 1소겁, 한번 줄고 한번 느는 동안을 1중겁, 이같이 해서 성겁(成劫), 공겁(空劫)의 각각 겁이 20중겁, 이것을 합한 80중겁을 1대겁이라 한다고 하였다.

수구(數句) 수는 법수(法數) 즉 숫자가 붙은 말이며, 구는 언교(言敎) 즉 일체의 설법을 생략해서 표현한 것이니, 다시 말해서 교화의 언구[敎化言句].

비수구(非數句) 중생들의 근기와 고뇌에 응하여 가르침을 주는 것일 뿐인 것이니, 법수나 언설 등 자체에 그 무엇이 있는 것은 아니라는 뜻.

영각(靈覺) 영성(靈性) 각성(覺性), 불성(佛性), 자성(自性), 본성(本性), 법성(法性) 등과 같음.

[해 제]

불교의 교리 상으로는 8만 4천의 법문 즉 불교 전체를 완전히 성취하는 데는 법문을 참구하고 불도를 정진 수행하기를 참으로 길고 긴 무수한 세월동안에 계속 노력해서만이 비로소 구경에 진정하게 부처님과 같이 원만하게 이룰 수 있다고 하지만 선에서는 그것이 손가락 하나 퉁기는 순식간에 단번에 이루어지는 도리가 있음을 분명히 밝히고 있으니, 법문의 이치에만 집착하고 있는 사람들에게는 도저히 믿어지지 않는 일이라 하겠다.

그런데 손가락 튕기는 사이[彈指間]에 한 번에 이루어진다[圓成] 하였는데, 그것은 그 한 때에 모든 것이 이루어진다는 것이 아니라 사실은 이미 모자람 없이 이루어져 있는 사실을 단번에 보고 아는 것을 말하는 것이며, 이것이 견성이요, 깨달음인 것이다. 그러므로 그런 줄을 미처 모르고 있다가 그 때 그 자리에서 순간적으로 그런 것을 바로 알게 되는 것뿐인 것이다.

견성이다 깨달음이다 하는 것이 일반적으로 흔히 생각하듯 머리로 이론적으로 추리하여 따져 들어가서 '아하! 그런 것이로구나.' 하고 알게 되는 것 같은 것, 말하자면 기하학에서 증명하는 따위와는 다르다는 것이다.

예컨대 거울에 비친 자기 얼굴을 아무생각 없이 슬쩍 보는 순간 아! 하고 모든 것을 보아 알아차리듯이 만일 자기 자신이 그런 경험이 있는 사람이면 능히 알 수 있듯이 무엇인가 계기가 되어서 슬쩍 바로 알게 되는 것이며, 그것으로 단번에 모든 것이 다 해결이 되는 것이니, 그것을 한 손가락 튕기는 사이에 완전히 해결이 된다[彈指圓成]고 한 것이다. 뿐만 아니라 동시에 길고 긴 과거의 세월에 쌓였던 모든 번뇌 망상과 무량업장이 소멸되고 만다[刹那滅却三祇劫]고 표현하고 있다.

일체의 수구[一切數句]는 여러 가지 말로써 표현되거나 설명

되어지고 있는 많은 법문을 말하는 것인데, 거기에는 참으로 여러 가지 수많은 말들이 있지만, 그것은 다만 하나일 뿐이다. 왜냐, 참나가 바로 하나[一句]이니까. 그래서 일체가 곧 하나[一切即一]이기에 '여러 구가 아니다[非數句]'라고 하였으니 그것은 바로 우리의 참나를 말하는 것이니 일체의 구는 곧 참나요 본분인 것이다.

그러니 그러한 모든 것이 어찌 우리 본래의 신령스럽고 불가사의한 이 자성과 무슨 관계가 되는 것이겠는가. 온갖 관념적인 사상 같은 것은 우리의 진정한 사실과는 무관계한 것일 뿐이라는 것이다.

선의 세계에 들어간다면, 불교는 지극히 간단명료하고 단순한 것이다. 즉, 모든 것은 두 가지 면을 지니고 있으니, 하나는 물질로 이루어진 현상의 세계, 또 하나는 보고 듣고 만질 수 없는 모양 아닌 본질의 세계로 이루어지고 있는데, 그러나 이 두 가지 면을 지닌 두 세계가 따로 따로 있는 것이 아니라 오히려 서로가 뗄래야 뗄 수가 없게 되어 있는 단 하나의 양면에 지나지 않는 것이다.

보통 우리들이 알고 있는 것은 현상면의 세계일뿐이다. 또 하나의 본질적인 면을 불교학자나 철학자들은 이론적으로 알고 있는데 지나지 않으며, 이에 비해서 참선 수행을 통하여 견성을 체험한 사람은 이 본질적인 세계의 사실을 체험으로 알고 있는 것이다.

 우리가 살고 있는 현상세계는 온갖 것이 상대되는 대립의 세계이며 여기서 모든 문제가 생겨나는 것이므로 이러한 대립적인 세계에서 바르게 살아가려면 대립하는 세계의 뒤에는 전혀 대립이 없는 세계가 엄연히 실재하고 있음을 확실하게 파악하여야만 하는 것이며, 그렇지 못할 때는 지구상 인류들의 자유와 번영을 목마르게 바란다 하더라도 진정한 해결의 길은 열리지 않는 것이다.

 우리는 외부의 세계를 이 눈으로 보고 있으며, 그 세계를 추구해 가는 것이 자연과학이지만 이 눈은 스스로 눈 자체를 보지 못하며, 눈이 눈 자체를 보기란 불가능한 일이나 오직 선의 수행을 통해서 만이 그것이 가능해 진다. '태어나기 이전의 자기 본래 면목[父母未生前 自己本來面目]을 가져오너라' 하는 화두 즉 '이 뭣고'의 의심을 타파할 때 자기의 눈 자체를 보는 일이며 진정한 자기 얼굴을 보는 것이니 이러한 자기 자신을 볼 수 있는 대립 없는 본질의 세계를 체험으로 파악하기 위해서 그토록 참선정진에 힘쓰고 있는 것이다.

21

不可毀 不可讚　　불가훼 불가찬
體若虛空勿涯岸　　체약허공물애안
不離當處常湛然　　불리당처상담연
覓卽知君不可見　　멱즉지군불가견

비방도　　할 수 없고　칭찬도　　할 수 없어,
그 당체　　허공 같아　그 끝을　　볼 수 없다.
그 당처　　그 곳에서　언제나　　고요하니,
만약에　　찾더라도　그대는　　못 볼 걸세.

　깨달음의 세계는 참으로 주관과 객관이 하나가 되어 나와 남
이 둘이 아니며 천지가 오직 하나인 세계이며 상대되는 세계가
아니므로 그러한 경지에서는 이미 모든 세간적인 이름과 모양
에 얽매어서 분별하고 차별함이 없는 까닭에 만약 시방삼세의
모든 부처님들이 나와서 다 함께 찬탄한다 하더라도 이것을 다
칭찬할 수 없고 시방세계에 가득한 마군이 달려들어 훼방한다
하더라도 털끝만큼이라도 건드릴 수 없다. 이렇게 집착함이 없
고 그래서 상대를 떠난 경지는 허공과 같아서 한계가 없는 것이

다. 그렇다고 전혀 파악할 수조차 없는 것인가 하면 이것은 또 항상 나의 곁에 분명히 있어서 나의 보고 듣고 생각하는 그곳에 분명히 나타나 있지만 그것을 찾아보려고 하면 벌써 볼 수가 없게 된다.

불가훼 불가찬(不可毁 不可讚) 진정으로 주관과 객관이 합쳐지고 나와 남이 둘이 아니며 하늘과 땅이 온통 하나인 그런 경지에 이르면 세상의 온갖 우여곡절을 다 여읜 경계이니, 어떤 비방도 나의 영각의 자리에는 닿지 않으며 칭찬함도 역시 그러하다는 것이다.

체약허공 물애안(體若虛空 勿涯岸) 불성이다, 법성이다, 자성이다 하는 본체가 본래 허공과 같이 한정이 없고 광대무변한 것이다.

불리당처 상담연(不離當處 常湛然) 그렇다면 아주 추상적인 것이어서 우리가 파악할 수 없는 그런 것인가 한다면 그것은 항상 내 곁에 있어서 앉으면 무릎 위에 있고, 방안에 그리고 온 세계에 가득하니, 말하자면 문을 나서면 석가세존을 만나고 문으로 들어가면 미륵존불을 만난다고 하듯, 진여 법성은 보고 듣고 생각하는 그곳에 언제나 거기를 떠나지 않고 있는 것이니, 우리는 바로 그 속에 있으니, 웃어도 울어도 다 그 가운데서 하고 있다는 것이다.

당처(當處) 지금 여기의 이것이라는 뜻. 영각 즉 진리의 광명은 우리가 그것을 보지 못하고 있을 뿐이지 우리가 항상 그 광명 속에서 살고 있으므로 그 곳, 그 곳마다가 모두 진리 즉 영각의 나타남 아님이 없다는 것이다.

멱즉지군 불가견(覓卽知君 不可見) 그렇지만 막상 그것을 보고자 한다면 그 때 이미 보고자 하는 것과 보여 져야 할 것이 둘로 나누어져 대립상태가 되어지면, 마치 눈이 제 눈 자체를 보지 못하듯 볼 수가 없게 되는 것이다.

[해 제]

자성, 즉 진실한 자기, 더 쉽게 말하여 '참나'는 상대적인 대립이 끊어진 경계이며 따라서 비교하기를 초월한 그런 자리이니 만큼 거기에는 비방이던 찬탄이던 간에 말이 붙을 수 조차 없는 지경인 것이다. 가령 거기에는 대고 갖은 욕설을 다한다 하더라도 그 광대무변한 공덕을 터럭 끝만치도 훼손할 수가 없으며, 또한 가령 지극히 찬탄한다 하더라도 역시 그 공덕을 조금이라도 더해 줄 수가 없는 것이니, 일체의 선악을 아주 초월하여 있는 존재이기 때문이다. 그와 같이 참나의 본질은 마치 허공과 같아서 그 끝이 없는 것이니, 이러한 그 자체가 허공과 같은 것을 확실하게 체험으로 파악하는 것이 바로 선의 견성이요 불교의 깨달음인 것이다.

그러므로 다시 말하거니와, '색즉시공 공즉시색'의 공을 아무리 학술적으로 사상적으로 이해한다 하더라도 그것은 어디까지나 관념적인 데서 벗어나지 못하는 것이요, 피상적일 수밖에 없다. 체험을 중시하는 선의 세계에서 들어갈 때에 화두를 참구하더라도 자기 자신이 진정으로 공한 존재임을 확실하게 꿰뚫어 보지 못한다면, 그 화두가 절대로 바로 보이지 않는 것이다. 그러므로 선의 세계에서 가장 유명하며 가장 중요하다고들 하는 '무자(無字)'의 화두를 참구함에 있어서도 요컨대 아주 공한 자기 자신을 제대로 보았을 적에 그것이 바로 '무자'의 세계인 것이기에 '무자'를 들고 어디까지나 끊임없이 끌고 나가서 마침내 그 '무자'를 드는 나도 없고 들어야할 '무자'가 따로 없어서 완전히 내가 '무자'요 '무자'가 나요 하게 하나가 되었을 때 기대함도 없는 가운데 어느 때인가 그 '무자'가 느닷없이 탁하고 깨어져 가루처럼 흩어져 없어지는 거기에 '무자' 고것이 슬쩍 참제 모습을 나타내는 것이니, 그 순간 모든 것을 알아차리고 마는 것인데, 다만 그 아는 데에는 수행 정진 해온 정도에 따라서 깊게도 얕게도 또한 밝게도 어둡게도 그 아는 척도의 차이가 다양하게 있을지라도 그 요점은 어디까지나 자기 자신의 자체가 온전히 공한 존재임을 분명하고 확고하게 한 점 의심 없이 파악하게 되는 것이다. 자기 자신이 공한 것임을 제대로 알게 되면, 이제까지 자기가 상대하여 엄연히 있는 것으로만 알고 있던 객관의 세계 즉 현상계 그 모든 것 또한 공한 것임을 틀림없이 알게 되는 것이다. 이것을 교리적으로 '인공(人空)·법공(法空)'이라고 한다. '인(人)'은 주관을 말하니, 인공이라 함은 나의 주관이 공했다는 것이요, '법(法)'은 물질로 이루어진 모양있는 세계 즉 객관적 세계 즉 현상계가 공했다는 것이다. 이것을 이공(二空) 또는 인법구공(人法俱空)이라고 하니 이렇게 둘이 다 완전히 본래 공한 것임을 철저하게 깨달았을 때가 바로 견성이요 견성하였을 때의 기쁨이란 그 어디에 비할 바가 없는 것이며, 그야말로 말로 비할 바가 없는 것이며, 그야말로 말로 글로 표현할 수 없는 법의 즐거움[法悅 또는 法喜, 禪悅]을 절로 맛보게 되는 것이다.

取不得 捨不得	취부득 사부득
不可得中只麼得	불가득중지마득
黙時說 說時黙	묵시설 설시묵
大施門開無壅塞	대시문개무옹색

가져도	될 수 없고	버려도	안 되겠고,
어쩔 수	없는데서	저절로	얻어지네.
말없이	말을 하니	가장 큰	설법이며,
큰 문을	활짝 여니	베풂이	걸림 없다.

　　육조 혜능 스님이 말씀하시기를 "영각의 성은 일체의 상을 떠난 까닭에 취할 수도 없고, 일체의 법에 즉해 있는 까닭에 버릴 수도 없다"고 하였다. 모든 이름과 모양[名相]이 없고 상대가 끊어진 영성(靈性)의 세계는 본래가 하나이므로 눈이 눈을 볼 수가 없듯이 취할 수가 없고, 그러면서 그 속에 있으니 버리고 떠날 수도 없는 것이다. 이렇게 말로 표현하려야 표현할 수 없고 생각하려야 생각할 수가 없으면서도 또한 언제나 분명하게 역력히 들어나 있음을 알게 되며, 이것을 알면 남음 없이 얻게 되며, 모든 중생에게 생명의 감로수를 막힘없이 베풀 수 있게 되어, 일체에 원융무애하고 자유자재하다.

지마득(只麽得) 지마(只麽)는 그러하게(如是)와 같은 뜻이다. 얻으려고 할 것 없고, 버릴려고 할 것 없고, 오직 다만 본래부터 저절로 그러하다는 것이다. 그러니 지마득(只麽得)은 그와 같이 긍정도 부정도 온갖 것이 아닌(不可得) 그 속에서 본래 그러한 것을 확실하게 파악하여야 한다는 뜻이다.

대시문(大施門) 광대한 법보시의 문, 즉 이타의 대행(利他大行)

무옹색(無壅塞) 그 길이 막힘없어서 위아래 참된 정이 통하지 않음이 없다는 말.

묵시설 설시묵(黙時說 說時黙) 아무 말 없을 때, 오히려 천금같은 지극히 중요한 법을 보이고 있는 경우가 있다. 말이 없어도 거기에는 무한한 위력, 그리고 한량없는 자비정신이 나타나 있을 때 그야말로 소리없는 소리를 들려주고 또 그 소리를 바로 분명히 듣게 되는 것이니, 저 유명한 인도 비야리성의 유마거사가 말없는 가운데 수많은 사람들이 말하는 것 이상으로 말하고 말함이 없는 것이 둘이 아닌 법을(不二法門) 나타냈다고 하는 "유마의 한번 말없음이 마치 우뢰와 같다(維摩一黙如雷)"고 함이 그와 같은 것이며 석가세존이 일생동안 아낌없이 쉼 없이 8만4천의 법문을 종횡무진으로 설하였음에도 불구하고 최후에는

"나의 생애에 한 말도 설함이 없다(我四十九年一字不說)"라고 한 것 또한 이 같은 소식을 보여주는 것이라 하겠다. 말하되 말의 상이[語相] 없으니, 이것이 바로 묵시설 설시묵의 소식이 아니겠는가.

[해 제]

인도에서 중국으로 와서 숭산의 소림사 달마굴에서 면벽하시던 달마대사가 계시는 곳에 찾아간 신광 스님(뒤의 혜가 스님)을 대사는 상대해 주지 않았다. 밖에 서서 돌아봐 주시기를 기다리는 동안 밤이 되어 눈이 내리더니 마침내 꼼짝 않고 있는 신광의 허리까지 쌓이게 되었다. 그제야 달마 스님이 돌아보고 묻기를 "눈 속에 서 있는 사람은 누구인가" "그리고 어째서 온 것인가" 하실 때 그는 "달마대사의 대자대비에 의해서 이 우매한 사람을 구제해 주시기 바랍니다" 하였다. 그러자 대사는 "법이라고 하는 것은 그렇게 쉽게 얻어지는 것이 아니니, 참기 어려운 것을 능히 참아내고 행하기 어려운 것을 능히 해낼 때에 비로소 조그만큼 상응함이 있게 되는 것이다" 하였다. 그러자 신광이 저도 물론 생명을 걸고 왔습니다 하는 증거로 칼을 들고 왼팔을 끊어서 피 흐르는 한 팔을 흰 눈 위에 놓아 보였다.

달마대사도 그의 구법정신이 진지함을 아시고 "그러면 구체적으로 그대의 문제는 대체 무엇인가" 하고 물었다. 신광은 이에 대하여 "저의 마음이 불안합니다. 저의 마음을 안심시켜 주시옵서소"하였다. 대사는 "그렇게 마음이 불안하다면 그 불안한 마음을 나에게 내어 보여라"하였다. 신광은 여기서 비로소 구체적으로 자기 자신을 돌아봄으로서 자신의 불안한 마음을 추구하기에 노력하였다. 신광은 숭산에 가기 이전에 이미 대단한 수행을 한 바가 있었기에 이제까지의 자기가 쓰던 마음을 추구해가는 가운데 마지막으로 남은 온 하늘과 땅에 통하는 마음 즉 하늘과 땅이 나누기 이전(天地開闢以前·父母未生前)의 모양과 경험을 초월한 경지에 이르게 되었으니, 거기까지 가서 그야말로 잡을 수도 버릴 수도 없는 온 천지에 오직 하나인 마음을 보게 되었을 때 이미 불안한 마음이란 있을 것이 없어서 대사에게 "그 마음을 구하여도 찾을 것이 없습니다"하였다. 대사는 신광에게 "내가 그대의 마음을 이미 안심케 해 마쳤느니라" 하고 그의 경지를 인가하였던 것이니·여기 글귀가 그런 소식을 나투어 보이고 있다 하겠다.

22

有人問我解何宗　　유인문아해하종
報道摩訶般若力　　보도마하반야력
或是或非人不識　　혹시혹비인불식
逆行順行天莫測　　역행순행천막측

나에게　　어떤 이가　종지를　　물어오면,
그에게　　대답하리　지혜의　　힘이라고.
도인의　　그 경지를　범부가　　어찌 알까,
잘하고　　잘못함은　하늘도　　모르는 일.

　　종(宗)이란 근본이란 말이니, 선에서는 자기 마음이 근본으로
삼는 바가 종이다. 그런데 만일 어느 사람이 나에게 "그대의 마
음이 근본으로 삼는 바가 무엇인가"하고 물어온다면, 다시말해
서 '어디서 그토록 당당하고 커다란 신념이 나오는 것인가' 한
다면, 서슴없이 "나는 마하반야의 힘을 근본으로 삼노라"고 대
답해 줄 것이다. 반야는 지혜이니 여기서 지(智)란 철저하게 모
든 집착에서 떠나 마치 대허공에 그 어떤 모양도 없는 것과 같
은 대공무상(大空無相)의 공한 지혜[空智]를 말하는 것이며, 혜

(慧)란 여기에서 또한 막힘없고, 걸림없이 나오는 실천적 행동을 말하는 것이다.

이와 같이 통달한 경지는 선·악·생·사·이·해(善·惡·生·死·利·害) 관계 등의 일반적인 상대적 사고방식을 뛰어넘은 세계이기 때문에 범부중생들의 분별하는 상식으로는 알 수가 없을 뿐만 아니라, 하늘도 그 잘잘못을 헤아리기 어려운 것이 바로 마하반야의 경지요, 여기서 나오는 위대한 힘이다.

마하(摩訶) 범어 Mahā의 음역. 크다[大] 많다[多] 훌륭하다[勝] 등의 세 가지 뜻이 있으니, 즉 수량적으로 크고 숫적으로 많고, 질적으로 뛰어나다는 세 뜻을 표현하고 있으니, 절대적으로 위대함을 말한다.

반야력(般若力) 마하반야의 지혜가 능히 일체의 번뇌망상의 무명을 깨뜨리는 힘이 있음을 표현하는 말.

[해 제]

누가 있어서 "그대는 어떠한 근본원리를 믿으며, 무엇을 가장 중요하게 파악하고 있느냐" 하고 묻는다면, 나는 그에게 "마하반야의 힘을 깨달아 얻었노라고 대답할 것이다" 하니 여기서 영가 스님의 당당한 자신을 엿볼 수 있는 대목이다. 여기서의 '하종을 해하느냐[解何宗]'라는 해(解)는 보통으로는 이해한다는 말이지만, 여기서는 깨달음 즉 '증득(證得)하였느냐' 하는 뜻이다.

인도의 말 마하(Mahā)에는 크다[大] 많다[多] 수승하다[勝] 등의 세 가지 중요한 뜻을 포함하고 있어서 중국말 즉 한역(漢譯)할 때 어느 한 뜻만을 선택할 수 없고, 또한 세 가지 뜻을 모두 표현할 수 있는 적당한 말이 없기에 그대로 소리번역[音譯]하여 쓰기로 하였으니, 다른 여러 많은 음역된 것이 모두 이 같은 경우에서 나온 것이다

이것을 현재 우리말로 맞게 번역할 적당한 말을 찾을 수가 없으니, 우선 '마하'의 뜻은 '위대하다'이고, '반야'는 '지혜'라고 표현할 수밖에 없다. 이 '마하반야' 즉 '위대한 지혜'는 이른 바 보통 세속적으로 쓰는 지혜를 말하는 것이 아니다. 예를 들자면, 수학을 잘하거나, 어학에 능숙하거나 또는 돈버는 머리가 잘 돌아간다거나 하는 등을 뜻하는 그런 지혜를 말하는 것이 아니다. 그런 지혜를 불교에서는 '세지변총(世智辯聰)'이라하여 오히려 불법을 바로 알고 믿고 행하기에 장애가 되는 것 가운데 하나로 취급하여 별로 높게 평가하지 않는다. 그런데 이 세상에는 예나 지금이나 이러한 세지변총의 사람들이 득실거리고 세상을 주름잡고 있는 듯하니 참으로 딱한 일이다.

그러나 '마하반야'는 그런 지혜가 아니다. 그것은 '자성(自

性)' 즉 자기의 본질을 확실하게 파악한 지혜, 나 자신이나 이 세상이 아주 공한 것임[五蘊皆空]을 밝히 아는[照見] 지혜, 우주 법계의 진실을 철저하게 깨닫는 지혜, 이것을 바로 위대한 지혜라고 하는 것이다. 그런데 '오온이 다 공한 것임을 밝게 본다[照見五蘊皆空]'고 하니, 그렇게 보는 작용만을 지혜라고 하는 것 같이 알기가 쉽지만은, 이때의 조견(照見)과 개공(皆空)이 하나인 것이다. 그러므로 개공의 세계가 바로 '마하반야' 그것인 것이다.

그래서 일체의 모든 공덕 작용을 원만하게 갖추어 있으면서 다 공한 것이다. 이 지혜야말로 이 세상의 세간적이나, 출세간적이나 간에 모든 것을 포섭하여 인간이 활동하는 근본인 것이며, 거기서 온갖 모든 것이 쏟아져 나오는 것이다. 그러니 반야 지혜는 인도 말과 중국 말이 겹친 말[梵華双擧]이며, 지혜의 지(智)는 물질로 이루어진 모양있는 세계가 다 공한 지혜[無相의 空智]이며, 혜(慧)는 나라는 것이 다 떨어져 없고, 세상이 다 공한 것임을 바로 아는 그 속에서 나오는 실천행(實踐行) 즉 인연따라 물 흘러가듯 얽매인데 없이 자유자재롭게 살면서 어디까지나 남을 위해서 세상을 위해서 구체적인 행동을 실행하는 것이 혜(慧)의 작용이다.

이렇게 되면, 앉아 공부할 때는 공부할 뿐이요, 가야할 때는 곧 갈 뿐이요, 차마실 때는 차 마실 뿐이요, 밥 먹고 잠잘 때 그

저 밥 먹고 잠을 잘 뿐이요, 인간관계 역시 아무 조작 없이 저절로 천진하고 자유 자재롭게 살아갈 것이다.

'도인의 그 경지를 범부가 어찌 알까[或是或非人不識] 잘 하고 잘못함은 하늘도 모르는 일[逆行順行天莫測]'이라는 것은 바로 역대의 제대조사들의 소식이며, 또한 영가 스님의 유유자적한 막힘없는 자유자재의 경계를 말하고 있는 것이다. 그런 경지에서는 그렇다고 해도 맞는 것이요, 또한 그렇지 않다고 해도 맞는 것이니[恁麼亦得 不麼亦得] 어디까지나 인연이 오는대로 따라서 그에 응할 뿐이므로 무엇이 어떻게 나올 것인지 사람들이 알 수가 없기 때문이다. 마치 칼싸움의 명수가 상대가 어떻게 나옴에 응하여 변화자재하게 칼을 쓰는 것처럼 변화무쌍함을 인불식(人不識)이라 하였다.

따라서 상식적으로 볼 때 옳은 경우도 있고 그른 경우도 있으나 깨달은 경지에 있어서는 그러한 일반의 집착된 상식에 매이는 바 없이 그 법을 쓰게 되는 것이니, 『금강경』에서 이러함을 "마땅히 머무는 바 없이 그 마음을 낸다[應無所住而生其心]"고 한 것도 이런데에 통하는 소식이라 하겠다.

선의 세계에서 당의 남전 스님이 고양이 목을 벤 것을 참구하는 화두[南泉斬猫公案]가 유명한데, 이것을 예로 들어 선기(禪機) 속에서 쓰는 역행이나 순행은 그야말로 하늘도 헤아리기 어려움을 보기로 하자.

불교에서 계행의 첫째 조건이 "산 목숨을 죽이지 말라[不殺生]"는 것은 널리 다 아는 바임에도 불구하고, 선원의 조실로 참선납자들을 지도하는 남전 스님이 어느 때 수행승들이 집단적으로 편을 갈라 고양이에 대해서 논쟁을 벌이며 마당에서 서로 크게 다투고 있는 소리가 들려오자 웬일인가 하고 나가 보았다. 그런데 요새 언제부터인가 고양이 한 마리가 선원에 들어와서 그 선원에는 동과 서의 두 선당이 있으며, 거기에는 언제나 수백명씩의 수행승들이 꽉 차서 참선하고 있었는데, 그 동과 서의 양당을 고양이가 오가면서 수행승들의 귀여움을 독차지하고 있었다. 그러다가 그 고양이를 가지고 동당과 서당의 대중들이 어느 날 몰려 서서 서로가 "이 고양이는 우리 선당에서 기르고 있는 고양이"라면서 말을 주고 받다가 마침내 삿대질을 해가면서 사납게 말싸움을 벌리고 있는 판이었다. 말싸움은 점차 격렬함을 더하여 갔고 언제 끝이 날지 조짐이 보이지 않았다. 그 관경을 목격한 남전 스님은 그들의 다투는 속을 가르고 들어가자 대뜸 문제의 고양이 목을 거머지고 대롱대롱 매달려 있는 것을 치켜들고 소리쳤다. "그대들 가운데 누구라도 무엇인가 불도에 맞는 말 한 마디를 바로 할 수 있다면 이 고양이를 살려줄 것이지만, 만일 하지 못한다면 바로 고양이 목을 베어버릴 것이다. 자 한 마디일러라"

그러나 많은 수행승들은 아무 말도 못하고 있었다. 그러자 남전 스님은 부득이 말씀하신대로 마침내 고양이 목을 치고 말았다. 그러면 그 때에 어떻게 대답하였더라면 고양이를 살릴 수가 있었을 것인가. 이것이 첫째로 제기되는 문제이니 이 문제를 참구하는 것을 '남전 스님이 고양이 목을 친 화두[南泉斬猫公案]'라 한다.

그 날 밤에 남전 스님의 상수제자인 조주 스님이 볼 일이 있어서 외출했다가 돌아와서 남전 스님에게 다녀온 인사를 드렸다. 그 때 남전 스님은 조주 스님에게 낮에 있었던 일을 말해 주고는 "만일 그대가 거기에 있었다면 무엇이라 대답하였겠느냐"하고 물었다. 조주 스님은 아무 말없이 다만 신고 있던 신발을 벗어서 자신의 머리 위에다 얹고는 그 자리에서 물러나갔다. 그런 모습을 본 남전 스님은 "그대가 그 때에 그 자리에 있었더라면, 그 고양이를 살릴 수 있었을 것을…"하고 몹시 아쉬워하였다고 한다. 그래서 그 이해하기 어려운 조주 스님의 그 같은 행동이 또한 무슨 뜻일까 하는 것이 둘째로 제기되는 문제이며, 이 화두의 핵심이다.

이 공안에 대해서 어떤 사람들은 남전 스님이 고양이를 베어서 살생을 하였다 하여 매우 못마땅한 평을 하기도 한다. 그러나 이런 경우에 문제점을 고양이에다 두거나 살생했다는 데에만 둔다면 초점이 안 맞는 것이며, 이 공안의 참뜻과는 그야말로 멀기가 십만 팔천리이다. 왜냐하면 문제가 거기에 있는 것이 아니기 때문이다. 말하자면 남전 스님의 한 칼로 몸이 떨어져 두 조각이 난 것은 고양이가 아니라 그 자리에 있던 수행승들인 것이다. 아니 더 나아가 남전 스님이 한 칼로 베어버리려고 한 진짜 대상은 다름 아닌 모든 우리들 자신의 분별망상 즉 나·내 것에 집착하는 자아(自我 : ego)의 근본 뿌리를 아주 끊어버리는데 두고 있는 것이라 하겠다.

세속적인 것들은 한 번 아주 죽여야 비로소 바로 사는 것이 선의 길인 까닭이다. 돌이켜보면 우리는 모두가 이러한 고양이 소동과 같은 일로 항상 나와 남이 서로 대립하여 몸과 마음을 깎아내리고 흔들어 가면서 소유욕에 사로잡혀 매일을 그리고 일생을 쫓아다니고 있는 생활에서 벗어나지 못하고 있다. 그러기에 남전 스님은 감히 살생하는 허물을 지어가며 고양이를 베어버림으로써 그저 모든 것을 상대적으로 대립시켜서 볼 줄만 알고 나와 남을 따로 세워서 내 욕심에만 얽매이는 집착을 끊어버려야 함을 보인 것이다.

23

吾早曾經多劫修　　오조증경다겁수
不是等閑相誑惑　　불시등한상광혹
建法幢立宗旨　　　건법당입종지
明明佛勅曹溪是　　명명불칙조계시

내 일찍　여러 생에　수없이　닦았으니,

함부로　말을 하여　중생을　속임 없네.

깃발을　높이 들고　종지를　드날리니,

위대한　부처님 법　조계가　이었도다.

영가 현각 선사 자신이 과거 오랜 옛적부터 세세생생마다 불
도수행을 거듭해왔고, 금생에서는 천태교학(天台教學)을 연구
하고 마하지관(摩訶止觀)을 수행하여 최후에 육조 혜능 스님에
게서 인가를 받았기 때문에 이『증도가』는 절대로 아무렇게나
거짓말 하거나 큰 소리만 탕탕 치거나 하는 것이 아니라 진실로
깨달은 바 경지를 말하지 않을 수 없어서 말한 것이다. 따라서
정법의 깃발을 높이 세우고 대법을 널리 펴게 되는 것이니, 내
가 법을 받은 육조 스님의 선지(禪旨)야 말로 불법을 바로 이어

오고 이어가는 틀림없는 정법이다.

등한(等閒·等閑) 가볍게 생각하여 마음 쓰지 않고 아무렇게나
한다.

광혹(誑惑) 광(誑)은 거짓말하며, 남을 속이는 것. 혹(惑)은 사람
들의 마음을 흔들어 놓은 것.

법당(法幢) 설법하는 곳에 깃발을 세워서 표시하던 전통을 가리
키다가 뒤에는 정법을 크게 선양하는 뜻으로 사용하게 되었다.

명명불칙(明明佛勅) 영산회상에서 부처님이 금빛 꽃을 대중에게
들어 보인 바 아무도 그 뜻을 헤아리지 못하는데 오직 마하가섭
만이 그 뜻을 알고 미소 지음을 보고 부처님이 "나에게 정법안
장 열반묘심 실상무상(正法眼藏 涅槃妙心 實相無相)의 법문이
있어 이것을 마하가섭에게 부촉하니 후세에 전하라" 하셨으니,
선종에서 경전에 있는 언설밖에 석가세존이 이심전심(以心傳
心) 함을 말하는 것이며, 이것이 조계문중의 전법상(傳法相)이
라는 것.

[해 제]

선수행에 통달한 선지식, 즉 조사 스님들이 제자들을 지도하거나 중생들을 교화함에 있어서는 어떤 경우에는 느닷없이 상상과 상식을 초월하는 역행(逆行)의 언어와 행동을 쓰기도 하고, 그런가 하면 어떤 때는 지극히 평범하고 상식에 벗어남이 없는 순행(順行)이 마치 물 흘러가듯 조금도 이상할 것이 없는 솜씨가 슬슬 막힘없이 나오기도 한다.

다시 말해서 역행은 사회적인 상식에 어긋나는 언행을 하는 것이며, 순행은 사회의 일반상식을 따르며 지극히 평범하여 이상함이 없는 언어나 행동이니 이러한 역행과 순행이 언제 어떻게 나오느냐 하는 것은 그야말로 아무도 모르는 것이니, 상대가 어떻게 나오느냐에 따라서 나오는 것이기에 그것은 본인도 모를 일이라 하겠다.

선의 어록 등에는 역행과 순행의 양쪽이 나오는 것을 보는데, 대체로 순조롭게 깨달음을 얻은 이들의 언행에 오히려 역행을 보이는 경우가 있는 것 같은데, 이런 경우는 깨달음으로써 지금까지 전혀 알 수 없었던 아무것도 없는 세계 즉 무일물의 세계를 처음으로 보았기 때문에 이런 경지에서 보면 형상 세계의 모든 것이 역행으로 보이며 그것이 또한 조금도 이상할 것이 없는 것이다.

예컨대 남전 스님이 고양이를 한 칼에 그 목을 벤 것은 보통

상식으로는 그런 가엽고 끔찍한 짓을 이 도저히 할 수가 없는 것인데도 감히 선승들의 각성을 위하여 보인 살생은 전형적인 역행이라 할 것이며 이 밖에도 운문 스님에게 어느 수행승이 "어떤 것이 부처님입니까[如何是佛]"하고 물으니, "마른 똥막대기이니라[乾屎橛]"하고 대답하였고, 또 단하 스님이 추운 겨울날 목불상을 태워서 추위를 녹였다는 등은 다 역행을 보인 것이다.

그러나 선지식의 순행은 조사어록의 곳곳에서 볼 수가 있다. 예컨대 유명한 조주 스님의 언행에서 나온 화두에는 역행은 볼 수가 없고 거의 다 순행이니, 어느 날 수행승이 조주 스님에게 인사를 올리면서 "소승은 어제 처음으로 선원에 들게 된 신참입니다. 어떻게 하여야 하는 것인지를 지도하여 주시기를 바랍니다" 하고 청하였다. 그에게 조주 스님은 "그대는 아침 죽 공양은 하였는가" "네. 공양하였습니다" "그러면 그 공양한 죽 그릇을 잘 씻어 두게나" 한 것이나, 조주 스님이 스승인 남전 스님에게 "어떤 것이 도(道)입니까" 하고 물었을 때 남전 스님은 "평상심이 도니라(平常心是道)" 하신 것 등은 순행 그것이다.

석가세존의 교화 설법에는 역행이 전혀 보이지 않는다. 선지식들도 혈기 왕성한 젊은 시기에는 여러 가지 역행을 보이다가도 세월이 쌓여 노년기에 들게 되면 설법 교화하는 솜씨가 숙련되어 따라서 그 언행에서 선적인 체취를 풍김이 사라지고 깨달았다는 그림자마저 없어져서 무엇인가 기특함이 사라져 자연스럽게 순행이 이루어지게 되는 것인가 보다.

『증도가』의 경지에 노니는 영가 스님도 중생제도에 있어서는 어느 경우에는 역행이 나오는가 하면 또한 순행이 물 흐르듯 행해졌다고 하겠다. 그런데 그런 경계에 이르는 데는 역시 오랜 세월의 수행을 거친 끝에 도달하였노라고 거짓 없이 진솔하게 감회를 토로하면서 부처님 법이 널리 이 세상에 유포됨에 있어 그 전통이 중국에는 조계산의 혜능 대사가 부처님의 정법을 바로 이은 정통의 법계통임을 분명히 하고 그 경로를 다음에 밝히면서 자신이 그 정통의 법맥을 이었음을 확실하게 언급하고 있다.

第一迦葉首傳燈   제일가섭수전등
二十八代西天記   이십팔대서천기
法東流入此土   법동류입차토
菩提達磨爲初祖   보리달마위초조

뛰어난 가섭존자 맨 먼저 전해 받아,
달마에 이르도록 인도에 이십팔 대.
정법이 동에 흘러 이 땅에 전해오니,
동토의 법맥으로 달마가 초조 되다.

부처님의 제자들 가운데 가장 뛰어났던 사리불존자와 목련존자는 부처님 보다 먼저 돌아가셨고 다음에 나이도 많고 법랍이 가장 높으며 또한 '두타제일'이라고 칭송을 들을 만큼 수행 생활에 철저하였던 마하가섭존자가 맨 먼저 부처님 법을 정통으로 이어받았고 다음이 아난존자이며 이와 같이 법등이 전해져서 보리달마존자에게까지 이르러 인도에서의 제 28대까지 대대로 이어졌고 인도 제 28대 조사가 되는 달마대사가 중국에 선법을 전하여 동토인 중국에서의 초조가 되었다.

가섭(迦葉) 범어 Mahā-Kāśyapa[마하-가샤파·摩訶迦葉]. 부처님 십대제자의 한 분. 처음 바라문교의 가르침을 신봉하였으나 부처님이 성도하신 뒤 3년이 되던 때에 부처님 제자가 되었고, 마침내 그 법을 전해 받아서 서천(西天) 즉 인도의 제 1조가 되었다.

전등(傳燈) 법을 등불에다 비유하여 세상을 밝히는 등불이 얼마든지 불을 나누어 밝히되 그 빛이 조금도 달라짐이 없듯이 법의 맥을 이어감을 말하는 것이니, 그와 같이 법등을 전하는 이들을 역대의 조사라 한다.

법동류(法東流) 정법의 전등이 서천 인도의 동방인 동토 중국에 전해짐을 말하니, 『경덕전등록(景德傳燈錄)』에는 '법동류(法東

流)'라 하였고 다른 문헌에는 '역강해(歷江海)'로 되어 있는 데도 있다.

[해 제]

옛적 석가세존께서 영축산에 계실 때, 어느 날 세존께서 영산회상에서 설법하신다는 소문을 듣자 산 위의 법회장소에 많은 청법대중들이 모여 들었다. 그 가운데 한 사람이 한 송이 금빛 나는 연꽃을 가지고 있다가 세존에게 바쳤다. 세존께서는 그 꽃을 받으시고는 아무 말씀 없이 모인 사람들을 향하여 내보이셨다. 그 자리에 모인 사람들은 모두가 그것이 무슨 뜻인지 알 수가 없어서 그저 망연히 있을 뿐이었다.

이때에 그 가운데 있던 세존의 십대제자의 한 사람인 마하가섭존자만이 오직 혼자 그 뜻을 알고 환한 미소를 지었다. 그것을 보신 세존께서는 "내가 깨달은 매우 오묘하고도 진실한 법문을 도저히 언어나 문자로 전해줄 수가 없지만 마하가섭이 이제 나와 같은 깨달음을 얻었다는 사실을 확실하게 인정하노니 마하가섭 그대에게 이 법을 부촉하노라(不立文字 敎外別傳 正法眼藏 涅槃妙心 實相無相 微妙法門)"하셨다고 한다.

이것이 인도에서의 선사상이 전승되어진 시작이며, 그 후에 대대로 법이 전해져 인도 전승의 제 28대 조사가 바로 보리달마존자이며, 그가 다시 인도에서 중국으로 와서 동토선종의 초조가 됐다. 선종의 전법이 오늘날에 이르기까지 역대 전등의 제대 조사들에 의해 마치 한 등불을 여러 등불로 옮겨 붙여가면서 세상을 밝혀 나가듯이 한 마음에서 마음으로 전해지면서 끊어짐 없이 내려오고 있다.

이와 같이 전법의 고사와 관련된 것 가운데, 석가세존과 마하가섭의 사이에 이루어진 이심전심(以心傳心) 즉, 말이나 글을 의지함이 없이 마음과 마음이 통한 것을 문제 삼는 것이 '염화미소(拈華微笑)'의 화두이며, 그것을 동방의 세계에 달마 스님이 전한 것을 '달마서래의(達磨西來意)'의 화두라고 부른다.

세존께서 아낌없이 법을 설하신 뒤에 말이란 결국 임시 의지하는 것 뿐이며 최후에는 말로써 표현해 낼 수 없는 가장 중요한 것이 있음을 어찌 하랴. 세존의 그 심오한 깨달음의 내용, 무연의 대자비 그런 것을 어떻게 말로 다 표현할 수 있으랴.

그것을 느끼신 세존께서는 받아 드신 꽃을 들어서 그 모든 것을 담아 내보이셨으니, 그것은 꽃이 아니라 세존의 깨달음 바로 그것이요, 부처님 마음의 표출 바로 그것이었다. 그러니 아직 마음이 어두운 대중들이 그 뜻을 헤아릴 수 없음은 당연한 일이다. 그러나 가섭만은 자기 자신이 지니고 있으면서도 미처 모르고 있던 진리를 스승의 한 몸짓에서 그것을 문득 깨닫게 되어 말로써 표현하는 그 이상의 감격스러운 마음으로 크게 미소를 지었을 것이다. 이것이 불교 전법의 첫 모양이었다.

24

六代傳衣天下聞　　　육대전의천하문
後人得道何窮數　　　후인득도하궁수
眞不立妄本空　　　　진불립 망본공
有無俱遣不空空　　　유무구견불공공

육대를　　전하여서　　천하에　　번창하니,
그 뒤에　　나온 도인　　숫자로　　셀 수 없네.
진리가　　따로 없고　　망상도　　본래 없어,
유무를　　다 버리면　　공 아닌　　공인 것을.

　　중국 선종의 초조 달마대사로부터 육조 혜능대사까지 법을
전하는 표시로 가사와 발우를 전하였고, 그 이후는 그것을 전하
지 않았지만, 그러나 바르고 깊은 큰 법, 그것은 그 이후에도 끊
임없이 전승되어서 헤아릴 수 없을 만큼 많은 도인들이 그 가운
데서 쏟아져 나왔으니, 그 경지는 고정불변하여 영구히 계속되
는 그 어떤 자아가 있다고 생각하는 데에도 얽매이지 않고 또한
한번 없어지면 아주 영원히 없어진다고 하는 견해에도 머물지
않으므로 따로 진리는 구하지도 않고, 본래 뿌리가 없는 망상을

없애려고도 하지 않는 진공(眞空) 가운데서 묘유(妙有)를 보이는 경지가 그것이다.

육대전의(六代傳衣) 석가모니불에서부터 서천 28대와 동토 6대에 이르는 동안 전승되어 온 가사와 발우가 육조대사 이후에는 법보다 물건에 눈독을 들이는 쓸데없는 싸움을 없애기 위해 더이상 전하지 않았다.

불공공(不空空) 역대 선지식들이 공을 설하는 것은 유에 집착하는 병을 고쳐주기 위한 것인데, 그 곳에 집착한다면 그것 역시 병인 것이다. 그러므로 '유(不空)'라는 삿된 견해를 부정하는 진공(眞空)의 경지에서 묘유(妙有)의 살아 움직이는 작용을 나타내는 것이 불교의 공인 것이다.

[해 제]

이것은 달마대사가 인도에서 중국으로 정법을 전래한 모양을 간단하게 요약한 것이니, 인도에서의 전법의 제 1대 조사인 마하가섭으로부터 내려온 제 28대의 조사되는 보리달마대사가 중국에 선법을 처음 전함으로써 중국 선종의 초조가 되기도 하는 것인데, 달마 스님은 인도 향지국 국왕의 제3왕자였다고 전한다. 출가하기 전 왕자로 있을 때 어느 날 국왕이 스승으로 받드는 큰 스님이 왕궁으로 찾아와서 왕과 왕자들에게 매우 값진 훌륭한 보옥을 보여주었다.

모두 그것을 보고 감탄하여 마지않았는데 그 가운데 어린 왕자만이 고개를 흔드는 것을 보고 큰 스님이 물었다. "그대는 어찌하여 감탄하지 않는가?" 하니, 어린 왕자는 대답하기를 "그것은 아무리 훌륭하다고 해도, 화재나 수재를 만나면 변하거나 파괴되기도 하고, 또한 남이 훔쳐 가기도 하지만 불이나 물이나 도적을 만나더라도 변하거나 없어지지 않는 것이라야 진정한 보물이라고 하겠습니다" 함을 듣고 큰 스님이 "그대 말이 참으로 옳은 말이구나" 하고 감탄하며 다시 묻기를 "그런데 그런 보물이 어디에 있는겐가" 하자 어린 왕자는 자기와 여러 사람 모두의 가슴을 가리키며, "여기에도 저기에도 다 있습니다" 하면서 마음을 가리켰다.

이에 더욱 감탄한 큰 스님은 마침내 그 어린 왕자를 출가시켜서 제자로 삼았으니, 그 큰 스님은 인도 27대 조사인 반야다라존자이며, 그 제자는 후일의 28대 조사이며, 또한 중국 선종의 초조가 된 보리달마대사이다. 처음 '보리다라'라고 이름하였으나, 뒤에 '보리달마'라고 고쳤다.

스승인 반야다라존자를 40년 동안 가까이 모시면서 마음을 닦는 수행을 하였고, 반야다라존자가 입적하신 뒤에는 인도의 여러 지방을 다니면서 여러 많은 사람들을 교화·제도하는 활약을 펼치면서 당시의 소승선관(小乘禪觀)의 6종을 굴복시킴으로써 그 이름이 일세에 드날리게 되었으니, 이같이 인도에서 활동하기를 60여년 계속하다가 드디어 동토인 중국에 차츰 불법의 인연이 높아가고 있음을 관조한 끝에 바야흐로 백세가 훨씬 넘은 나이에도 불구하고 동방으로 향하는 뱃길에 올라 실로 3년이라는 신고(辛苦)를 겪은 끝에 겨우 중국의 남쪽 광주 근방에 도착한 것이 527년(梁 武帝)이었다고 전해지고 있다.

달마 스님은 제일 먼저 당시 중국의 남방의 대국인 양나라의 호법왕으로 유명한 무제를 만나 대화를 하였으나, 아직 기연이 맞지 않음을 알고 당시 중국의 정치·경제·문화의 중심지였던 북방의 대국 북위나라의 장안으로 가서 숭산 소림사에서 9년간 면벽수행을 하면서 시절인연이 익기를 기다리다가 마침내 중국의 스님 신광(神光)이 찾아와서 눈 쌓이는 날 스스로 한 팔을 끊고 구도의 열정과 성의를 표하는 것을 맞아 정법을 전하고 혜가(慧可)라 이름하게 하니 선종의 제 2조이며, 3조 승찬, 4조 도신, 5조 홍인 그리고 육조 혜능 스님으로 정법이 이어져 가면서 법을 이어받을 때마다 그 신표로써 가사(袈裟)를 전한 것을 전의(傳衣)라 한다.

그런데 5조에게서 6조에게 전법과 전의가 행해지는 동안에 법은 없으면서 신표인 가사만을 탐을 내어 힘으로 빼앗으려는 극적인 사건이 있게 됨에 그 이후에는 전법의 신표로서의 전의는 전하지 않기로 한 사연이 『육조대사법보단경(六祖大師法寶壇經)』에 자세히 나와 있어서 유명해진 일화가 있으므로 "육대의 전의가 천하에 알려졌다[六代傳衣天下聞]"고 하였다. 육조 스님 뒤에 그 법을 받은 많은 제자들 가운데 남악·청원·남양·하택·영가 스님 등이 특출하였으며, 영가 스님은 그 중의 한 분이다. 그와 동시에 널리 일반 사람들, 즉 위로는 국왕 대신으로부터 유학자·도학자 등에 이르기까지 선문에 관심을 기울이는 수가 많아짐에 따라서 이들 가운데 직접 참선수행에 정진한 사람들은 처음으로 교외별전(敎外別傳)의 선종가풍에 접하여 불교의 핵심을 몸소 체험하기도 하였으니, 이러한 경위를 "그 뒤에 나온 도인 숫자로 셀 수 없네[後人得道何窮數]"라고 하였던 것이다.

만일 "이것이 바로 진짜다. 이것이야 말로 절대 사실이다"라고 생각한다면, 그 순간 벌써 고정관념에 사로 잡히고 말게 된다. 그 반대로 "이것은 사실이 아니다. 거짓이다"하는 것도 역시 같아서 그렇게 생각하는 그 순간에 벌써 거짓이라고 생각하는 관념의 지배를 받게 되는 것이다. 그런데 이 같은 관념이라는 것부터가 본래 헛된 것이어서 알갱이가 없는 것이다. 그래서 그것을 "망상도 본래 없다[妄本空]"라고 한 것이다.

그러나 그것은 진(眞)에 대해서도 같은 것이니, 요컨대 대도(大道, 즉 진실한 자기인 묘법)에는 '진'이고 '망'이고 간에 그 무엇이라도 세우지를 않는 것이다. '유(有)'다 '무(無)'다 하는 상대적인 입장을 세우는 것도 역시 같은 경우이니 '유'니 '무'니 하는 것이 다 관념에 지나지 않으며 따라서 그런 것이 모두 다 본래 공한 것임을 확실하게 알아야만 하므로 그것을 "유무를 다 버리면[有無俱遣]"이라 하였고, 불공(不空)은 우리의 다섯 가지 감각기관으로 파악할 수 있는 것, 즉 객관세계, 즉 현상세계로 본다면, 공(空)은 우리의 감각기관으로 파악할 수 없는 것이니, 불공(不空)이 공(空)이라고 하는 것은 물질로 이루어진 모양 있는 세계는 생하고 멸하고 하며 시시각각으로 변하여서 무상하여 실체가 없어 영원하지 못하며 진실하지 못하므로 본래 공한 것이기에 그래서 불공이 공한 것이라고 하였으니, 이것이야 말로 여래의 대원각인 것이다. 그런 까닭에 영가 스님은 앞에서 "모든 것이 무상하여 일체가 다 공한 것이니, 이렇게 보는 것이 바로 여래의 대원각이다[諸行無常一切空 卽是如來大圓覺]"라고 설파하고 있다.

二十空門元不著　　이십공문원불착
一性如來體自同　　일성여래체자동

세상사　　모두 공해　　원래가　　없는 것이
하나의　　참된 성품　　여래와　　다름 없네.

반야의 법문은 모든 것을 철저하게 부정하고 또 부정하여, 부정한다는 그것까지도 부정하여 일체 것에 집착하는 바가 없는 거기에 궁극적으로 지혜의 눈이 활짝 열리는 것이며, 그런 때에 사람마다 누구나 본래 갖추고 있는 불성이 나타나서 그 체성은 여래와 다름이 없음을 자각하게 된다.

이십공문(二十空門) 『대반야경(大般若經)』에서 "(1)내공(內空) (2)외공(外空) (3)내외공(內外空) (4)공공(空空) (5)대공(大空) (6)제일의공(第一義空) (7)유위공(有爲空) (8)무위공(無爲空) (9)필경공(畢竟空) (10)무시공(無始空) (11)산공(散空) (12)성공(性空) (13)자상공(自相空) (14)공상공(共相空) (15)불가득공(不可得空) (16)무법공(無法空) (17)유법공(有法空) (18)무법유법공(無法有法空) (19)무변이공(無變異空) (20)일체제법공(一切諸法空) 등의 20종류의 공을 말하나 공은 오직 하나뿐이니, 20종이 있다는 생각 즉 유견(有見)을 파하기 위하여 20공을 세우지만, 그러나 이 공도 또한 공이다"라고 밝히고 있다.

[해 제]

　　『대반야경』에서 20종의 공을 설하고 있는 것은 공이라고 하는 사실을 20가지의 각도에서 말하면서 사상적으로 될 수 있는 대로 상세하고 면밀하게 이러한 사실을 알게 하려는 대자비심

대노파심의 나타남이라 하겠다. 그러나 "공이라는 사실"은 아무리 십중, 이십중으로 설한다 하더라도 결국은 그 사실을 진실로 알게 해 줄 수가 없는 것이며, 단서도 잡을 수가 없는 것이니 이것은 어디까지나 수행을 통하여 체험적으로 파악할 수밖에 없는 것이니, 즉 그것을 스스로 철저하고 바르게 깨닫는 것 이외는 절대로 남을 의지하여 얻을 수 있는 방법이란 없는 것이기 때문에 그것을 "20의 공문(空門)에 원래 조금도 착하지 않는다(二十空門元不著)"라고 표현한 것이다.

왜냐하면 진망(眞妄), 유무(有無), 신심(身心), 주객(主客) 등의 상대적인 대립이 완전히 끊어져 없어진 그 자리에 그때 바로 홀연히 대도의 묘법이 바로 앞에 나타나는 것이니까.

이러한 대도현전(大道現前)의 실제 체험한 바를 육조대사는 "본래무일물(本來無一物)"이라고 표현하였으니, 바로 제법이 공한 실상을 철저하게 깨달아 아는 데서 나온 말이라 하겠다.

이같이 상대적인 경계가 완전히 없어진 곳에 홀연히 나타나는 것이 바로 진실한 자기본래면목인 것이다.

25

心是根 法是塵　　　심시근 법시진
兩種猶如鏡上痕　　　양종유여경상흔
痕垢盡除光始現　　　흔구진제광시현
心法雙亡性卽眞　　　심법쌍망성즉진

마음은　육근이요　세상은　육진이니,
둘이 다　허망하여　거울 위　티끌일세.
모든 때　닦아내면　저절로　비추듯이,
심과 법　다 없으면　그게 곧　진여일세.

　일반적으로 주관적인 육근의 감각작용을 내 마음이라 하며, 객관적인 육진의 현상세계를 법이라 하는데, 이 주관적인 마음과 객관적인 법이란 결국은 마치 거울 위에 생긴 때자국과 같은 것이니, 거기에 집착할 것이 전혀 없는 것이다.

　그와 같이 모든 죄업과 번뇌망상이 본래 뿌리가 없는 것인데, 다만 주관적 마음과 객관적 세계, 즉 마음이 법진을 상대하여 분별하는데서 생긴 것이 죄업장이며 번뇌망상이기 때문에 분별하고 집착함을 여의면 무아(無我)가 되고 무심(無心)이 되니, 그것이 곧 심공(心空)이다. 마음이 공하면 상대되는 법 또한 공하니 이것이 곧 법공(法空)이다. 그래서 주관과 객관이 다 공한 곳에 어떻게 죄업과 번뇌망상이 땟자국처럼 붙어 있을 수가 있으랴.

이와 같이 마음이 공하여 법이 공하며, 주관이 공하여 객관도 공하면, 상대되는 두 가지가 모두 제대로 비추지 못하던 물이 조용해지면 본래의 맑고 깨끗한 성질이 바로 그대로 드러나서 조건없이 바로 모든 것을 비추듯이 모든 공한 곳에 저절로 본래 갖추고 있는 진실한 자성 즉 진여불성(眞如佛性)이 드러나게 되는 것이다.

[해 제]

마음은 이것이 근이요, 법은 이것이 진이다[心是根 法是塵] 한 것은, 여기의 마음이란 반야 지혜와 무량 공덕을 본래 갖추고 있는 본분의 세계[本分世界] 즉 선의 세계에서의 본래면목(本來面目)이니 이것이 바로 근이라고 한다. 왜냐하면 근(根)으로 해서 마음이 현전하는 까닭이다. 여기의 법이란 현상세계의 일체 사물을 가리키는 것이니, 즉 물질로 이루어진 모양 있는 것들은 대소를 막론하고 다 진(塵)이라고 한 것이다.

왜냐하면 일반적으로 신성하고 거룩한 진리의 세계는 우리의 이 세계가 아니고 따로 있는 것이므로 그 신성한 세계로 가야만 하며 그래야만 선과 악 죄와 업장이 섞여 소용돌이치는 이 오탁악세를 벗어나기를 갈구하여야 한다고 생각한다. 그러나 부처님은 제자들에게 이르시기를 "그대들도 맑고 깨끗하고 신성한 진리의 세계를 보고 알고 가고 싶으냐"하고 물으셨을 때 모두 이구동성으로 "예, 그렇고 말구요 어떻게 하면 그렇게 될 수가 있습니까" 할 때에 "그렇다면 그대들이 지금 살고 있는 눈앞의 현실세계를 바로 보아라. 현실의 이 울고 웃고 선하고 악함이 함께 소용돌이치는 이 세상의 모양이 그대로 진리의 모습 그것인 것이지, 이 세상 말고 따로 진리의 세계가 건립되어 있는 바가 없느니라" 하셨다고 한다.

그러므로 마음이라 하나, 법이라 하나 이것이 실제로 사실로써 따로 있는 것이 아니라 제자들에게 중생들에게 알려주기 위한 방편으로 진실을 둘로 나누어 설명하는 것 뿐이니, 말하자면 사상의 산물이라 할 것이며 진실한 사실 위에 낀 먼지요 때라고 할 수 있는 것이므로 영가 스님은 이것을 "둘이 다 허망하여 거울 위의 티끌일세[兩種猶如鏡上痕]"이라 하였다. 마음도 법도 커다란 밝은 거울 위에 생긴 때요 더러운 것이기 때문에 수행에 있어서 이 두가지를 모두 남김없이 아주 철저하게 지워 없애버려야만 하는 것이니 이것이 선종의 수행에서 내세우는 '생사일대사해결[生死一大事解決]'인 것이다. 이렇게 됐을 때 돌연히 자기의 지혜광명이 우주법계에 두루 가득하게 되는데, 사실은 본래부터 두루 가득하여 있었음을 알게 된 것이라 하겠다. 이것을 선에서는 '견성하였다[見成自性]'고 한다.

불교에서 마음[心]이라고 할 때 크게 두 가지 뜻으로 보게 된다. 하나는 보통 일반적으로 말하는 마음이니 기쁘다 슬프다 춥다 덥다 하는 것 등을 느끼는 마음, 즉 심의식(心意識 : 이런 경우에는 심과 의식은 같은 뜻으로 사용된다)이라고 하며, 또는 여러 가지로 생각하는 마음 사정을 판단하여 결정하는 마음의 작용, 즉 사유(思惟)하는 마음 등 이런 것을 종합적으로 현상심(現象心)이라고 하며 심리학의 대상이 되는 마음이니 불교심리학에서 말하는 유식의 제6식, 제7식, 제8식 등도 이 범위에 속하는 것이라 하겠다.

이에 대하여 또 하나의 마음은 현상의 마음에 대하는 본분의 마음, 또는 상대의 마음에 대하는 절대의 마음이 있으니, 이것이 우리의 참 마음[自性, 佛性, 本性, 心地, 心田, 眞如 등으로 이름함]이다. 『대승기신론(大乘起信論)』에서는 이것을 심생멸문(心生滅門)과 심진여문(心眞如門)이라 하고 있다.

그런데 영가 스님이 "마음은 근이요" 한 것을 좁게 6근에만 결부시키는 견해가 있음을 보게 되지만 영가 스님의 본 뜻은 더 넓게 현상의 마음만이 아닌 본분의 마음을 아우르는 마음으로 보아야 할 것 같다. 왜냐하면, 영가 스님은 본분의 분상에 서서 『증도가』를 말하고 있음을 볼 때 "마음은 근이요 법은 진이요"

한 것도 마음의 본질을 밝히려는 것이기에 현상의 마음보다 어디까지나 본분의 마음을 말하는 것으로 보아야 하기 때문이다.

嗟末法 惡時世	차말법 악시세
衆生薄福難調制	중생박복난조제
去聖遠兮邪見深	거성원혜사견심
魔强法弱多怨害	마강법약다원해

슬프다	말법시대	오늘의	악한세상,
중생이	박복하니	제도키	어려워라.
성인은	멀어지고	사견만	치성하며,
마군은	강해지고	정법은	쇠약하네.

그러나 아! 슬프구나. 말법시대에 사는 근기가 약하고 복력이 엷은 중생들이 이러한 가르침을 바로 믿지 아니하니 인연 없는 중생을 어떻게 제도하랴. 대성인 석가세존 가신지 오래 될수록 중생들의 근기가 약해지고 삿된 견해만 깊어져서 악마는 강성하고 정법은 쇠약하니 도리어 정법을 불신하여 반대하고 비방하는 말세에 남을 원망하며 음해하는 일만 치성하는구나!

거성원혜(去聖遠兮) 아주 미세한 미혹과 어지러운 번뇌까지도 모두 끊어서 무구청정한 반야지혜를 발하여 진리를 증득함으로써 정법으로 중생을 제도하는 지위를 성인이라 하니, 여기서는 석가세존을 가리킨다. 『증도가』를 지은 영가현각선사는 불멸 후 일천 육백여년 이후의 시대에 살았으므로 성인 가신지가 멀다고 하였다.

[해 제]

　부처님 입적하신 뒤 불법의 흐름[佛法住世]을 정법시대(正法時代), 상법시대(像法時代), 말법시대(末法時代)의 세 시기로 구분하는 설이 있다. 즉 부처님이 생존해 계실 때와 다름없이 교리·해행·증오[敎·行·證]의 세가지 요건이 갖추어져 있는 시기를 정법시대라 하고 다음은 바른 교법도 있고, 불도를 수행하는 사람들도 많지만, 증도(證道) 즉 깨달음을 얻는 사람이 매우 적은 것이다. 그러므로 정법시대와 같지는 않으나 비슷하다는 것이니, 마치 사진이 실물과 비슷하나 실물과 같지 않으니 마치 실물을 사진으로 보거나 유리창 너머로 보는 것과 같다 하여 상법시대라고 한다. 그리고 세월이 흘러 뒤에는 겨우 불교의 교리만이 남아 그것을 학습하여 아는데 머물 정도이지 그것을 실지로 실천하고 깨달음을 얻는 일은 보기 어려운 시대가 된다. 즉 관념불교(觀念佛敎) 혹은 사상불교(思想佛敎)에 머무르는 단계이며, 현대의 오늘날 우리가 사는 세상이 그러한 상황을 갖추고 있다 하겠으니, 그래서 말법시대라고 한다. 그 시기를 일반적으로 정법시대 5백년, 상법시대 5백년, 말법시대 1만년이라 하기도 하고 또는 정법시대 1천년, 상법시대 1천년, 말법시대 1만년이라고도 한다.

영가 스님은 부처님 멸후 약 1천년이 좀 지난 시대이므로 말법시대의 초기에 살았다고 할 것인데도 말세의 악한 세상이라고 한탄하고 있는 것이다. 말세의 악한 세상에서는 거의 모든 사람들이 이름과 이익만을 추구하여 공덕을 쌓는 일에 마음을 쓰는 사람은 극히 드문 상황이므로 인과가 분명하기에 일반 사회적으로 진정한 복덕을 지닌 사람이 매우 적어서 비록 일시적으로 화려하게 번영하는 듯 하다가도 얼마가지 않아서 몰락하는 모양이 많으니, 이것은 그러한 번영과 행복이 계속될만한 기초를 제대로 쌓지 못하였기 때문인 것이다. 그러니 이러한 사람들은 바른 가르침으로 교화하여 이끌려고 하더라도 그들은 공연히 나·나만·내 것 하는 생각에 사로잡혀서 아견(我見), 아집(我執)이 깊고 억센 까닭에 교화하여 제도하기가 참으로 쉽지 않은 것이다. 그래서 영가 스님은 여기서 한탄하기를 "말법의 악한 세상에서는 중생들이 박복해서 조련하여 제어하기가 어렵다"라고 한다. 그러면서 대성인 석가세존이 입멸하신지 세월이 오래 지나면서 바른 생각[正見]은 쓰러지고 삿된 견해[邪見]만이 깊이 사람들 마음에 자리잡고 있으니, 이같이 사견이 가득하여 마음에 틈이 벌어지면, 악마가 그 틈으로 침입하여 마음을 흔들어 어지럽게 하여 사견은 더 강하고 정견을 약화시키게 된다. 즉 사람의 마음을 어지럽게 괴롭히며 가정을 불안케하고 사회에 해악을 끼치게 하니, 이것이 다 악마의 짓인 것이다. 말하자면 우리가 수행정진하여 도업(道業)을 성취하고자 함을 막는 것을 마(魔)라고 하는데 마를 내마(內魔)와 외마(外魔)로 나누게 된다.

천태대사는 그의 『천태소지관(天台小止觀)』에서 10종의 내마가 있으며 그것은 모두가 바른 길을 닦아서 바른 깨달음에 이르는 것을 방해하는 것들이라고 하였다. 외마는 수도 정진해 성도하는 데 장애를 주는 외부의 여건들 예컨대 천재지변(天災地變)이 있다던지, 병에 걸려서 지장을 받는다던지, 등등 다른 수행을 방해하여 지장을 주는 외부적인 장애물, 유혹요인 또는 그러한 조건이 다 외마이다.

26

聞說如來頓教門	문설여래돈교문
恨不滅除令瓦碎	한불멸제영와쇄
作在心 殃在身	작재심 앙재신
不須怨訴更尤人	불수원소갱우인
欲得不招無間業	욕득불초무간업
莫謗如來正法輪	막방여래정법륜

여래의	최상 법문	들어도	아득하여,
못 믿고	비방하여	방해함을	한탄하네.
마음이	업을 짓고	고통은	몸이 받네.
남들을	원망 말고	자기를	반성하라.
지옥에	들어갈 일	부르지	않으려면,
여래의	바른 법을	절대로	비방 말라.

　　만약 자성을 깨달으면 바로 부처라는 돈오의 법문을 듣더라
도 오히려 그것을 부정하여 방해함을 어찌하랴. 모든 죄업을 짓
는 것이 남이 시키는 것이 아니며 스스로 내 마음이 욕심내고
성내고 인과응보를 믿지 않는 어리석은 마음으로 죄업을 지으

나, 그 업인으로 해서 뒤에 과보를 받을 때 그 고통은 어떤 모양이던 간에 몸으로 받게 되는데, 이것이 다 스스로 지어서 자기가 받는 것이므로 인과를 믿고 그것을 남의 탓으로 돌려서 원망하지 말아야 한다. 그런데 그처럼 짓는 갖가지 죄업 가운데서도 가장 중대한 죄업은 불교의 정법을 불신하고 비방하거나 파괴하는 죄 그리고 오역죄 등이니 이 같은 죄업을 지으면 반드시 무간아비지옥에 떨어지는 과보가 따른다.

돈교(頓敎) 교문(敎門)에서는 교법을 돈교·점교·비밀교·부정교 등으로 나누어 말하나, 선문(禪門)에서는 이것을 모두 점교(漸敎)라 하며, 일초직입여래지(一超直入如來地)라 하는 직지인심 견성성불(直指人心 見性成佛)의 선법을 돈교라 한다.

작재심(作在心) 작(作)은 작업이라는 뜻, 즉 일체의 모든 선업이나 악업을 짓는 작업은 그 근원이 분별심에 있는 것이다.

무간업(無間業) 한번 들어가면 벗어날 기약이 없고 거기서 받는 고통 또한 끊일 적[無間斷]이 없는 무간아비지옥에 떨어지는 죄업을 말한다.

오역죄(五逆罪) ①아버지 죽인 죄 ②어머니 죽인 죄 ③아라한 죽인 죄 ④부처님을 상해한 죄 ⑤불법을 파괴한 죄.

정법륜(正法輪) 범어의 Dharmacakra를 법륜이라 번역하며, 부처님의 교법을 가리킨다. 즉 부처님의 가르침이 중생의 번뇌 망상을 깨쳐 없애주는 것이 마치 전륜성왕의 윤보(輪寶)가 늘 굴러가면서 모든 삿된 것을 부수어 가는데다 비유한 것.

[해 제]

영가 스님은 『증도가』에서 선문(禪門)이야말로 계단을 올라가듯 점차로 수행해가는 점교의 문[漸門]이 아니라, 이러한 점차적인 단계를 단번에 뛰어 넘어서 진실한 세계에 바로 들어가서 깨달음의 경지 즉 부처님의 세계를 체험하게 하는 돈교의 문[頓門]임을 밝히고[爭似無爲實相門 一超直入如來地] 있는데, 이러한 부처님의 경지에 대번에 깨달아 들어간다고 하는 법문[如來頓教門]을 듣게 되면, 그것을 믿지 아니하고 허망한 분별에 사로잡히고 어두운 마음에 깊이 빠져 있는 까닭에 오히려 그것은 삿된 가르침이라고 할 뿐만 아니라 삿된 가르침이라고 배격하며 그것을 기왓장을 깨부숴버리듯 없애버리지 못함을 한탄한다고 우려를 나타내고 있다.

이러한 우려가 공연한 것이 아님을 입증하는 사실이 영가 스님의 후세에 있었음을 볼 수가 있었으니, 그 예를 하나 보기로

하자. 참선수행자들의 제접에 가장 준엄한 솜씨를 보인 것으로 유명한 임제의 할[臨濟喝]과 비견되는 덕산의 방[德山棒]으로 회자되는 덕산 선감(德山宣鑑, 782~865) 선사의 속성은 주(周)씨였다. 어려서 출가하여 율장을 깊이 연구하였고, 교학연구에 통달하여 특히『금강경』을 강설함이 능하였으므로 세상 사람들이 그를 '주금강(周金剛)'이라 호칭하였다.

그는 남방에서 '직지인심 견성성불(直指人心 見性成佛)'을 종지로 삼는 선종사상이 성행하고 있음을 듣고 크게 노여워하며 말하기를 "8만 4천의 경전에서 한결같이 밝히기를 보살도를 행하여 성불하기에 이르기까지는 3아승지겁의 수행기간이 필요하다 하였거늘, 단번에 마음을 깨쳐 부처를 이룬다는 허황된 소리를 하는 자들이 있다 하니 내가 남방으로 가서 삿된 무리들을 여지없이 논파하여 경전에도 없는 헛소리들을 쓸어버리고 불법을 바로 세워서 세상을 편안케 하리라" 하고 자기가 직접 지은 『금강경소초(金剛經疏抄)』를 등에다 짊어지고 남방으로 내려갔다.

도중의 어느 날 점심때가 되었을 무렵 길목에서 떡판을 펼쳐놓고 있는 노파를 만나자 주금강은 노파에게서 점심 요기를 하기 위해 떡을 사려고 하였다. 노파가 그에게 묻기를 "그 등에 짊어지고 있는 것은 무슨 책이지요?", "네 이것은『금강경소초』라고 하는 책이지요." 노파가 말하기를 "그럼 내가『금강경』에 대한 질문이 있으니 만약 스님께서 바로 대답을 한다면 이 떡을 그냥 드려서 요기를 충분히 하도록 하겠지만, 만약 대답을 못한다면 떡을 드릴 수가 없습니다." 하는지라 주금강은 "좋습니다. 물어 보시지요." 하였다.

그러자 떡장수 노파는 묻기를 "금강경에 지나간 마음도 가히 얻을 수 없으며, 현재의 마음도 가히 얻을 수 없으며, 미래의 마음도 가히 얻을 수 없다[過去心不可得 現在心不可得 未來心不可得]고 하였는데, 스님이 떡으로 점심(點心)을 하려하니 대체 어느 곳에다 마음을 점치려하나요?" 하였다. 주금강은 이 물음에 대답이 꽉 막혀서 무엇이라고 할 줄을 몰랐다. 그 모양을 본 노파는 "약속대로 떡을 드릴 수가 없구만" 하더니, 그에게 일러주기를 남방으로 더 가면 용담 숭신(龍潭崇信, 728~865) 스님이라고 하는 선문의 선지식이 계시니 그곳으로 가시라고 일러주었다.

주금강은 머리 숙이고 노파의 말대로 용담 스님 계시는 곳을 찾아갔다. 그는 용담 스님 계시는 곳 마당에 들어서자 큰 소리로 "용담, 용담하더니, 막상 와서 보니 용도 보이지 않고 못도 보이지 않는구나." 하고 외치자 안에 계시던 용담 스님이 얼굴을 내 보이시면서 "여기에 용도 있고 못도 있으니 그대가 바로 용담에 왔네." 하고 매우 온화하게 맞아 주었다. 그날 밤이 깊도록 시간 가는 줄 모르고 서로 담화를 나누다가 주금강이 숙소로 돌아가려 할 때에 밖이 어두운지라 용담 스님이 지촉(紙燭 : 종이로 꼰 노끈에 초를 먹여서 불을 붙이거나 어두움에 발밑을 비추는데 쓰는 둥글게 말아서 쓰는 종이 초)에 불을 켜서 주금강에게 주었다. 그는 그 불을 받아 들고 방에서 나와 신을 찾아 신을 신는 찰나에 용담 스님은 주금강이 들고 있던 불을 혹하고 불어 꺼버렸다.

그 순간 주금강은 문득 마음의 눈이 열리면서 이제껏 보지 못했던 새로운 세계를 보는 미증유의 체험을 얻게 되었고 그는 용담 스님에게 깊은 감사의 예배를 올렸다. 그러자 용담 스님이 "보았느냐?" 하니 주금강이 "이제부터 이후로는 천하 노화상의 말씀을 조금도 의심치 아니 하오리다." 하였다. 이튿날 아침 그는 법당 앞에 짊어지고 다니던 금강경소초를 쌓아 놓고 전부 불태워 버리고 말았다. 그리고 말하기를 "이까짓 책자는 아무 소용없는 것이요, 팔만대장경의 경전도 모두 한가한 문자에 불과하다[一毛]" 고 하였다. 이렇게 크게 깨달음을 얻은 뒤로 그는 용담 스님 회하에 30년 동안 정진하다가 당 무종의 법난 때, 독부산의 석실에서 난을 피하다가 대중 연간(847~860)에 다시 불교가 부흥할 때에는 무릉태수(武陵太守)의 청으로 덕산정사(德山精舍)에 있으면서 크게 선풍을 선양하다가 74세에 입적하니 견성대사(見性大師)라는 시호를 받았다.

『연등회요(聯燈會要)』권 20에 덕산 스님의 '광어(廣語)'가 있는데 이것을 의지하여 그의 선사상을 본다면 그 기본은 무심무사(無心無事)에 있었다. 그는 생사를 두려워할 것 없고, 열반을 따로 얻을 것 없으며, 보리를 가히 증득할 것이 없으니, 옷 입고 밥 먹고 똥 누고 오줌 싸는 평상의 생활 그대로가 자기 본연의 상태이며, 선가의 당연한 일이라 하였다. 그러므로 부처도 따로 없고 조사도 따로 없으며, 달마도 인도의 늙은이요 십지보살은 똥이 가득한 가죽주머니이고, 등각 묘각 보살은 파계범부요 보리 열반은 당나귀 매여 두는 말뚝이요 경전의 법문도 귀신의 족보요 부처도 낡은 똥막대기다 하는 등의 말을 서슴없이 하는 것이다.

이것은 사람마다 각자가 본래 부처라는 견지에서 말하고 있는 것이니, 그는 이 처럼 참으로 통쾌하기 비할 바 없는 마음의 소유자요 자신만만한 거대한 선사였다고 하겠다. 후에 저명한 선사 암두 스님이 그를 평하기를 "덕산노인은 항상 한 개 주장자를 가지고 부처가 오면 부처를 때리고 조사가 오면 조사를 때린다." 하셨으니, 후세에 까지도 덕산의 30방[棒]은 임제의 할과 함께 천하에 널리 유명한 수행자를 위하여 쓰는 솜씨였다.

이처럼 선의 천하를 이끌어간 일대 선장(禪匠)도 견성하기 전의 경전의 문자를 의지하여 세상을 보며, 문자에 대한 집착에서 벗어나지 못하고 있을 때는 역시 '일초직입여래지'하는 선사상을 이해 못하고 남방에 참선 공부하는 자들이 있어 문자를 세우지 않고 바로 사람의 마음을 가르쳐 견성성불케 한다는 소문을 듣고 이런 마구니들을 쳐부숴서 불법을 바로 잡으리라 하고 『금강경소초』를 짊어지고 떠났으니 이것이야 말로 영가 스님이 말하는바 "여래의 돈오성불하는 최상법문을 들어도 아득하여 못 믿을 뿐 아니라 오히려 비방하고 방해하여 파괴하지 못함을 한탄한다." 하는 것이다.

그런데 이 대목에 대하여 한편에는 "이와 같은 여래의 최상법 문인 돈교의 법문을 들으면서도 이것을 믿고 받아들지 못하며 설사 이것을 믿어 받아들인다 하더라도 이에 따라 직접 수행하 지를 못하고 따라서 안과 밖의 마군을 상대하여 그것들을 기왓 장을 박살내듯 쓸어 없애버리지 못함을 한탄한다."고 영가 스 님이 한탄한다고 보는 견해가 있음을 볼 수가 있다.

27

栴檀林 無雜樹	전단림 무잡수
鬱密深沈師子住	울밀심침사자주
境靜林閒獨自遊	경정림한독자유
走獸飛禽皆遠去	주수비금개원거

전단향	숲 속에는	잡목은	전혀 없고,
울창한	깊은 곳은	사자만	살고 있네.
조용한	숲 사이로	나 홀로	걸어가니,
나는 새	기는 짐승	모두가	멀리 가네.

　나무 가운데 가장 값지고 훌륭한 전단향나무의 숲에는 다른 잡목들이 자라지 못하는 것 같이 불성을 깨달아 지혜와 복덕을 구족하게 된 사람에게는 다시 허망한 잡념 망상이 침해하지를 못한다. 사자가 어슬렁거리기만 하여도 모든 짐승이나 새들까지도 다 달아나는 것 같이 자성을 바로 깨쳐서 대열반을 증득한 부처님이 자수용삼매를 수용하시며 절학무위의 한 도인이 유유자적하게 노니는 경지를 표현하는 것이며, 혹은 영가 스님이 방문하여 문답 끝에 인가를 받았던 육조 혜능 스님의 도량인 조계

총림의 진지한 선풍을 선양하고 있음을 표현하는 것이라고 볼 수도 있을 것이다.

전단(栴檀) 범어 Candana라고 하는 향나무를 말한다. 그 종류에는 백단(白檀), 자단(紫檀) 등이 있다. 아주 값진 향나무이며 약용(藥用)으로도 쓰인다. 이 나무가 있는 곳에는 다른 잡나무가 자라지 못한다고 한다.

울밀(鬱密) 울(鬱)은 초목이 무성한 모양이며, 밀(密)은 나무가 빽빽한 모양이니, 이것은 조계산의 총림에는 어미사자인 육조 스님과 함께 새끼사자인 수행자들이 몰려 있음을 말하는 것.

경정림한독자유 주수비금개원거(境靜林閒獨自遊 走獸飛禽皆遠去) 백수의 왕자인 사자 왕이 거침없이 자유롭게 홀로 노니는 것을 대승보살의 위력에다 비유함.

[해 제]

전단나무는 대단히 높은 가치가 있는 향나무를 말하는데, 이것은 진정하게 불도수행에 정진하는 참선수행자들이야말로 그와 같다고 표현하는 것이다. 그러므로 전단림에는 전단나무 이외의 가치가 낮은 잡나무는 있지를 못한다.

그와 같이 참선수행자가 많이 몰려서 정진하는 여법한 총림의 선원에는 그 곳에 진지하게 정진하는 수행자 외에는 잡사람이 있지를 못한다. 그래서 그러한 도량에는 오직 사자같이 뛰어난 훌륭한 선지식과 거기서 진실하게 수행 정진하는 사자새끼 같은 제자들만이 있게 된다.

師子兒　衆隨後	사자아　중수후
三歲卽能大哮吼	삼세즉능대효후
若是野干逐法王	약시야간축법왕
百年妖怪虛開口	백년요괴허개구

(※百千으로 하는 책도 있다)

사자의	새끼들이	어미의	본을 따라,
세 살만	되더라도	힘차게	울부짖네.
여우의	무리들이	법왕을	흉내 내면,
해묵은	요괴들도	함부로	입을 열리.

사자새끼 같은 제자들이 부처님이나 육조대사의 뒤를 따라서 수행에 정진하여 마침내 부처님과 조사들 같은 사자후로써 중생들의 번뇌를 깨뜨릴 것이지만 아직 명예나 이익에서 벗어나지 못하고 있어서 순수한 보살의 대원력을 지니지 못한 제자들이나 또 바른 깨달음을 얻으려 하지 않고 언어 문자에 집착하여

불법을 관념적으로 이해하려 드는 제자들은 아직 가짜 수행인이라 할 것이며, 짐승으로는 야간 같은 무리들이라 할 것이니, 이런 야간 같은 무리들은 아무리 사자 왕 같은 부처님 조사의 뒤를 따라다니거나 설법을 한다 하더라도 진정한 사자후를 할 수가 없는 것일 뿐만 아니라, 사자의 흉내를 내기도 틀렸다는 것이니, 영가 스님은 "참선 수행자들이여 그야 말로 사자 같은 실력을 지니라하고 질타를 하는 것이다.

사자아(獅子兒) 『열반경』에 이르기를 "야간이 사자를 백 년 동안 따라다닌다 하더라도 종내 사자후를 하지 못하지만, 사자의 새끼는 세 살만 되어도 능히 어미 사자와 같은 포효를 할 줄 알게 된다" 한데서 인용하였다. 여기서는 정법을 전해 받은 조사들을 '사자아'에다 비유한다.

야간(野干) 야생의 짐승이며, 들여우(野狐)와 같다고 한다. 불법 가운데 성문(聲聞), 연각(緣覺) 등과 같은 아직 소승에 머물러 있는 무리들을 가리킨다.

[해 제]
『열반경』에 말하기를 "마치 야간(野干)이 아무리 사자를 흉내 내기를 수백천년을 한다하더라도 마침 사자후(獅子吼)를 할

수가 없지만, 참 사자새끼는 어려도 세 살이 되면 능히 사자후를 하게 된다"고 하였다.

일반적으로는 대웅변가의 힘찬 연설을 사자후라 하는데, 원래는 경전에서 석가세존의 설법의 위신력을 칭송하여 대사자후라 한데서 나온 것이다. 이에 대하여 가짜가 비슷한 소리로 흉내 내는 것을 야간의 울음소리[野干鳴]라고 한다.

즉, 산개나 들여우 같은 것들이 아무리 무리지어 짖어댄다 하더라도 사자의 울부짖는 소리를 낼 수가 없다는 것을 영가 스님이 여기서 인용하고 있는 것은 진정한 부처님 제자들이라고 하기가 민망한 사이비 스님들을 비유하기 위하여 야간을 등장시키는 것이다.

진실한 부처님 제자란 계·정·혜의 수행이 청정하여 착실하며 지혜의 안목이 밝은 스님들을 사자새끼에 비유한다면, 부처님의 출가제자라고하면서도 수행이 청정하지 못하고 명예와 이익(名利)에 얽매어 있는 스님들이 있다면 그것을 야간에다 비유한 것이다.

진정하게 불도를 수행하고자하는 사람에게 있어서 조금이라도 명예와 이익에 대한 생각을 가지게 된다면 그것이야말로 불도를 장애하는 가장 큰 마군이 되는 까닭이다. 왜냐하면 사홍서원[衆生無邊誓願度 煩惱無盡誓願斷 法門無量誓願學 佛道無上誓願成]의 원과 행을 실천하여 성취하려한다면 이것을 행함에 있어서 이것으로 해서 이름을 얻겠다거나 이득을 얻겠다거나 하는 생각이 조금이라도 일어나 생각이 동한다면 이미 순수한 보살행이라고 할 수가 없으니, 그래서 여기서는 이러한 명리를 얻으려는 생각을 가지고 불도를 행하고 부처님 제자라 하고 설법을 하는 그런 스님들을 야간이라고 비유한 것이다.

그러므로 순수하게 법을 구하는 것이 아니고 무엇인가를 위하여 좌선하는 모양을 보이거나 선에 관한 해석을 하고 있는 사람이 있다면 그것은 틀림없이 가짜이며 야간 울음에 지나지 않는 것이고, 혹 그렇지는 않다 하더라도 참선을 하고 있으면서도 진정한 깨달음의 경지를 체험하려 하지 않고, 문자 언어로 이해하려고 한다면 이것 역시 야간의 무리에서 벗어나지 못할 것이니, 만약 그런 야간의 무리들이 암만 무리지어 짖어댄다고 하더라도 중생을 제도하는 사자후의 흉내도 내지 못할 것이라는 것이다.

圓頓敎　勿人情	원돈교　물인정
有疑不決直須爭	유의불결직수쟁
不是山僧逞人我	불시산승정인아
修行恐落斷常坑	수행공락단상갱

최상승	선법문은	인정을	두지 않네,
의심을	못 깨치면	한층 더	정진하라.
자신이	잘 났다고	스스로	자랑마세,
수행 길	어긋나면	단상에	떨어지네.

　단번에 진리를 터득하여[一超直入如來地] 지금 여기서 이 몸으로 부처됨을[卽身成佛] 보이는 최상승의 법문에서는 어디까지나 엄정하게 법을 써야하며 호리만치라도 인정사정에 빠져서 노파심으로 수행자를 도와주려 하거나 알아듣도록 임시방편으로 설명해 주려한다면 스스로 닦아 스스로 깨달음을 얻어야하는 길을 오히려 잘못 인도하는 것이며 수행자의 힘을 약화시키는 일이 되므로 참선하는 사람은 불붙듯 하는 의심덩어리를 일으켜 끊임없이 끌고나가 마침내 화두를 타파하여야 하며, 만일 조금이라도 내가 참선공부를 한다는 생각에 잡혀 그것이 잘된다고 여기거나 또는 아무리 하여도 별 수가 없다고 생각하거나 하는 유·무의 양 극단에 치우쳐 떨어지는 것을 염려하는 것이다.

원돈교(圓頓敎) 치우친 이론이 아니고, 모든 것을 원만하게 걸림 없이 포섭하는 바른 진리의 가르침이라는 뜻이니, 여기서는 직지인심견성성불(直指人心見性成佛)을 보이는 선문의 정지(禪門正旨)를 말하는 것.

인정(人情) 여기서는 일반적인 뜻으로서의 인정을 말하는 것이 아니라 가장 엄정한 선문의 정법을 한 바탕 낮추어[禪門第二義] 임시방편으로 법을 설해주거나 지도하는 것을 인정이라 하였다.

인아(人我) 자기라고 하는 어떤 실체가 존재하는 것으로 아는 나라는 생각[我見] 또한 자기가 남보다 뛰어났다는 자만하는 생각을 치켜 내세우는 것[逞人我]으로 이런 말을 하는 것이 아니라[不是山僧] 후래 수행자들이 단견이나 상견[斷常見]의 양 극단에 치우쳐 빠질까 염려되어서 하는 말이라는 뜻.

단상갱(斷常坑) 단견은 일체가 공하다는 공무(空無)의 소견에 치우쳐 집착하는 것. 상견(常見)은 일체 모든 것이 실유(實有)하다고 하여 모든 현상이 무상한 것을 모르고 겉모양에 치우쳐 집착하는 것.

[해 제]

　선을 통하여 열리는 깨달음의 세계는 수행하다가 돌연히 체험하게 되는 것이지 사상적으로 혹은 이론적 단계를 거쳐서 점차로 얻어지는 것이 아님을 원돈의 교[圓頓之敎]라 하였다. 불법의 진리와 선수행의 깨달음에 관하여 의심이 있어 그것이 결단되지 않는 경우에는 곧 선지식과 상대하여 곧바로 의심을 결단하기 위하여 선문답을 시작하여야 한다고 권하고 있다.

28

非不非 是不是   비불비 시불시
差之毫釐失千里   차지호리실천리
是卽龍女頓成佛   시즉용여돈성불
非卽善星生陷墜   비즉선성생함추

그르다   비방 말고   옳다고   칭찬 말라,
한 치만   어긋나도   몇 천리   어긋나네.
용녀가   성불함은   바른길   밟은 때문,
선성의   생함지옥   그른 길   원인일세.

　현상 세계인 세속 즉 사회적 현상에서 본다면 온갖 옳고 그른
것, 선한 것, 악한 것 등의 차별이 엄연하게 나타나 있지만 그러
한 시비와 선악을 가리는 표준이란 시절·인연·조건 등이 어떠
하냐에 따라서 달라지는 것이므로 어떠한 절대적으로 고정된
시비나 선악이 있는 것 아니며, 진리세계 즉 출세간에 서서 본
다면 시비와 선악의 분별에서 초월하여 대립이 없지만, 성불하
느냐 지옥에 떨어지느냐 하는 것은 정법을 바로 믿느냐, 믿지
않느냐 하는 그 믿음에 있다.

호리(毫釐) 1척(尺)의 십분의 일을 촌(寸), 1촌의 십분의 일을 분(分), 1분의 십분의 일을 호(毫), 1호의 십분의 일을 리(釐), 1리의 십분의 일을 시(絲)라 한다.(『續文獻通考』卷107 樂7) 지극히 적은 분량(modicum)을 말함.

용녀성불(龍女成佛) 부처님께서 『법화경』을 설하였을 때, 그 법문을 들은 8세의 용왕의 딸이 그 자리에서 성불하였다고 한다.(『법화경』'제바달다품') 다섯가지 장애가 있어서 성불하기 어렵다고 하는 여성이라도 용맹스러운 신심으로 정진하면 견성성불한다는 예로써 인용한 것.

성선함추(善星陷墜) 선성비구는 모든 경전을 독송하고 높은 경지의 선정력을 얻었음에도 불구하고 악연을 만나 그 힘이 떨어지자 인과응보의 법을 믿지 않고 무시하는 견해를 일으켜서 정법을 비방한 과보로써 지옥에 떨어졌다고 한다.(『열반경』'가섭보살품')

[해 제]

그른 것도 그른 것이 아니며[非不非] 옳은 것도 옳은 것이 아니다[是不是]라고 하는 것은 모든 것을 본분(本分)의 세계에 서서 볼 때에 진정한 사실 그 자체에는 시비, 선악, 나와 남, 범부와 성현 등의 이원적인 상대법이 도무지 없는 것인데, 만일 여기에 참으로 아주 조금이라도 분별하는 관념이나 사상이 끼이게 된다면 그것은 이미 진정한 선의 체험은 아닌 것이기 때문이다.

이렇게 본분도리의 분상에서는 본질적으로 시비·선악 등이 본래 공한 것이나 이것이 현상세계의 분상인 우리의 일상생활에 있어서는 시비·선악이 엄연히 있어서 진정한 안목도 없이 개념적으로 덮어놓고 시비 선악이 본래 공한 것이라고 한다면, 그것은 못난 짐승이 사자의 울음소리를 흉내내는 야간의 울음소리[野干鳴]에 지나지 않는 것이며, 거기에는 선악의 구별이 엄연히 나타나 있어야만 하는 것이다. 이것은 선악 시비가 있는 세계에서의 일이지만 선이다 악이다 하더라도 어떠한 고정적인 선이다 악이다 하는 절대적 선이나 절대적 악이란 것이 따로 있는 것이 아니다. 말하자면 같은 행위라도 그 때와 그 장소와 그 처지 등 그 인연에 따라서 선이 되기도 하고 악이 되기도 하는 것이 판단 기준의 기본이 되는 것이다. 이것을 보조국사께서는 『계초심학인문』에서 "계를 지니되 그것을 어떻게 지키고 파하고 열고 막고 하는 것인지를 잘 알아야 한다"고 하신 것도 이런 뜻이 들어 있는 것이다.

그러므로 대승불교의 견지에서는 하나의 행위가 선인가 악인가를 판단하는 기준은 중생에 대한 자비심과 효순심(孝順心)이 있느냐 없느냐에서 보는 것이다. 이것은 어디까지나 우리들 일 상생활을 바로 잡는 계행의 입지에서 말하는 것이며, 본분의 안 목에서 보는 세계에는 근본적으로 시비 선악의 대립이란 없는 것이며, 그러한 것들을 초월한 세계이기에 거기에 호리만치라 도 개입시키는 관념이나 사상이 끼인다면 진정한 사실과는 하 늘과 땅과 같은 차이가 생긴다[毫釐有差 天地懸隔]고 영가 스님 은 갈파하고 있는 것이다. 그러한 예로서 용녀의 돈오성불과 선 성의 생함지옥을 인용하고 있다.

용녀의 돈오성불에 관한 것은 『법화경』제12「제바달다품」에 나오는 것인데, 즉 사가라용왕의 용궁에는 8세되는 용왕의 딸이 있어서 대단히 지혜로운데다 아주 열심히 참선수행에 정진하여 마침내 최단기에 견성성불하였다는 것인데 좀더 구체적으로 설 명한다면 어느 때 문수보살이 용궁에 가서 『법화경』을 설하여 크게 교화를 행하시고는 석가세존이 계시는 곳으로 돌아오게 되었다.

그때 그곳에는 하방세계 다보여래 부처님이 석가모니 부처님 과 자리를 함께하고 계시었는데, 그 다보여래 부처님을 수행하 여 왔던 지적보살(智積菩薩)이 문수보살에게 묻기를 "법화경은 참으로 무상심심미묘한 뜻을 지닌 경이며, 모든 경전 가운데 으 뜸가는 경으로 알고 있습니다만 이 경을 의지하여 철저히 정진 해서 속히 성불하였다는 선례(先例)가 있습니까?" 하였던 바,

문수보살이 답하기를 "있습니다." 하고 말씀하신 것이 8세 용녀 돈오성불의 예이며, 문수보살이 이 용녀를 대단히 칭찬하기를 "용녀는 훌륭한 지혜와 성질을 갖추었고 중생들의 성질을 따라서 수행함을 어떻게 하여야 하는 지를 잘 알았고, 법을 들으면 결코 잊어버리는 일 없는 덕을 지녔고, 조용히 선정에 들어서 온갖 교법을 알고 잠깐 사이에 참된 깨달음을 얻으려는 원을 일으켜서 다시는 미한 세계에 돌아가는 일이 없었으니 그러므로 법을 설하는 힘은 자유자재하며 사람들을 자식같이 자애롭게 대하며 온갖 공덕을 갖추었으며 언제나 마음은 제법의 실상을 생각하며 대승의 가르침을 말하며 그 가르침이 광대하고도 미묘하며 자만함이 없으며 자비로우므로 항상 마음이 화평하여 마침내 구경의 바르고 큰 깨달음을 이르게 되었습니다." 하니 그것을 들은 지적보살이 말하기를 "석가모니 부처님은 길고 긴 세월 동안 난행 고행을 정진하여 공덕을 쌓고자 노력하였고 언제나 목숨을 내던져서 수행하였던 까닭에 구경의 깨달음을 얻으셨는데, 그것을 생각한다면 8세의 동녀가 짧은 세월에 깨달음을 이루었다고 하는 것은 도저히 믿을 수가 없는 일입니다." 하였다.

지적보살의 이 말이 끝나자마자 홀연히 용녀가 몸을 나투어서 부처님에게 예배를 올리고 그 공덕을 찬탄하였다. 그리고는 가지고 있는 그 값어치가 가히 삼천대천세계와 비등하다는 보배구슬을 석가모니 부처님에게 바쳤다. 그러자 부처님께서 즉시에 받으셨다. 그 때에 용녀가 지적보살, 사리불 등에 말하기를 "제가 이제 부처님에게 보배구슬을 올리자 곧 받으셨습니다만 이것은 빠른 것입니까, 더딘 것입니까?" 하니 그분들이 똑같이 말하기를 "참으로 매우 신속하였습니다." 하였다 이에 용녀는 "그대들의 진실을 꿰뚫어보는 신통한 안목으로 나의 성불하는 것이 보배구슬을 받들어 올리고 그것을 받으시는 것보다 더 신속함을 보십시오" 하더니 용녀의 여자 몸이 홀연히 남자 몸으로 변하여[變成男子] 저 남방의 무구세계로 가서 훌륭한 연화 위에 앉아서 무상정등정각을 이루어서 부처님과 같이 32상 80종호를 구족하여 시방세계의 여러 중생들을 위하여 널리 묘법을 연설하는 것을 모두가 보게 되었다. 그때에 사바세계의 보살, 성문들과 천룡8부 등의 인천의 대중들이 모두 그 용녀가 성불하여 널리 그 곳 중생들을 위하여 설법하는 것을 보고 마음에 커다란 환희심을 일으켜서 공경하는 예배를 올렸다는 것이다.

여기서 여자 몸이 홀연히 남자 몸으로 변해서 성불하였다는 것은 참사람에게는 남녀의 모양이 없다는 것을 말하는 것이다. 우리는 누구나 진실한 자기를 깨닫게 되면 거기에는 남녀의 모양이 따로 없음을 보게 되는 것이다. 그것은 진실한 자기 내용은 본래 공한 것이기에 거기에는 남자도 없고 여자도 없으니 그러한 사실을 확실하게 깨닫는 순간 바로 견성성불하기 때문인데, 사실은 깨달은 순간에 본래부터 이미 성불하고 있는 자기임을 알게되는 것이라 하겠다. 그러므로 부처가 아니었던 내가 깨달은 순간에 부처가 된다는 것이 아니라, 본래 부처인 나를 알게 되어 그것을 깨달음이라 하는 것이다. 본래 부처인 나라는 것은 그 내용이 본래 공적하여 그 아무 것도 없었다는 사실이다. 그래서 이것을 『법성게(法性偈)』에서 "법의 자성은 원융하여 두 모양이 없네, 모든 법이 본래부터 변함없이 공적한 것이어서 거기에는 어떠한 이름이나 모양이 있을 수가 없으므로 오직 깨달은 경지라야만 바로 알 수가 있는 것일 뿐, 그 외에는 어떤 것으로도 알 수가 없는 것이다[法性圓融無二相 諸法不動本來寂 無名無相絶一切 證智所知非餘境]라고 밝히고 있다. 그래서 남자가 남자 아니며, 여자가 여자 아니니, 그 본질은 달라지거나 움직임이 없으니[諸法不動 本來成佛] 바로 이것을 변해서 남자가 되었다[變成男子]고 표현된 것이다.

　한편 선성비구 이야기는 『열반경』에 있는 것이니, 선성비구는 석가세존이 출가하기 전 태자로 있을 때의 아들이라는 설도 전해지고 있다. 출가하여 12부경을 독송하여 욕계의 번뇌를 끊고 제4 선정을 얻었으나, 이것을 진실한 열반 즉, 아뇩다라삼먁삼보리의 세계인 줄로 착각하고 있었으나, 악한 벗과 가까이 하다가 마침내 모처럼 얻은 선정력을 잃어버리게 되자 해탈법이란 없으며 인과법에도 매일 것이 없다는 삿된 견해를 일으켰을 뿐 아니라 석가세존에게 반항하는 나쁜 마음을 일으켰기 때문에 니련선하 언덕에서 땅이 갈라지면서 산 몸으로 무간아비지옥에 떨어졌다는 부처님 제자의 한 사람이며, 그를 천제비구(闡提比丘)라고도 부르는데 천제란 일천제를 줄인 말이니, 즉 믿지 아니하여 성불하지 못한다는[一闡提, 不成佛] 뜻이다.

이와 같이 진실한 세계를 확실하게 깨달아 체험하지 못하면 비록 일단 선정력을 얻었더라도 퇴타하게도 되지만, 그 사상과 행동이 바른 데에 서 있어서 진실한 깨달음을 얻는다면 8세 동녀라도 즉시에 견성 성불하게 됨을 인용하고 있는 것이다.

29

吾早年來積學問   오조년래적학문
亦曾討疏尋經論   역증토소심경론
分別名相不知休   분별명상부지휴
入海算沙徒自困   입해산사도자곤

내 자신   일찍부터   학문을   갈고 닦아,
경론을   연구하고   해석을   배우면서.
이름과   겉모양과   문자만   따졌으니,
바다 속   모래알은   셀수록   피곤하네.

영가 스님이 자신을 돌아보기를 "나도 젊었을 때 학문을 좋아
하며 계행을 지켜서 경·율·론 삼장과 그 주석까지도 열심히 공
부하고 유교와 도교에도 통달한 바가 있었으나 뒤에 육조 혜능
스님에게 가서 자성을 깨달아 단번에 여래의 경지에 바로 들어
가는 길을 알고 나니, 이전에 교리와 문자만을 따지며 연구하던
것이 마치 배고픈 사람이 그림만으로 음식을 이야기하는 것과
같고 바다의 수많은 모래를 헤아려 보았자 스스로 피곤함을 더
할 뿐인 것과 같음을 알았노라"하는 감회를 말하고 있다.

심경론토소(尋經論討疏) 경전을 연구하고 해석한 것이 논(論)이며, 다시 그 경론의 뜻을 해석하는 주해서가 소(疏)이고, 또 다시 그 소를 더 자세히 해석한 것이 초(鈔)이다.

분별명상(分別名相) 명목(名目)과 법상(法相)을 자세히 연구하여 밝히는 것. 다시 말해서 불교 교리를 이론적으로 연구하여 해석하는데 사용하는 문자나 언어를 가리키는 것이다. 그것을 실천하여 체험하는 바가 없으면 마치 종일토록 남의 돈을 계산하여도 제 것은 없는 것과 같다는 반성이다.

[해 제]

영가 스님이 예전의 자신이 불교 공부에 매진하던 젊은 시절을 돌이켜 보면서 깊은 감회를 밝히고 있는 것이다.

나는 어린 시절부터 불교에 인연이 있어서 일찍부터 불교연구에 열중하여 마침내 세상에 널리 이름이 알려지는 천태종학의 대학자가 되었으나, 단지 세상에 나와 있는 경·율·론에 대한 온갖 주석[疏鈔]들을 찾아 놓고선 오직 교리적으로 이론적인 연구에만 치중하느라 결국에는 관념적인 사상 위주의 공부에 빠져 있었다.

말하자면 이름과 겉모양과 문자 해석에만 골몰하여 마치 바다 속 모래알을 세는 것처럼 셀수록 피곤함을 면치 못하였던 세

월을 지낸 것이었다고 하겠다. 그래서 연구를 계속하여도 한정이 없었을 뿐더러 결론이 나오지 않으니 끝내 자기 자신도 어떻게 해야 할지 방법이 더 없어서 어찌할 바를 알지 못하였다는 그때의 심정을 솔직히 토로하고 있는 것이다.

불교의 교리적인 분야에는 여러 가지가 있지만, 불교교리 분야 혹은 불교철학 분야 등에서 아무리 여러 가지 이론을 말하더라도, 끝에 가서는 '최후의 결론이 무엇이냐' 하고 눈으로 보고 귀로 들으며 손으로 만지고 입으로 말하며 생각으로 아는 것에서 한 발 더 나아가 그 근본적 본질이 무엇이냐 한다면 바로 이것이다 하고 단정할 수 있는 확실한 근거를 제시하지 못하는데 떨어질 수밖에 없다면, 그것은 헛고생으로 끝나고 말 것이다.

그러므로 불교에서는 이 세상의 절대적 진정한 진실을 틀림없이 파악한 경지를 바로 체험한 안목을 가지고 그 경지를 모르는 상대에게 어떻게든 알게 하려는 이론적 설명이라면 모르겠지만, 그 근본적 본질을 제대로 모르고 있으면서 관념적 사상적으로만 설명하고 토론하는 따위는 말장난에 지나지 않는 것이며, '실체 없는 허공 꽃[空花]이 헛보이는 것'을 진실한 것이라며 사로잡혀 있었던 젊은 시절의 쓴 경험을 후학들을 위하여 털어놓은 것이 이 대목이라 하겠다.

却被如來苦呵責	각피여래고가책
數他珍寶有何益	수타진보유하익
從來蹭蹬覺虛行	종래층등각허행
多年枉作風塵客	다년왕작풍진객

여래의	꾸지람을	들어도	마땅하니,
남의 돈	세어본들	자기 것	한 푼 없네.
이제껏	헤맨 것이	헛된 줄	알게 되니,
육도를	잘못 도는	나그네	되었었네.

　불교를 수행하는 것은 내 마음을 닦아서 자성을 바로 깨닫는 것인데도 불구하고 자성을 깨치는 공부는 외면하고 이론만을 배워서 알았으되 실천이 없고 공연히 언어 문자에 집착하여 말을 찾고 글귀를 따라 다니기에 바빠서 자성을 깨치지 못한다면 그것은 마치 남의 재산을 아무리 헤아려도 제 것은 전혀 없으며 은행원이 아무리 많은 돈을 센다 하더라도 자기 것은 아닌 것과 같다고 부처님이 경계하셨는데, 이제까지 자성을 깨치는 공부는 멀리하고 쓸데없는 헛일만 하다 보니 갖은 풍상과 숱한 고초만을 겪어 왔음을 이제야 알았다는 것이다.

수다진보(數多珍寶) 『화엄경(華嚴經)』 '보살문명품(菩薩問明品)'에서 법수보살이 게송으로 말하기를 "다른 사람의 재물을 아무리 세더라도 자신에게는 반전(半錢)도 분이 없음과 같아서 불법에 있어서 수행을 실천하지 않고 많이 알고 듣기만 함도 그와 같다" 한 데서 인용함.

증등(踷蹬) 불우한 처지에 있으면서 갈길 몰라 헤매는 모양이니, 정법을 닦는 바른 길을 잃은 데에 비유함.

풍진객(風塵客) 풍진 세상의 모든 어지럽고 더러운데 얽매여서 온갖 서러움과 괴로움을 짊어지고 헤매는 사람.

[해 제]

불교 공부에 있어서 설사 아무리 책을 많이 읽거나 법문을 셀 수 없이 자주 들었거나 하여 대단한 학식과 지식을 머리에 쌓아 두었다 하더라도 그것은 어디까지나 관념이요 사상에 지나지 않는 것이며, 거기에 실제 수행을 거듭하여 얻은 사실적 체험의 뒷받침이 없다면 그것은 한낱 이름과 모양[名相]의 언저리를 맴도는 것일 뿐 진실한 자기 밑천이 되지는 못하는 것이다.

그렇다고 교리를 공부하여 학문적으로 얻게 되는 학식과 지식의 풍부함이 '나쁘다' '아주 쓸모없다'고 덮어 놓고 배척하는 것은 아니다. 공부는 어디까지나 열심히 하여야 하는 것이다.

그래서 옛 성현들은 후래에게 경계하기를 "아직 젊다 마라 빨리도 늙음이 오는데 학문은 성취하기 어려우니 부디 잠시의 세월이라도 헛되이 보내지 말라 아직 청춘의 화려한 꿈을 깨지도 못하였는데 인생은 벌써 노경에 접어들어 몸이 말을 아니듣게 되었고나[少年易老學難成 一寸光陰不可輕 未覺池塘春草夢 階前梧葉已秋聲]" 하였다.

게으르지 말고 부지런히 공부에 매진하여야 함은 두말할 나위가 없는 것이지만 불도를 배움에 있어서 특히 참선 수행에 있어서는 근본적인 진정한 본질을 체험으로 깨달아 알았을 때 비로소 학식 지식이 그대로 이번에는 참 가치를 발휘할 수 있게 되는 것이니, 마치 자전거의 두 바퀴처럼 하나만으로는 제대로 갈수가 없고 두 바퀴가 온전할 적에 길을 제대로 갈 수 있듯이 근본적이며 본질적인 것을 확실하게 알고 얻어서 그것을 모든 사람들에게 일러주고 함께 그것을 알고 얻게 하는 데는 역시 학문 지식이 있어야 그 일을 제대로 할 수가 있는 것이지 만일 근본적 본질을 바로 파악하지 못하고 있다면 그것은 수박 겉핥기에 지나지 못하며 따라서 중생들을 바른 길로 이끌어 구제할 힘은 없는 것이다.

『화엄경』에서도 "남의 재산을 아무리 헤아려 본들 무엇하겠는가. 자기 자신의 보물을 찾아 쓸 줄을 알아야 하느니라"고 간절히 일러주고 계심을 알고서 석가모니 부처님에게서 고구정녕(苦口丁寧)한 책망을 들었다고 하는 것이다.

길을 가다가 갈 길을 찾지 못하여 이리 갔다 저리 갔다 헤매느라 몹시 피곤한 모습을 증등(蹭蹬)이라 한다. 그와 같이 불도를 수행하되 눈 밝은 스승의 지도 아래 바르게 수행하지 못하고 제멋대로 이렇게 해보다가 또 저렇게 해보기도 하면서 아무 성과 없이 헛고생만 하던 젊은 시절 자신의 모습을 그렇게 표현하면서, 먼지가 바람에 날려서 일정한 방향이나 정처 없이 휘날리듯이 자기의 수행이 이 길을 바로 가면 틀림없이 목적지에 이를 것이라는 확신도 없이 수행하느라 헛된 고생만 되풀이 하다 보니 풍진 세월을 걸어가는 딱한 나그네 신세를 면치 못하였노라고 옛 자기 수행시기를 회상하고 있는 것이다. 이런 경우는 예나 지금이나 공부하는 길을 가는 사람이라면 누구에게나 흔히 있는 일이라 하겠다.

영가 스님처럼 대단한 천분을 지니고 있어서 어려서부터 학문의 만반과 불교교리의 연구에 몰두하여 천태학 대학자로 대성하였음에도 불구하고 참선수행을 함에 있어서는 오히려 자신의 재능을 믿는 까닭에 지도 받을 스승 없이 자력만을 믿고 수행정진하면서 고초를 겪고는 마침 주변의 권유에 따라 어렵사리 결심하여 조계산 선종 제 6조 혜능대사를 친견하고 선문답을 통하여 선지를 바로 깨닫고 즉석에서 혜능 스님에게서 전법의 인가를 받게 되었으니 수행자가 바른 선지식을 만나 마음의 눈을 뜨게 되는 인연공덕이 이와 같이 참으로 대단하다고 아니할 수가 없다.

서책이나 경전을 읽고 배워서 그 문자 속에 무슨 진리가 있는 줄로 자칫 착각하기 쉽지만 거기에 쓰여진 것을 머리로 이해하거나 기억하였다고 해서 그 본질을 확실하게 파악해 내 것으로 만들어지는 것은 아니다. 다시 말해서 머리로 이해하는 데서 직접 깨달음이 나오는 일이란 없는 것이다. 왜냐하면 책에 있는 문자 속에 진리가 있는 것이 아니기 때문이다.

그러니 자신의 수행 경지가 높아지고 내면적으로 순숙해졌을 경우에 책을 읽는 순간 거기에서 마음의 눈이 일순에 확하고 열려서 깨달음을 얻는 계기가 되는 일이 있을지언정 서책의 문자에서 깨달음이 얻어지는 것은 아니며 그것을 영가 스님의 일에서도 실증이 되어 있다고 할 것이다.

30

種性邪錯知解　　　종성사착지해
不達如來圓頓制　　　부달여래원돈제
二乘精進勿道心　　　이승정진물도심
外道聰明無智慧　　　외도총명무지혜

근성이　　사특하여　　바른 것　　잘못 알아,
여래의　　원돈법을　　제대로　　몰랐도다.
이승은　　정진하나　　도심이　　전혀 없고,
외도는　　총명하나　　지혜가　　아주 없네.

　사람은 누구나 본래부터 청정한 불성을 구족하고 있음에도
불구하고 그것을 모르고 있을 뿐 아니라 자신이 성불할 수 있는
무한한 가능성을 지니고 있는 그러한 존재임을 들어도 그것을
의심하여 믿지 아니하니 자성을 깨쳐서 부처님의 세계에 이르
는[一超直入如來地] 경지는 참선수행의 실천적 체험을 떠난 관
념적 사상으로는 도저히 이를 수가 없는 것이다.
　그리고 설사 수행을 실천한다 하더라도 자신의 깨달음을 위
해서는 정진 노력하지만 중생을 제도하려는 보리심이 없거나

과학적이며 분석적인 연구에는 깊은 지식이 있어서 총명하지만 외형적인 형상세계만을 추구하여 내면의 자성의 세계를 모른다면 본질을 바로 보는 진정한 지혜를 얻지 못하는 것이다.

종성사(種性邪) 종성(種性)은 타고난 성질, 사(邪)는 불성의 존재를 믿지 않는 것.

이승(二乘) 성문승(聲聞乘)과 연각승(緣覺乘)이니 이들은 자리와 자각(自利·自覺)만을 위주로 수행하는 까닭에 이타와 각타(利他 覺他)의 정신과 실천이 없는 수행자들을 이렇게 부른다.

도심(道心) 도심이란 중생을 교화하여 성불하게 하려는 이타의 자비심[利他慈悲心]이니, 즉 '보리심'을 말함.

총명(聰明) 세간적인 분별지(分別智)가 밝은 것. 즉 지식이나 학문 등이 많고 세상일에 밝은 것을 말함.

지혜(智慧) 아공·법공(我空·法空)의 진리를 깨달아 알아서[證得] 사물의 본질을 바로 밝혀 비추어 보는 마음의 눈이 열린 경지이니, 즉 반야지혜(般若智慧)를 말함.

종성이 삿되다고 하는 것은 인간의 본질은 본래 불성이 뚜렷해서[有情皆有佛性] 부처와 중생이 한결같이 평등하여 차별이 조금도 없지만[一味平等] 비롯함이 없는 옛적부터 쌓아온 번뇌 망상의 훈습(薰習)으로 인해서 하열한 근기가 되어버린 중생들이 과거의 여러 가지 많은 경험이나 습관으로 불성의 밝은 성질이 가리워져 현상세계 즉 물질로 이루어진 모양 있는 모든 것이 인연 따라 생겼다 없어지고 또 없어졌다 생겨나고 잠깐 동안에도 시시각각으로 변해가서 참으로 무상하고 결국 공한 존재임을 바로 알지 못하므로 사실로 있지도 않은 것을 있는 것인 줄로 잘못 알게 된다. 그러므로 본래 하나인 것을 둘로 알고 대립적이고 상대적인 관점에서 나오는 사상이나 감정 등이 잘못 되어서 착각에 사로잡히게 되니 이것을 삿되다고 한 것이다.

그러나 중생도 본질적으로는 다 불성을 갖추고 있으며 현상세계의 각가지 차별된 모양도 사실은[諸法實相] 공한 것이요 하나임으로 거기에는 이것이다 저것이다 하는 상대적 차별(自他對立)이 전혀 없음에도 불구하고 언제나 내가 이쪽에 있고 저쪽에 나와 상대하는 남이나 다른 세계가 있는 것으로 착각하는 것이 고정관념이 되어서 갖가지 생각 사상 감정 등이 벌어져 나오게 되는 것이 바로 번뇌 망상이란 것이다.

그런데 모든 것이 공하다는 사실을 확실하게 파악한다면 당연히 하나의 세계가 명확해지며 본질에 있어서 중생이 본래 성불임이 당연한데 이러한 결정적인 가장 중요한 사실을 모르기 때문에 여러 가지 근기[種性]의 차별이 있게 되며 이러한 이원적 대립의 의식이 강하냐 약하냐의 차이에 따라서 강한 사람은 아무래도 자기가 공하다는 사실을 파악하는데 시간이 걸리게 되며, 따라서 하나라고 하는 세계를 알 수가 없기에 체험적으로 대번에 깨달음을 얻지 못하게 되자 저절로 그것을 머리로 이론적으로 생각하여 이해하려고 하게 되기가 쉬움으로 이것을 "근성이 사특하여 바른 것 잘못 알아[種性邪錯知解]"라고 하였다.

부처님이 보리수 밑에서 깨달으신 세상의 진리 즉 진정한 사실은 완전무결한 것이어서 그것을 바로 깨달음으로써 이제까지의 이 세상이 그대로 비로자나불 전신체인 대적광토가 눈앞에 바로 나타나 벌어지게 되는데 이것은 사상적으로 단계를 밟아 올라가서 그 정상에서 그런 세계에 이르러 간다는 것이 아니라 집착된 고정관념에서 벗어날 때에 돌연히 마치 두터운 장막이 걷히듯이 굳은 껍데기가 깨지듯이 일순간에 아무것도 없는 세계가 눈앞에 나타나는[現前如來地] 것이다.

그런데 그것이 왜 그렇게 되지 않느냐 한다면, 그것은 언제까지나 머리로 따지고 생각하기 때문이다. 즉 관념적인 사상으로는 아무리 따지고 생각하여도 도저히 이를 수가 없는 것인데 이것을 아무리해도 알지를 못하니 참으로 딱하고 안타까운 일이라고 탄식하면서 "여래의 원돈법을 제대로 알지 못하고 알려고도 하지 않는다[不達如來圓頓制]"고 하신다.

그래서 성문·연각 등의 작은 근기의 수행자들은 열심히 수행하여 깨달았다 하더라도 진실한 세계의 공한 성품을 철저하게 알지 못하였다고 할 것이니, 그러기에 그들에게는 자리(自利)만이 앞서고 이타(利他)의 커다란 자비행이 없어서 보살도에 들어가지 못하여 진정한 보리심(菩提心)을 아직 일으키지 못하므로 "정진하여도 도심이 없다"고 하였으며 불도 이외의 길을 가는 이른바 외도들, 예컨대 현대의 이론물리학자들은 대단히 머리가 총명하고 열심히 연구하여 자연 현상에 관해서는 깊은 지식이 있지만 이런 사람들은 끊임없이 밖의 세계만을 추구하다 보니 진작 그것을 추구하고 있는 본인 자체가 누구인지 그 무엇인지를 까마득하게 모르고 또 알려고도 하지 않으니 이같이 자기 정체도 모르는 것을 지혜가 없다 하였다.

亦愚癡亦小駭　　　역우치역소해
空拳指上生實解　　공권지상생실해
執指爲月枉施功　　집지위월왕시공
根境塵中虛捏怪　　근경진중허날괴

사리에	어둡기가	무지한	애들 같아,
치켜든	빈주먹을	진짜로	착각하고,
가리킨	손가락을	달인 줄	잘못아나,
육근도	허무하고	육진도	공한 것을.

　반야지혜가 열린 안목이 없으면 어리석은 중생들을 이끌어 가기 위해 베푸는 임시의 방편을 진실한 정법인줄 잘못 알고 집착하는 것이 마치 달을 가리키는 손가락만을 보고 달을 못 보는 것과 같으니, 현상세계의 모양이 허망한 것인 줄 모르고 거기에 집착해 있다면 진실한 정법의 세계를 보지 못하고 알지 못한다.

우치(愚癡) 우(愚)는 스스로 의혹하여 이치를 제대로 판단하지 못하는 어리석음. 치(癡)는 다른 것에 의혹을 일으켜 사물을 바로 분간하지 못하는 어리석음.

소해(小駭) 아직 어리석은 어린 애같이 분별하는 마음이 없음을 가리킴.

공권지상생실해(空拳指上生實解) 울고 보채는 어린아이의 울음을 그치게 하기 위하여 빈주먹을 보이면서 그 속에 무엇인가 있는 듯이 달래는 짓이니, 곧 방편을 진실인줄로 착각함을 말함.

집지위지월(執指爲指月) 어리석은 자는 달을 가리키는 손가락만 보고 그것이 가리키는 달을 보지 못하니, 만일 법을 설하여 언어와 문자만을 해석하는데 막혀 있으면 진실한 법문의 뜻을 알지 못하게 된다.

시공(施功) 여러 가지로 공부하는 수단과 방법을 사용한다.

근경법(根境法) 눈·귀·코·혀·몸·뜻(眼耳鼻舌身意)의 육근(六根)과 빛·소리·냄새·맛·촉각·법(色聲香味觸法)의 육경(六境)이니, 여기서 법(法)은 분별 망상하는 마음이 상대하게 되는 대상 즉 객관세계의 사물을 말하는데, 대상을 인식하는 신체의 각 기관인 육근이 밖의 인식대상인 육경을 상대하여 육식(六識)을 일으킴으로써 갖가지 법 즉 현상세계의 갖가지가 생겨나게 된다.

허날괴(虛捏怪) 사실 아닌 것을, 뿌리 없는 것을 엉터리로 만들어 내는 해괴한 짓을 허날괴라 하니, 곧 육근과 육경이 합하여 허망한 망상을 일으키는 것을 가리키는 것.

[해 제]

　사람들은 누구나 할 것 없이 참나를 알지 못하고 있으므로 해서 마음의 눈이 어두워 끝없이 헤매고 있으니, 이것을 미망(迷妄)이라고 하며, 그렇다 보니 나 밖의 모든 것에 대해서도 역시 그와 같이 미망을 일으키게 될 뿐이니, 나에 대한 미망을 우(愚)라 하며, 남에 대한 미망을 치(癡)라 한다. 그래서 나와 남을 바로 모르는 것을[自他迷妄] 합하여 우치하다고 하게 되니, 세상 사람들 대부분이 이러하다 하겠다. 마치 아주 어린 아이가 아무 것도 제대로 알지 못하고 있는 데에 비유하여 영가 스님은 진정한 자기를 모르고 있는 사람들을 다 우치하고 어린애 같다고 표현한 것이다.

　빈주먹에 무엇이 있는 줄로, 또 달을 가리키는 손가락만 보고 "달이 어디 있어?" 하고 두리번거림을 멈출 줄 모른다고 하는 비유는 말하자면 부처님 조사 스님들의 가르침인 경전이나 어록 등의 언어나 문자는 모두에게 참나를 어떻게든 바로 알게 하려고 여러 가지 수단 방법을 동원하여 애써 설명하며 그 길을 일러주고 있는 것인데 모두가 그 글이나 말속에 있는 그 뜻에 무엇인가 진짜가 들어 있는가 싶어서 그 뜻을 잡으려고 애를 쓰고 있으니, 그것은 빈주먹 위 손가락 자체에 진짜가 들어 있는 줄로 아는 것과 같다는 것이다.

 그러나 진실한 것은 이론이나 관념이나 사상 등 그 속에 있는 것이 아니며, 어디까지나 실천 수행을 통하여 직접 체험하는 길 이외에 다른 방법이 없는 것이다. 그래서 사람들이 물을 직접 마셔야 그 물의 맛과 차고 더운 정도를 비로소 안다[如人飮水 冷暖自知]고 하지 않는가.

31

不見一法卽如來	불견일법즉여래
方得名爲觀自在	방득명위관자재
了卽業障本來空	요즉업장본래공
未了還須償宿債	미료환수상숙채

한 법도   없음 알면   그대로   여래이며,

이렇게   보는 이의   이름이   관음이라.

한 생각   깨달으면   업장이   본래 없고,

미하여   못 깨치면   묵은 빚   갚게 되네.

　이 세상을 있는 그대로 바로 보고 바로 아시는 이가 곧 부처님
이신데, 그 부처님이 이 세상을 바로 보신다는 것은 말하자면
나라고 할 것도 내 것이라 할 것이 없으니, 따라서 주관과 객관
이 따로 없어서 아(我)도 공(空)하고 법(法)도 공하여 일체의 모
든 것[一切諸法]이 공한 것[諸法空相]을 밝히 보시고, 모든 법의
공한 모양은 나지도 않고 없어지지도 않으며 더럽지도 않고 깨
끗하지도 않으며, 늘지도 않고 줄지도 않음을 아시고[不見一法]
진정한 무심의 경지에 이르렀다[卽如來]는 것이니, 누구든지 무

아요 무심이면 걸림 없고 크게 자유로운 활동으로 중생과 세상이 요구하는 대로 따라 응해주시며 이끌어 주시는 활용이 나오게 되는 것을 불러 관자재라고 한다는 것이다.

업장(業障) 신·구·의 삼업 즉 우리들이 평소의 말하고 행동하고 생각하는 것이 모두 업이며, 모든 마음인 번뇌 망상이 업으로 나타날 때에 그것이 밝은 마음을 가리어 진실한 법을 보고 알아서 불도를 이루는데 장애가 된다하여 업장이라 한다.

[해 제]

"한 법도 없음을 알면 그대로 여래니라[不見一法卽如來]"를 선수행의 견지에서 본다면 우리나라의 참선수행의 세계에서 가장 유명하고 대표적인 화두가 있으니 '이 뭣고[是甚麼]' 화두이다. 즉, 지금 보고 듣고 하는 그 놈은 도대체 누구인가! 또는 그 무엇이 들어서 나로 하여금 온갖 것을 행하게 하는 것인가! 하는 의심을 분발케 하는 것이니 다시 말해서 자신의 참나를 바로 보게 하는 공안(公案 즉, 話頭)인데 이 화두를 오직 모르는 마음으로 의심해 쉼 없이 끌고 가다보면 결국은 '무(無)자' 화두를 들고 무! 하고 열심히 정진하는 것과 같은 결과에 이르게 되니 마침내 주관도 객관도 대립이 무너진 전혀 공무의 세계가 앞에 벌어지게 된다. 그것이 참나 곧 자성(自性)의 본질인 것이니 이것을 완벽하게 깨달은 이가 부처님이기에 그것을 "한 법도 없음을 알면, 그대로 여래이다"라고 한 것이다.

우리들은 특히 참선 수행하는 사람들은 이 같은 여래 즉, 나의 자성불(自性佛)을 잡아야 한다. 그러나 이 일은 아무리 정묘한 말을 다 하더라도 또한 온갖 학식과 지식을 기울인다 하더라도 도저히 알 수가 없는 것이다. 다만 어디까지나 마치 불타는 듯한 의심덩어리와 도중에 물러서질 않는 커다란 용맹심과 끊임없는 철저하고 착실한 정진의 힘으로 나의 참 주인공을 체험적으로 확실하게 깨달아 그 아무것도 없는 진실한 세계를 바로 파악하여야 하는 것이니, 이것이 참선수행의 근본목표라 할 것이다.

그런데 일단 그러한 세계를 파악하게 되면, 이번에는 도리어 또 그 아무것도 없는 세계에 집착하게 되는 나쁜 버릇이 붙게 된다. 다시 말해서 수행 정진하는 사람들이 빠지기 쉬운 집착이 바로 내가 깨달음을 얻었다고 하는 생각을 앞세워 거기에 집착하는 것, 수행자가 빠지기 쉬운 큰 허물인 것이다. 그러므로 더욱 더 향상을 위해서 멈추지 않는 진실한 수행을 계속해 가는 가운데 드디어 아무것도 없는 세계와 물질로 이루어진 모양 있는 현상의 세계가 전혀 다르지 않고 하나임을 확실하게 알게 되는 것이다.

"이렇게 보는 이의 이름이 관음이라[方得名爲觀自在]"고 하는 것은, 그렇다면 이 여래가 도대체 어디에 계시는 것인가? 한다면 사람마다의 그 속에 저마다 틀림없이 다 갖추어 지니고 있는 것이다[人人皆具如來]. 누구나 자기 자신을 착실히 진실하게 탐구해 가다 보면 이윽고 거기에는 그 아무것도 없는 공무의 세계가 펼쳐지게 마련이다.

'관자재'는 범어 Avalokiteśvara를 번역하여 관자재(觀自在)·관세음(觀世音)·관음(觀音) 등으로 한 것인데, 대자대비를 근본 서원으로 하는 보살이며 관자재라 할 때는 지혜로 널리 보고 듣고하여 중생구제의 자재한 묘용을 행한다는 뜻이며, 이것이 바로 여래이다.

그 여래가 한편으로는 자유자재로운 활용을 하시니, 보려고 하면 틀림없이 제대로 바로 보시는데, 그러면 그 누구를 보고 있느냐고 묻는다면 혹시 내가 보고 있다고 대답할 사람이 있을지도 모르겠다. 그러나 만일 나란 누구인가 하고 추구해간다면 실제 나라고 할 만한 것이 아무것도 없는데도 아무것도 없는 그것이 또한 자유자재로 보고 듣고 있는 것이다. 이같이 "한 법도 없다"는 세계는 다만 관념으로써 머리로 생각되어지는 세계가 아니라 체험으로 파악되는 사실인 것이며 그것이 곧 여래이며 그것을 불성이라고도 하며, 또는 법성·자성·본성이라고도 한다. 전혀 아무것도 없는 세계를 『반야심경』에서는 공이라고 표현되고 있는데, 이곳을 자칫 잘못하면 철학적인 관념론이 되기 쉽지만,『반야심경』에서 말하는 공은 결코 관념론이 아니며, 수행을 통하여 체험적으로 확실하게 파악되어지는 사실을 말하는 것이다.

예컨대 진실한 본분의 세계에서는 각자가 모두 평등하며 완전히 자유인 것이니, 어째서 그러하냐 하면 본분의 세계란 그 속이 아주 비어있으니 구별이나 차별이 있을 턱이 없는 것이기 때문이다.

그러므로 이러한 자기의 본질 즉 본분의 세계를 확실하게 깨닫고 보면 실체라 할 것이 전혀 없으니, 따라서 자신을 괴롭히던 업장도 그 대단한 것으로만 느꼈던 죄업이라는 것도 모양도 그림자도 없어서 본래 공하여 허망한 것임을 알게 되니, 이와 같이 깨달으면 곧 업장도 본래 공한 것이다. 그러나 이것을 아직 깨닫지 못하고 있다면 지은 죄업을 엄연히 갚아야 하는 것이니 그래서 "미하여 못 깨치면 묵은 빚 갚게 된다"고 표현하였다.

飢逢王膳不能飡　　　기봉왕선불능손
病遇醫王爭得差　　　병우의왕쟁득차
在欲行禪知見力　　　재욕행선지견력
火中生蓮終不壞　　　화중생련종불괴

주린데　　수라상을　　주어도　　못 먹으니,
병든 것　　의왕인들　　어떻게　　고칠손가.
세속에　　있으면서　　얻어진　　선정의 힘,
불속에　　연꽃 피듯　　영원히　　파괴 안 돼.

　재욕·색욕·식욕·명예욕·수면욕의 오욕이 다 모인 세속에
살면서도, 모든 법이 공한 것임을 확실하게 깨달아 알아서 모든
모양 있는 것은 본래 자성이 없음을 자각하는 지견을 얻는다면,
욕심과 선정심이 본래 둘이 아님을 알게 되고 따라서 오욕 속에
있으면서도 항상 선정을 생활할 수 있을 뿐만 아니라, 순경계나
역경계나 간에 언제나 그것들을 자유자재롭게 걸림 없이 수용
하여 평상심이 달라지지 않을 때 연꽃이 불속에 있어서도 파괴
되지 않음과 같아진다.

재욕행선지견력(在欲行禪知見力), 화중생련종불괴(火中生蓮終不壞)
『유마경』의 「불도품」에 말하기를 "불속에 연꽃이 피어나는 것
이야 말로 가장 희유한 일이라 할 것이니, 세속의 생활에 있으

면서도 꾸준히 선정을 수행하는 것도 또한 그와 같이 희유한 일이다"라고 한 데서 나온 말이다.

왕선(王膳) 왕이 먹는 것 같은 호화롭고 맛있는 식사. 이것은『법화경』「수기품」에서 부처님 성문제자들 가운데 사리불과 마하가섭이 부처님에게서 직접 성불의 수기를 받는 것을 보고는 성문들도 장차 성불할 것임을 알게 되자, 그들과 둘도 없는 도반인 마하목건련·수보리·마하가전연 등은 아직 수기를 받지 못한 우리들은 그러한 자격이 없는 것인가 하고 몸부림치며 두려운 마음으로 오직 일심으로 합장하고 눈도 깜짝하지 않고 부처님을 우러러 보면서 목소리를 함께하여 말하기를 "크게 용맹하신 세존, 모든 석가족 법왕이시여, 저희들 어여삐 여기사 부처님의 음성을 내리소서. 만일 저희들의 깊은 마음 아시고 수기를 주신다면 감로 뿌려 열을 식혀 청량함을 얻음과 같으리이다. 기근이 든 나라에서 와 문득 대왕의 음식 만났으니[如以甘露灑 除熱得淸涼 如從飢國來 忽遇大王膳] 오히려 의구심을 품어 감히 곧 먹지 못하다가 왕의 먹으라는 분부 받고서야 감히 먹듯이 저희도 그와 같아서 매양 소승의 허물만 생각하고 어떻게 하면 위없는 부처님 지혜 얻을지 모르다가 비록 부처님 음성으로 저희들도 성불한다는 말씀 들었으나 마음엔 오히려 근심과 두려움 품어서 감히 먹지 못함과 같사오니 만일 부처님께서 수기 주시면 그 때야 쾌히 안락 하오리다. 크게 용맹하신 세존께서 늘 세간을 편하게 하고자 하시니 원컨대 저희에게 수기를 주소서, 주린 자가 가르침을 받고 먹는 것과 같으오리다"에서 나온 말이다.

[해 제]

배고픈 사람이 아무리 좋은 음식이 있어도 먹지 못하고 중한 병에 걸린 사람이 아무리 천하의 명의를 만나서 진맥을 하였더라도 그가 지어준 양약을 복용하지 않는다면 제대로 병을 고치기는 불가능할 것이다. 여기서 배고프다는 것은 정신적인 뜻으로는 무엇인가를 구하거나 도움을 구하는 것을 말한다. 늘 어쩐지 불안하여 안정이 되지 않고 무언가를 늘 구하다 보니 여기 갔다 저기 갔다, 이 사람 만나고 또 저 사람 만나고, 이 소리 듣고 저 소리 듣고하여 우왕좌왕하는 사람들이 너무나 많은데, 그것은 다 정신적으로 배고픈 사람이며 이런 사람은 설사 임금의 수라상이 나와도 먹을 줄을 모르고 보배 있는 광에 들어가도 그것을 얻지 못하고 빈손으로 돌아설 수밖에 없는 것과 같으니 여기서의 임금 수라상 또 보배광이라는 것은 올바른 대승의 불도를 말하는 것이며, 음식 먹거나 약을 먹는다는 것은 불도를 수행하는 것이니 불법의 법문을 듣기만 하거나 책을 보기만 하는 것은 수행을 실천하지 않는 것과 같다.

그러므로 불도의 출발점은 바로 신심(信心), 즉 틀림없이 믿는 마음이 기본이며 여기서 신·해·행·증(信解行證)이 이루어지는 것이다. 『유교경(遺敎經)』에 부처님이 이르시기를 "나는 훌륭한 의사와 같아서 병을 잘 알고 약을 쓰는 것인데, 그 약을 복용하거나 않거나 하여 병을 고치거나 못 고치거나 하는 것은 의사의 탓이 아니다" 하셨으며, 부처님께서 열심히 바른 설법을 하여도, 그대로 듣고 받들어 행하면 좋으련만, 듣지 않고 받아들이려 하지 않은 데는 어찌할 수가 없고나 하셨으니 그래서 영가 스님은 여기서 "병들어 의왕을 만난들 어찌 고칠손가[病遇醫王爭得差]" 하였던 것이다.

32

勇施犯重悟無生	용시범중오무생
早時成佛于今在	조시성불우금재
獅子吼無外說	사자후무외설
深嗟懵懂頑皮靼	심차몽동완피단

중한 죄	범하고도	견성한	용시비구,
일찍이	성불하고	지금에	이르렀네.
사자후	외침같은	무외의	그 설법을,
가석다	알지 못해	업만을	더욱 쌓네.

    과거 구원겁(久遠劫)의 옛적에 중향세계 무구광여래(衆香世界 無垢光如來)라는 부처님 시대에 용시(勇施)라고 하는 매우 용모가 잘 생긴 비구 스님이 있었다. 어느 대단히 재산이 많은 장자의 딸이 이 용시비구를 보게되자, 그만 한눈에 반하게 되어 오매간에 잊을 수가 없게 되었는데, 이 딸에게는 이미 부모가 주선한 약혼자가 있었기에 상사병에 걸린 딸은 마침내 병석에 누워서 일어나지도 못하게 되었음을 보게 되니 그 어머니가 딸의 애달픈 간청을 어쩌지 못하여 드디어 용시비구를 초청하여

딸의 방에 들게 함으로써 두 사람은 정을 통하게 되었다. 그 일을 알게 된 약혼 남자가 앙심을 품고 용시를 독살하려 하다가 도리어 용시가 그녀에게 독약을 주어서 약혼남을 독살하게 하였다. 그러나 그 뒤에 용시는 대단한 중죄를 짓게 된 것을 깊이 뉘우치면서 부처님 제자로서 사음계와 살인계의 두 가지 가장 중대한 바라이죄를 범한 것을 극도로 고뇌하다가 비국다라보살(鼻掬多羅菩薩)을 만나게 됨에 보살이 그 사정을 알고 설하시기를 "세상의 모든 법은 거울에 비친 모양과 같고, 또한 물속에 비친 달과 같은 것일 뿐인데, 다만 어리석고 어두운 범부중생들이 공연히 거기에다가 밉다, 곱다, 좋다, 나쁘다 하는 등의 분별하는 망상을 일으키고 있구나." 하시는 법문을 듣고 깊이 감동하여 마음을 돌려(回心) 무섭게 수행에 정진하여 드디어 온갖 번뇌를 벗고 무생법인(無生法忍)을 얻어 성불하여 상광국토(常光國土)에 계시면서 보월여래(寶月如來)부처님이 되어 많은 중생을 제도하였다고 하니, 여기에 바로 뚜렷하게 제불 제보살이 보이신 "죄란 본래 자성이 없어서 다만 마음으로부터 일으키는 것일 뿐, 만약 마음이 쉬어지면 죄도 또한 없는 것이니, 죄도 없고 분별하는 마음이 멸하여 둘이 다 공하다면, 이것이야말로 진정한 참회인 것이다.(罪無自性從心起 心若滅時罪亦亡 罪亡心滅兩俱空 是卽名爲眞懺悔)"하신 두려움을 없애주는 사자후가 있건만, 어리석은 중생들이 듣고도 바로 눈을 뜨지 못하니 참으로 안타까운 일이로다.

지지(只知) 只가 祇 또는 但으로 되어 있는 책도 있다.

용시(勇施) 용시비구의 이 일은『정업장경(淨業障經)』에 상세하다.

몽동(矇憧) 마음이 어지러워 뜻이 분명히 정해지지 않는 모양, 즉 무지몽매한 것을 말한다.

완피단(頑皮靼) 무지몽매하여 참으로 멍텅구리인지라 송곳으로 찌르고 또 찔러도 들어가지 않는 두꺼운 쇠가죽같이 말이 먹혀 들어가지 않으니 참으로 슬프고 안타깝다는 뜻.

[해 제]

　용시비구가 무생법인을 얻었다고 하는 무생(無生)이란 인간의 본질은 본래가 불생(不生)이어서 공한 것이니, 따라서 죄라는 것도 있을 것이 없음을 확실하게 깨달아서 인(忍) 즉 대안심(大安心)을 얻었다는 것이다. 그 뒤로 오랫동안 수행정진을 계속하여 지금에는 서방 상광국토에 보월여래로 계시면서 중생을 제도하고 계신다고 한다. 그런데 그렇더라도 중죄를 짓고도 그토록 쉽게 성불할 수 있는 것으로 착각해서는 안되는 것이다. 왜냐하면 용시비구가 성불하여 보월여래가 되시기에는 참으로 대단한 지견(大知見)과 굉장한 정진(大精進)을 이룩하였기 때문이다. 그러나 또 용시비구와 같은 대지견과 대정진의 힘이 있다면 어떠한 중대한 죄를 지었더라도 반드시 성불할 수가 있음도 분명한 일이다. 다시 말하거니와 관념적으로 아무리 알았다 하더라도 그것으로는 절대로 대지견을 이룰 수 가 없는 것이어서 그야말로 목숨을 건 수행정진의 실천이 이어지다가 진정한 불지견(佛知見)이 나타날 때 지금 여기에서 '이 몸과 마음이 곧 부처이다(是心身卽佛)'하게 되는 것이다.

부처님의 법상을 사자좌(獅子座)라하며, 그 설법을 사자후(獅子吼)라 한다. 그런데 후세에는 아주 큰 소리로 열정적으로 연설하는 것을 사자후라고 표현하고 있기도 하지만, 본래는 부처님 설법이 틀림없는 진리를 말씀하신다는 뜻이다. 그러므로 부처님 설법을 두려움 없는 설법 즉 무외시라고도 하는 것은 언제 어디서 누가 무어라 하더라도 절대로 틀림없는 진리를 말씀하시기 때문이다. 그러한 부처님 설법을 보고 듣고 하여도 지혜가 돌아가지 않고 어리석어서 고정관념이나 선입사상에 얽매이고 묶여서 집착이 완고하여 진실한 불법이 귀로 들어가지 않는 것을 표현하여 몽동완피단이라고 하였다. 완피단이란 아주 완고한 놈이라는 말이니 가죽이 부드러워야 좋은 물건이 되는 것인데, 오래되어 말라 딱딱해지면 아무 쓸모가 없듯이 어리석은 사람은 불교의 사상적인 해설을 들으면 그것으로 머리가 굳어져서 머리가 제대로 돌아가지 않는데다 비유하는 것이다. 요컨대 고정관념이나 사상에 집착하여 머리가 돌아가지 않는 사람에게는 어떠한 무외설법을 사자후하여 들려준다 하더라도 그것을 바로 알아듣지 못함이 너무나 안타깝고 유감스럽기 한이 없다고 하는 영가 스님의 심정을 토로하고 있다 하겠다.

只知犯重障菩提	지지범중장보리
不見如來開秘訣	불견여래개비결
有二比丘犯婬殺	유이비구범음살
波離螢光增罪結	파리형광증죄결
維摩大士頓除疑	유마대사돈제의
還同赫日銷霜雪	환동혁일소상설

중죄를	범한다면	수행에	장애되어
여래의	깊은 법을	열어서	보지 못해.
두 비구	수행하다	바라이	범했을 때
우바리	판결하되	중죄라	하였으나,
유마의	한마디로	의심을	없앤 것이
마침내	붉은해가	눈녹인	것과 같네.

파리(波離) 범어 Upāli 우바리(優婆離)라고도 적음. 부처님 당시 비구제자들 가운데 계율을 잘 지키기로 제일인자였다. 본래 가피라국 출신으로 석가족 여러 왕자들의 이발사였으나, 석가족 왕자인 아난 등이 부처님 제자로 불교교단에 들어감을 보고 따라갔다가 부처님의 허락을 받아 득도하여 부처님 제자가 되었고, 불교교단에서 수행자들이 지켜야 할 계율을 해박하게 알고 지키는 것으로 유명하여 부처님이 열반하신 뒤에 계율을 결집할 때 그 중심역할을 하였다.

유마대사(維摩大士) 범어 Vimalakīrti 유마힐·유마라힐(維摩詰·維摩羅詰)이라 음역. 정명(淨名) 또는 무구칭(無垢稱)이라고 번역. 부처님 당시 중인도 비야리성의 장자로서 세속에 있으면서 보살도의 행업을 닦아서 그 법력이 수승하여 출가 불제자들도 따를 수가 없었다고 한다. 그의 수행과 법력, 그리고 부처님 출가제자들과의 탁월한 법 거래 등이 서술된 구마라습역『유마힐소설경(維摩詰所說經)』에 자세하다. 이 경은 중국에서 전후 7번이나 번역되었을 정도로 유명하다.

[해 제]

수행자가 만약 4바라이죄를 범한다면 자신의 수도에 아주 큰 장애를 가져옴은 물론이거니와 불교교단 전체의 질서를 파괴할 뿐만 아니라 다른 수행자들과 재가불자들에게 끼치는 영향이 너무나 큰 까닭에 율장에서는 바라이죄를 범한 비구는 비구의 자격을 박탈하여 승단에서 추방하는 처벌을 내리게 된다. 그런데 석가세존 당시에 두 비구제자가 하나는 삿된 음행을 범하였을 뿐만 아니라 그 상대의 여성까지도 살해하는 일을 하였고, 또 하나는 연모하게 된 여성을 쫓아다니다가 마침내 여성이 그를 피하면서 물에 떨어져 죽는 일이 벌어지게 되었다고 한다. 이러한 중대한 죄를 범한 두 사람이 그 뒤에 크게 후회하면서 그 같은 중대한 죄를 범하면 반드시 지옥에 떨어진다는 말을 듣고 무섭기 그지없어서 불교승단의 장로이며, 계율에 관한 권위자로 알려져 있는 우바리존자를 찾아가서 그들의 죄를 고백하면서 어떻게 하면 중죄를 참회하여 죄업장을 소멸할 수 있을 것인지를 묻게 되었다. 그때에 우바리는 그들에게 다만 계율에 정해져 있는 그대로를 일러주면서 두 사람의 행한 바는 계율을 중대하게 파괴한 것이라 단정하여 뒤에 삼악도에 떨어지지 않도록 오직 참회하는 생활을 하도록 가르쳤다. 그러던 그 곳에 유마거사가 나타나서 우바리에게 질책하기를 "우바리존자여, 그대는 이 두 비구에게 죄지은 위에 다시 죄를 더하게 하는 짓은 하지 말라."고 하였다. 죄를 지은 위에다 다시 죄를 덧칠하게 한다는 것은 말하자면 죄라는 것은 망념(妄念)으로 생긴 것이며, 그 망념으로 지은 죄가 실재로 존재한다는 관념을 심어준다면 그것은 바로 망념위에다 망념을 더하게 되는 것이라는 말이다. 그런데 "죄란 본래 실체가 없는 것이어서 어디를 찾아본다 하더라도 도저히 찾아 볼 수가 없는 것이기에 죄는 본래부터 공하다는 것이 대승의 가르침이다."라고 설파하였던 것이다. 그러나 우바리의 그러한 설은 승단의 계율상에 있어서 당연한 것이고, 결코 잘못됨이 없다 하겠으나, 불교의 중생무변서원도(衆生無邊誓願度)라는 대승적 견지에서 보거나, 또한 선의 견지에서 본다면 우바리의 그와 같은 소견은 너무나 소심하기만 한 견해요, 근기에 따라 바로 가르쳐서 구제하는 융통자재함이 없었다고 할 것이니, 대승적으로 크게 중생제도하려는 큰 자비원력에 비한다면 그야말로 햇빛아래 반딧불 같은 아주 작은 소견이라 하겠다는 것이다. 유마거사의 이 같은 설법을 들은 두 사람은 매우 기뻐하면서 그 뒤에 끊임없는 진실한 수행을 계속하여 드디어 무생인을 이루어 아라한과를 성취하게 되었다는 것이다. 그러나 후세의 우리가 명심해야 할 것은 죄업이 공하다는 말을 잘못 이해하여 죄에 대한 자각을 상실하는 일이 절대 있어서는 안 되겠다는 것이다.

33

不思議　解脫力	부사의　해탈력
妙用恒沙也無極	묘용항사야무극
四事供養敢辭勞	사사공양감사로
萬兩黃金亦銷得	만량황금역소득

부사의	해탈의 힘	이것이	곧 그대로
스스로	선지식을	이루어	주는구나.
네 가지	공양하는	수고로움	마다하랴,
만량의	황금어치	시은도	녹이리라.

　헤아릴 수 없는 것이 해탈의 가르침이다. 이런 가르침이야 말로 나를 선지식으로 만들 것이다. 그러므로 이러한 가르침을 받기 위해서라면, 나는 그 선지식에게 네 가지 공양을 아낌없이 꾸준히 바치는 수고로움을 감내할 것이며, 그러기 위해서는 만량의 황금이라도 쓰고 말 것이다.

不思議(부사의) '굉장하다'라고 찬탄하는 말.

解脫力(해탈력) 『유마경』에서는 '부사의해탈법문(不思議解脫法門)이라고 하였다.

此卽成悟(차즉성오) 이것[부사의해달력]이야말로 나로 하여금 선지식일 수 있게 한 것이다.

四事供養(사사공양) 음식, 의복, 와구, 의약(飮食, 衣服, 臥具, 醫藥)의 네 가지.

敢辭勞(감사로) 부사의해탈법을 가르쳐 주는 선지식에게 대해서는 어떤 공양이라도 아낄 것이 없다.

萬兩黃金(만량황금) 이렇게 된다면 매일 만량을 받아쓴다 하더라도 그 은혜를 다 녹일 수 있을 것이라는 뜻.

[해 제]

영가 스님은 여기서 상식으로는 도저히 헤아릴 수 없는 반야의 불가사의한 해탈력의 힘을 찬탄하고 있다. 왜냐하면 이 해탈력 앞에는 무시겁 이래로 쌓인 어떤 온갖 죄업장이라도 따뜻한 햇볕이 마치 두터운 얼음이라도 눈이나 서리를 녹이듯 모든 죄업장을 소멸하여 본래 청정무구한 자성을 드러내는 힘이 있기 때문이다.

그래서 참회게에 "백겁동안 쌓은 죄라도 한 생각 바로 돌리면 몰록 한꺼번에 녹아 없어지는 것이 마치 마른 풀이 아무리 높이 쌓여 있어도 불 한번 붙이면 순식간에 다 타서 없어지듯[百劫積集罪 一念頓蕩除 如火焚枯草 滅盡無有餘]"이라 하였듯이 우리에게는 본래 태어날 때부터 이러한 본성을 갖추어 가지고 있으며, 부사의 해탈력은 거기서 나오는 것이다.

그러므로 그러한 해탈의 힘으로 일체중생을 해탈케 하려는 선지식에게는 항상 아낌없이 열심히 음식, 의복, 와구, 의약 등의 네 가지 공양을 올려야 한다는 것이다. 그러나 만약 그럴 자격이 없는 사람이 그와 같은 공양을 받게 된다면 그야말로 한 방울 물이라도 그 시은을 녹여 수용할 수가 없는 것이나, 진정 모두를 해탈시킬 수 있는 힘을 지니고 있는 분에게는 어떤 공양을 얼마나 공양하였다 하더라도 지나치다고 할 것이 없는 것이다.

粉骨碎身未足酬	분골쇄신미족수
一句了然超百億	일구요연초백억
法中王 最高勝	법중왕 최고승
恒沙如來同共證	항사여래동공증

온 뼈를	가루내고	이 몸을	부수어도,
아직도	받은 은혜	제대로	갚지 못해.
한마디	깨달음에	백억을	뛰어넘어,
수없이	많은 여래	똑같이	증득했네.

해탈의 한 마디는 백억의 말보다도 뛰어난 것이니, 이러한 가르침 받은 은혜는 뼈를 가루내고 이 몸을 부수어 바친다 하더라도 그 은혜를 다 갚을 수가 없을 것이다. 이 해탈법이야 말로 가장 수승하여 참으로 모든 법 가운데 으뜸이며, 이 법은 항하 모래같이 많은 여러 부처님도 역시 모두 다 이 해탈법을 증득하셨도다.

粉骨碎身(분골쇄신) 『반야경』에는 상제보살이 『반야경』 설함을 듣고 감격하여 가르침 주신 분에게 자신의 뼈를 뚜드려 부수어 그 속의 골수를 내어서 공양 올렸다고 하였으며, 『열반경』에는 바른 법을 목마르게 구하다가 마침내 사람의 피를 먹는 야차(夜叉)가 진리의 소식을 전하는 사구게(四句偈)의 반을 읊는 것을 듣게 된 설산동자(雪山童子)가 "모든 것이 무상하니, 그것이 다 생하고 멸하고 하는 법이기 때문이다(諸行無常 是生滅法)"하는 게송의 뒷부분을 마저 듣기 위해서 야차가 그대의 피를 먹게 해 준다면 나머지를 일러 주리라 하는 요구에 응하여 게송의 후반인 "생하고 멸함이 다 없어지면, 번뇌가 다한 열반적정의 경지야 말로 진실한 법락이다(生滅滅己 寂滅爲樂)" 하는 뒷글 일러주는 것을 듣고 주변의 여기저기에 글을 써서 남긴 뒤에 나무에 올라 스스로 몸을 야차에게 던진 순간 야차는 불법을 옹호하는 제석천왕으로 변신하여 설산동자의 구법을 도왔다고 하였다. 이같이 해탈법을 깨닫게 해 준 은혜야 말로 온 몸을 바쳐 공양하더라도 그 감사함을 표하기에 부족할 정도라는 뜻이다.

또 선문의 『조당집』 제19권 '임제장'에는 임제 스님이 황벽 스님의 지시로 대우 스님에게 가서 비로소 확실하게 깨달음을 얻게 된 뒤에 황벽 스님에게 돌아와서 그러한 사정을 말씀드릴 때에 "한 방을 맞은 그 바람에 문득 단번에 부처의 경지에 들게 되었으니, 그렇게 입은 은혜는 비록 백겁동안 온 뼈를 가루 내고, 이 몸을 부수어 공양하며, 또 그 분을 업고 수미산을 돌기를 한 없이 행한다 하더라도 이 깊고 높은 은혜를 다 갚을 수가 없습니다"라고 하였다 한다.

一句了然(일구요연) 이 한마디 글귀란 앞에 "그대로 여래이니, 이렇게 보는 이의 이름이 관음이라 한 생각 깨달으면, 업장이 본래 없고 미하여 못 깨치면 묵은 빚 갚게 되네(不見一法即如來 方得名爲觀自在 了即業障本來空 未了應須還夙債)" 한 곳을 가리킨다.

법중왕(法中王) 『종경록』제19권에 "가장 높고 수승한 법 가운데 법은 항하사 같은 제불과 깨달음이 같다(法中王 最高勝 河沙如來同共證)"라고 인용되어 있는데, 선문(禪門)의 조계육조의 법이 그와 같다고 하는 뜻이다.

恒沙諸佛(항사제불) 인도 갠지스 강 즉 항하의 모래같이 많은 여래 부처님들도 다 함께 그 경의 법이 정법임을 증명한다는 것이니, 여러 경전들의 최후의 부분인 촉루품(囑累品) 또는 권지품(勸持品)에 의례히 나오는 말이다

[해 제]

일구에 요연[一句了然]하다는 것은 본분의 세계를 단 한 마디의 법거량 즉 선문답에서 단번에 깨달아 그 본질을 남김 없이 파악하였다는 것이니, 참선 수행의 길잡이인 화두에 나타나니 예컨대 '조주 무자(趙州無字)' '정전 백수자(庭前栢樹子)' 또는 '시심마(是甚麼)' 등이 유명한 대표적인 일구이다. 참선 수행자가 각고의 정진 끝에 높은 정신적인 경지에 가까이 이르렀을 때 이미 깨달은 선지식과의 법거래에서 이 일구에 바로 계합되는 그 자리에서 본분의 세계가 직관되면서 이제까지의 지녔던 모든 의문이 한꺼번에 녹아내리게 된다.

이것을 영가 스님은 백억의 세계를 뛰어넘는다 하였으니, 이

것은 백겁동안이란 무한정의 기간을 수행하여도 얻지 못하는 것 같은 깨달음이 한 번에 열려서 진실한 세계가 철저하게 분명해지는 말하자면 칠통을 밑바닥까지 뚫어내는 깨달음의 경지가 열리게 되는 열쇠가 일구에 있으니, 마치 천년만년 동안 어두움에 잠겨있던 그 어두음을 밝히는데 또 다시 천년만년의 세월이 필요한 것이 아니라 어둠을 밝히고야 말리라는 불퇴전의 굳건한 의지를 가지고 성냥불 한번 힘차게 그어대어 불이 팍 밝혀졌을 때 그 순간 이미 비록 천년만년을 묵어온 암흑이라도 온데간데 없이 자취도 남기지 않고 밝은 세상이 환하게 그대로 분명히 드러나는 것과 같다 하겠다.

법 가운데 왕[法中王]은 바로 부처님을 가리키는 말이다. 왕이란 이 세상에서 가장 높은 자리이며 많은 백성을 바르게 다스리니, 법의 세계에서는 온갖 구애에서 벗어나 참으로 자유자재한 경계에 도달한 분이므로 법왕이라고도 하며 삼계의 대도사라고도 하고, 부처님에게는 반드시 그 법을 칭송하는 열 가지 이름 즉 여래십호(如來, 應供, 正遍智, 明行足, 善逝, 世間解, 無上士, 調御丈夫, 天人師, 佛世尊)가 붙게 되는 것이다.

이렇게 가장 거룩한 깨달음의 경지는 한 부처님만이 아니라 과거 현재 미래의 수없이 많은 여러 부처님들도 같은 진실한 내용을 모두 다 증득하고 있는 것이다.

我今解此如意珠　　아금해차여의주
信受之者皆相應　　신수지자개상응
了了見無一物　　　요요견 무일물
亦無人兮亦無佛　　역무인혜역무불

나 이제　여의주를　알아서　얻었으니,
이것을　믿는 사람　누구나　상응하리.
분명히　밝게 보면　하나도　본래 없네,
사람도　본래 없고　부처도　역시 없다.

　내가 이제야 본래부터 지니고 있던 여의주를 비로소 꺼내어 얻었으니, 이것을 믿고 받는 사람들은 모두가 다 그 혜택을 입을 것이다. 분명히 깨닫고 보니 거기에는 아무것도 없어서 사람도 없고 부처 또한 없도다.

아금해차여의주(我今解此如意珠) 이제 여의주를 알아 얻었다는 것은 영가 스님이 『증도가』를 내놓게 된 것을 가리킨다. 모든 것이 뜻대로 이루어진다는 여의주를 알았다는 것은 누구나 본래 지니고 있는 불성의 실체를 확실하게 알았다는 것이다. 보통으로는 사람들이 여의주 지니고 있음을 모르고 그저 힘들다 괴롭다 죽고 싶다 하지만, 알고 보니 사실은 자기 자신이 여의주 그 자체인 것이어서 배고프면 먹고 고단하면 자고 살다가는 죽

는다는 자유가 있음을 알 때 무집착의 대자유가 거기에 있는 것
이다.

34

大千世界海中漚　　대천세계해중구
一切聖賢如電拂　　일체성현여전불
假使鐵輪頂上旋　　가사철륜정상선
定慧圓明終不失　　정혜원명종불실

대천의	세계라도	바다의	거품 하나,
일체의	성현들도	번갯불	지나가듯.
만약에	쇠바퀴가	머리 위	돌아가도,
정혜의	원명함은	끝까지	잃지 않네.

　삼천대천세계와 같은 엄청 큰 것이라도 비유컨대 바다에 생겨나는 거품 하나와 같은 존재요, 아무리 성현이라도 마치 이 세상에 왔다 감이 번갯불 번쩍하듯 순식간에 없어진다. 무릇 모양 있는 것은 다 그러하나 진실하게 수행하여 생긴 선정과 지혜의 힘은 가령 두꺼운 쇠바퀴가 내 머리 위를 돌고 돌아 금시 떨어질 것 같은 상황에서라도 언제나 밝고 뚜렷하여 잃게 되는 일이 없다.

대천세계(大千世界·大千沙界) 삼천대천세계를 말하는 것이니, 이렇게 크고 많은 것이라도 역시 무일물(無一物)임에는 다르지 않다고 하는 예.

일체성현(一切聖賢) 『화엄경』 보살의 수행 52위 가운데 10주(住) 10행(行) 10회향(回向)의 단계는 3현위(三賢)이며 10지(地)의 단계는 성인위[十聖位]이며, 이것을 합하여 성현(聖賢)이라 한다.

여전불(如電拂) 『금강경』에는 "모든 모양으로 이루어진 것은 생겼다 없어졌다 하여 무상하기가 아침 풀숲의 이슬같고 번갯불 번쩍 하듯 없어지는 것이다[一切有爲法 如露亦如電]."하였다.

가사철륜(假使鐵輪) 『대지도론』 제11권에 "가령 두꺼운 쇠바퀴가 내 머리 위에서 돌고 있어 금시 떨어질 것 같은 상황이라도 일심으로 불도를 구하는 이 마음은 후회하지 않을 것이며, 또한 삼악도에 떨어져서 한량없는 고통을 받는 가운데 있더라도 일심으로 불도를 구하는 마음이 달라지지 않으리라" 하였다.

정혜원명(定慧圓明) 『육조단경』에 "선지식이여 나의 이 법문은 정혜로써 근본을 삼는다" 하였으니, 어떠한 압력을 받더라도 정혜의 완전함을 파괴하거나 손상시킬 수 없다는 것이다.

[해 제]

정혜의 정은 선정(禪定)을 말하며, 혜는 정력(定力)에서 정신집중으로 인하여 발하게 되는 지혜(智慧)를 말한다. 그런데 흔히 말하는 여러 가지 경우에서의 정신집중에서 나오는 힘과 정력에서 나오는 깨달음의 힘은 같은 것 같으면서도 엄연히 다른 것이다. 즉 각종의 무도(武道)나 예도(藝道) 등도 대단히 집중력을 요하는 것이지만 밖의 그 여러 가지 대상에 정신을 집중하는 거기에서는 깨달음이 나오지 않는다.

그러나 눈에 보이지 않는 내면세계에 정신을 집중하여 정력을 얻게 되면 언젠가 모르게 갑자기 깨달음이 튀어나오게 되는 것이다. 여기서 '정'과 '혜'라고 하는 두 가지 말로 표현하지만 깨달음의 지혜란 정신집중의 정력이 없다면 나올 수가 없는 것이다.

그러므로 참선정진의 수행으로 갖추어 지니게 되는 완전하며 원만하고 분명한 것이 바로 정력(定力)과 깨달음의 지혜[悟慧]이며, 이 깨달음의 지혜로 비추어보는[照見] 진실한 세계란 가령 어떠한 환경과 경우에 부딪친다 하더라도 조금도 흔들림이 없다는 것이다.

日可冷 月可熱	일가냉 월가열
衆魔不能壞眞說	중마불능괴진설
象駕崢嶸漫進途	상가쟁영만진도
誰見螳螂能拒轍	수견당랑능거철

햇빛이	차가우며	달빛이	더워진들,
이같이	진실한 말	악마가	파괴하랴.
코끼리	끄는 수레	천천히	지나가도,
사마귀가	맞서서	그 길을	막을 손가.

가령 태양의 빛이 얼고 달빛이 더워지는 일이 있다하더라도 부처님의 진정한 깨달음의 가르침을 악마라도 파괴할 수는 없는 것이다. 그것은 마치 코끼리가 끄는 거대한 수레가 당당하게 나아가는 길 앞에 사마귀가 겁 없이 마주서서 도끼 같은 앞발을 들고 막아보려고 한들 어찌 감히 그 진행을 막을 수 없는 것과 같다할 것이다.

일가냉 월가열(日可冷 月可熱) 『불유교경』에 나오는 말로써 절대로 그러한 일이 일어날 수 없다고 함을 가정하는 말.

상가쟁영(象駕崢嶸) 코끼리가 끄는 가장 큰 수레이니, 이것은 부처님의 진정한 법설을 비유한 것이다. 쟁영(崢嶸)은 높고 거대

한 모양을 형용한다. 만(漫)은 그만 두었으면 좋으련만 쓸데없
는 짓을 저지르는 것을 가리킴. 만(謾)으로 한 책도 있다.

수견당랑거철(誰見螳螂拒轍) 『장자』의 「인간세편」에 나오는 비
유. 즉, "그대 저 사마귀의 하는 짓을 보지 못하였는가. 화가 나
면 그 도끼 같은 두 앞발을 들고 수레의 쇠바퀴 앞에 대어드니,
그의 힘으로는 이길 수가 없음을 알지 못하는 탓이다" 하였으
니, 자신의 분수를 모르고 나서는 어리석음을 말하는 것이다.

[해 제]

태양열은 뜨겁고 달빛은 차가운 것이 보통인데 가령 태양이
차갑고, 달빛이 뜨거운 것 같은 이상 사태가 벌어지고 그와 같
이 악마들이 아무리 들끓어 모여 든다 하더라도 부처님의 진실
한 말씀을 방해하거나 파괴할 수 없는 것이다. 진설(眞說)이라
는 것은 다만 부처님이 말씀하신 것이니까 진설이라기보다는
틀림없는 진실을 말씀하신 것이기에 그래서 진설인 것이다.

악마에게는 네 가지 종류의 악마[四魔]가 있는데, 이들은 어느
종류의 악마이던 간에 모두가 어디까지나 불도의 수행과 성취
를 방해하는 것은 다름이 없다. 그러나 아무리 어떤 종류의 악
마들이 나타나서 어떤 방해를 한다 하더라도 진정한 불설을 끝
내 파괴할 수 없으며 따라서 수행자의 수행과 그 성취를 방해할

수가 없으니 불도 수행의 요체는 불도를 믿고 행하는 사람은 석가세존의 가르침이 진실함을 틀림없이 믿고 행하는 것이 악마 외도의 방해를 물리치고 불도를 성취하는 요체이다.

코끼리가 끄는 높고 큰 수레란 대승의 불교를 가리키는 것이며, 그 수레가 당당하게 천천히 굴러간다는 것은 대승의 가르침이 그 어떤 다른 외도의 가르침에도 방해받거나 흔들림 없이 위풍당당하게 세상을 바로 가르치면서 교화해 나간다는 말이다.

'누가 보았느냐[誰見]'는 아무도 그런 일을 보는 예가 없다는 것이니, 중국의 속담에 사마귀가 분수를 도무지 헤아리지 못하고 감히 적은 힘을 믿고 상대가 어떠하던지 간에 덮어놓고 도끼같이 생긴 앞다리를 들고 대드는 버릇이 있음을 말한다. 그러나 사마귀가 아무리 화가 나서 거대한 코끼리 수레를 가로막는다 해서 그 굴러가는 바퀴를 멈출 수는 없는 노릇이니 이것을 영가 스님은 일반적 세속의 학문이나 철학 또는 소승적 가르침을 아마도 사마귀의 앞발[螳螂斧]에다 비교하여 그런 가르침들이 만약 코끼리 수레 같은 대승의 가르침을 방해하려 도전한다 하더라도 도저히 상대가 될 수가 없는 것이라고 단언하고 있는 것이다.

大象不遊於兎徑	대상불유어토경
大悟不拘於小節	대오불구어소절
莫將管見謗蒼蒼	막장관견방창창
未了吾今爲君決	미료오금위군결

커다란	코끼리는	토끼 길	가지 않고,
위대한	깨달음은	작은 일	집착 않네.
저 하늘	대쪽 통해	좁다고	비방 말게,
아직도	모르거든	그대를	도와줌세.

　거대한 코끼리는 겨우 토끼 같은 작은 짐승들이나 드나드는 작고 좁은 길은 지나가지 않는 것이다. 그와 같이 위대한 깨달음은 작은 일들에는 구애받지 않는 법이다. 마치 좁은 갈대 구멍이나 대나무 구멍으로 하늘을 엿보는 것 같은 아주 작은 소견으로 저 높고 넓은 하늘을 이렇다 저렇다 하고 망녕된 비판을 해서는 안 되듯이 아주 좁은 학식이나 지식을 가지고 광대무변한 불도의 진리를 비판하거나 비방하는 것은 참으로 어리석고 눈먼 짓이며 정법을 훼손하는 죄업이 참으로 지대한 것이리로다. 그러니 위대한 불법을 아직도 확실하게 알만한 경지에 이르지 못하고 있거든 이 영가현각이 조금도 서슴없이 지금 곧 여기서 그들의 눈이 바로 뜨도록 도와줄 것이로다.

대상불유어토경(大象不遊於兎徑) 『우바색계경』제 1권에 삼수도하의 설[三獸渡河說]이 있는데 "선남자야, 항하(Ganges)의 물을 건널 때 토끼는 바닥에 닿지 못하여 둥둥 물에 떠서 건너고, 말은 어느 때는 바닥에 닿기도 하고 어떤 때는 바닥에 닿지를 못한다. 그러나 코끼리는 곧장 바닥을 착실하게 밟고 건너가는 것이 보살의 수행과 같다" 한데서 나오는 말인데 중국의 『조당집』제 13권에 있는 중초경화(中招慶和) 화상의 선문답에 다음같이 나와 있다. 즉, 수행승이 화상에게 묻기를 "경전에 말하기를 큰 길[大道]을 가려하거든 작은 길[小道]을 보지마라 하였으니 그러면 어떤 것이 큰 길입니까" 하였다. 화상이 묻기를 "그대가 그 길을 얻었는가" 승이 답하기를 "학인이 아직도 모릅니다. 그러하오니 스승님께서 거기에 나갈 수 있도록 이끌어 주시기 바랍니다" 화상이 말하기를 "내가 만일 그대를 위하여 이끌어 준다면 그대의 큰 길을 잘못 가게 하게 되리라" 하였다고 한다.

대오불구어소절(大悟不拘於小節) 『조당집』제 3권에 있는 지책(智策) 화상의 전기에 말하기를 "조계의 깊은 뜻[曹溪密旨]에 계합한 이래로 세간 밖을 노닐면서[物外逍遙] 작은 일에 구애됨이 없었노라[不拘於小節]"고 토로하고 있다.

관견방창창(管見謗蒼蒼) 『장자』의 「추수편」에 나오는 말로 갈대 구멍으로 하늘을 본다는 뜻으로 매우 좁은 소견을 말함.

미료오금위군결(未了吾今爲君決) 영가스님은 이『증도가』의 첫머리에서 '그대는 보지 못했는가[君不見]'라고 한데 대해서 마지막에 거기에 응하는 글귀이다. 즉, '이제까지 고구정녕하게 노파심절로 누누이 말해주었건만 그래도 아직도 석연치 못하거든 얼마든지 어떤 문제라도 물어 오너라. 내가 바로 여기서 당장에 모든 의문을 일도양단하여 해결해 주리라' 하고 맺고 있으니 새삼스럽게 영가 현각스님의 선지(禪旨)에 대한 경지가 진정하고 확실함과 함께 그의 풍부하고도 유려한 시상과 문장에 감탄을 금하지 못하는 바이다.

호암 인환(顯菴 印幻)

1931년		원산시 남촌동 124번지에서 부(夫) 채낙진(蔡洛鎭), 모(母) 김소희(金小喜)의 5남 3녀 가운데 차남으로 출생, 본관 평강
1935년	3월	조부 채병준(蔡秉俊)에게서 한문 수학
1944년	3월	원산 용동소학교 졸업
1949년	3월	원산상업학교 졸업
1952년	8월	부산 선암사(仙巖寺) 선원에서 입산 득도하여 참선수행
1953년	2월	원허(圓虛) 효선대종사(孝璇大宗師)를 은사로 사미계 수지(계사 석암스님)
	4월	통도사 금강계단에서 대승보살계 수지(계사 자운스님)
	4월	석암 혜수율사에게서 율장과 대승계학을 수학
1955년	7월	부산 선암사 선원에서 4하 수선안거(修禪安居)
	9월	해인사 불교전문 강원에서 운허(耘虛) 용하강백(龍夏講伯)에게서 5년간 수학
1956년	2월	해인사 금강계단에서 구족계 수지(계사 자운스님)
	3월	해인사 불교전문 강원 중강(2년간)
1957년	9월	통도사 불교전문 강원 중강(2년간)
1959년	4월	통도사 불교전문 강원 졸업
1960년	10월	운허 용하(耘虛 龍夏) 저『불교사전』의 집필 편찬에 참여(2년간)
1963년	3월	서울 적조암(寂照庵) 총무(4년간)
1966년	9월	대한불교신문사 논설위원(2년간)
	9월	서울 동국대학교 대학원 불교학과 졸업
1967년	7월	부산 선암사 선원에서 10하의 수선안거
	8월	숭산행원선사(崇山行願禪師)와 함께 대한불교조계종 재일홍법원 창립
	9월	일본 인도학불교학회 회원(현재)
	10월	대한불교조계종 재일홍법원 총무국장(3년간)
1970년	4월	동경 고마자와 대학원 선학전공 박사과정 수료
1970년	9월	대한불교조계종 재일홍법원 부원장(1년간)
	10월	일본 불교학회 회원(현재)
1974년	4월	일본 동경대학 대학원 인도철학전공 박사과정 수료
1975년	3월	일본 동경대학 대학원에서『신라불교계율사상연구』논문으로 문학박사
1977년	2월	대한불교조계종 국제포교사(캐나다 포교)
		일본·캐나다·미국에서 참선수행 지도
	5월	캐나다 토론토시 대각사(大覺寺) 주지(5년간)
1979년	8월	Ontario Zen Center 지도법사(2년간)
1980년	7월	미국 시카고 불타사(佛陀寺) 대리주지(2년간)
1982년	2월	서울 동국대학교 불교대학 부교수

		일본 인도학불교학회 회원(현재)
		일본불교학회 회원(현재)
	3월	한국불교학회 이사 · 국제관계 부회장
	4월	대한불교 달마회(達磨會) 법사(12년간)
1983년	5월	부산 내원정사(內院精舍)에서 석암(錫巖) 혜수대종사(慧秀大宗師)의 전법제 자로 입실건당(入室建幢)하여 호암(顯庵)의 법호를 받음
	3월	서울 중앙승가대학 강사(14년간)
	9월	동국대학교 정각원 원장(6년간)
1986년	2월	동국대학교 불교대학 교수(15년간)
	3월	동국대학교 석림회 지도교수(2년간)
	10월	한국불교학회 이사
1988년	1월	동국대학교 불교대학 학장(2년간)
1990년	1월	동국대학교 불교문화연구원 원장(3년간)
	4월	제8회 뇌허(雷虛)불교학술상 수상(신라진표율사연구)
	5월	대한불교신문 편집위원
	6월	일본 인도학불교회 이사 및 평의원
1991년	3월	동국대학교 불교대학원 교무위원 및 강사교수
1993년	1월	오계파지(五戒把持)운동 국제본부 총재
1994년	3월	부산 화엄불교교양대학 회주
1996년	2월	대한불교조계종 수국사 황금불교교양대학 학장
	8월	동국대학교 불교대학 교수 정년퇴임
	9월	동국대학교 불교대학원 교수
2003년	3월	동국대학교 명예교수
		동국대학교 사회교육원 교수
2005년	4월	일본 도쿄대학원 외국인 객원교수
2006년		한국불교선리연구원 고문 · 연구회 좌장
		대한불교조계종 법계위원회 법계위원
2006년	6월	대한불교조계종 백제불교문화대상 수상
2008년	4월	서울 삼각산 경국사 환희당 회주 · 한주
2010년	3월	한일 불교유학생교류회 대표
2011년	3월	동국대학교 불교학술원 원장
		동국대학교 동국역경원 원장
		대한불교조계종 원로의원 · 대종사
2013년		한국일보 제정 〈자랑스러운 한국인상〉 수상
		수원 봉녕사 율학대학원 석좌교수
	10월	대한불교 조계종 해인승가상 수상
		동국대학교 총장 감사패
2015년		1982년 이래 부산 내원정사 석암스님 교시, 약사여래법회 주재 32년 회향
2016년	9월	DONGGUK HONOR SOCIETY 회원

나를 찾는 깨달음의 노래

증도가 證道歌

2017년 8월 03일 초판인쇄
2017년 8월 25일 초판발행

譯註一解	호암 인환
찬 술	영가 현각
펴낸이	한 신 규
편 집	안 혜 숙
펴낸곳	**문현**출판
주 소	05827 서울특별시 송파구 동남로 11길 19(가락동)
전 화	Tel.02-433-0211 Fax.02-443-0212
E-mail	mun2009@naver.com
등 록	2009년 2월 24일(제2009-000014호)

ISBN   979-11-87505-04-4 03220 정가 25,000원